Das Buch

Was mache ich, wenn ich versehentlich eine E-Mail an die falschen Adressaten geschickt habe? Muss ich mich im Ausland an alle dortigen Gepflogenheiten halten? Sind Tischmanieren beim Fast-Food-Konsum wirklich bedeutungslos? Und wie wirkt ein Tattoo am Arbeitsplatz? Hierzulande herrscht eine große Unsicherheit darüber, was sich in manchen Situationen schickt oder eben nicht – sei es im Arbeitsalltag oder auf Festivitäten, in Fragen der Kleidung oder der Kommunikation. Die vielen Nachfragen der Leser des ersten *Lexikons der Benimmirrtümer* machten deutlich, dass rund ums Benehmen noch jede Menge weitere Fehlannahmen bestehen, die einen in diverse Fettnäpfchen bugsieren und mal ein aussichtsreiches Geschäft zum Platzen bringen, mal im Freundeskreis für Verstimmung sorgen können. Nandine Meyden räumt auch in diesem Buch unterhaltsam und informativ auf mit weitverbreiteten Mythen rund ums Benehmen und zeigt, worauf es ankommt, wenn man die Etikette wahren will.

Die Autorin

Nandine Meyden arbeitet seit mehreren Jahren als Etikette-Trainerin. Zu den Kunden ihrer Seminare zählen namhafte Unternehmen und Verbände, Politiker und Prominente. Sie tritt regelmäßig als Benimm-Expertin in der MDR-Sendung *Hier ab vier* auf. Ihr erstes *Lexikon der Benimmirrtümer* wurde ein Bestseller.

In unserem Hause ist von Nandine Meyden bereits erschienen:
Lexikon der Benimmirrtümer

Nandine Meyden

NEUES LEXIKON DER BENIMMIRRTÜMER

Warum Hose nicht gleich Hose ist und
Küsse nicht von links kommen dürfen

Ullstein

Besuchen Sie uns im Internet:
www.ullstein-taschenbuch.de

Originalausgabe im Ullstein Taschenbuch
1. Auflage November 2012
© Ullstein Buchverlage GmbH, Berlin 2012
Die Ratschläge in diesem Buch sind von Autorin und Verlag sorgfältig erwogen
und geprüft. Dennoch kann eine Garantie nicht übernommen werden.
Eine Haftung der Autorin bzw. des Verlages und seiner Beauftragten
für Personen-, Sach- oder Vermögensschäden ist ausgeschlossen.
Umschlaggestaltung: ZERO Werbeagentur, München
Titelabbildung: Getty Images/© Zachary Scott
In Kooperation mit dem Mitteldeutschen Rundfunk (MDR)
und der Redaktion der MDR-Sendung »Hier ab vier«
Logos »MDR Edition« und »MDR Fernsehen« © MDR
Satz: KompetenzCenter, Mönchengladbach
Gesetzt aus der: Minion
Papier: Pamo Super von Arctic Paper Mochenwangen GmbH
Druck- und Bindearbeiten: GGP Media GmbH, Pößneck
Printed in Germany
ISBN 978-3-548-37461-1

Inhalt

II. Kulinarisches

Einleitung:
Wie es zu den Irrtümern kommt

Haben Sie schon einmal einen Händedruck bekommen, der so lasch war, dass Sie an einen Waschlappen oder gar einen toten Fisch denken mussten? Die meisten Menschen können diese Frage mit einem sicheren »Ja« beantworten und erinnern sich gleich an mehrere Begegnungen dieser eher unangenehmen Art. So frage ich weiter: Haben Sie der anderen Person dann gesagt, dass der Händedruck Ihnen nicht behagte und dass er für unsere Kultur und die üblichen Formen des Begrüßens zu weich war? Nein? Auch hier sind Sie nicht allein. Im Allgemeinen äußern wir solch eine Kritik nur, wenn wir für den betreffenden Menschen eine Fürsorgepflicht haben, wenn er also beispielsweise ein deutlich jüngerer naher Verwandter oder ein Mitarbeiter ist. Vielleicht sprechen wir auch einen guten Freund direkt darauf an. Allen anderen gegenüber werden wir schweigen.

Das ist auch durchaus richtig so. Wenn wir alle unsere Mitmenschen ständig darauf aufmerksam machten, dass sie unserer Ansicht nach gerade etwas Unpassendes getan oder gesagt haben, wären wir bald einsam. Es ist in unserer Kultur einfach nicht üblich, sich so zu verhalten, und wir selbst würden damit ebenfalls einen Fauxpas begehen.

Häufiger kommt es hingegen vor, dass jemand die Rückmeldung bekommt, sein Händedruck sei zu fest. Das kann ein Satz wie »Sie langen aber ganz schön zu!« ebenso wie eine schmerzverzerrte Miene sein. Hier greift der Selbstschutz – schließlich wollen wir sicherstellen, dass wir aus der nächsten Begegnung mit diesem Menschen unbeschadet hervorgehen.

Doch nicht nur wir unterlassen es, anderen Menschen ein Feedback zu ihren Umgangsformen zu geben, in der Regel bekommen wir auch selbst keines, weder im negativen Sinn noch im positiven. Ebenso selten wie eine Kritik ist ja, dass ein Vorgesetzter, Kunde, Kollege oder Freund einen Satz wie »Ich schätze deine Höflichkeit und deine tadellosen Umgangsformen« sagt.

Die Folge sind die berühmten »blinden Flecken«. Wer keine Rückmeldung bekommt, geht häufig wie selbstverständlich davon aus, dass er richtig und korrekt handelt. Wir bemerken durchaus die Fehler der anderen, registrieren unsere eigenen jedoch nicht. Doch meist sind uns die anderen ähnlicher, als uns lieb ist, und handeln genauso wie wir. Auch sie bemerken unser Fehlverhalten und die schlechten Umgangsformen anderer Mitmenschen stillschweigend. Manche freilich brechen ihr Schweigen mitunter, meist aber erst hinter dem Rücken der betreffenden Person …

Je feiner ein Mensch ist, desto weniger wird er sein Gegenüber spüren lassen, dass dieser einen gesellschaftlichen Fehltritt begangen hat. Man möchte den anderen ja nicht bloßstellen oder sich als Besserwisser aufspielen. Der britischen Königin Elisabeth II. wird sogar nachgesagt, sie habe bei einem festlichen Dinner ihre Fingerschale ausgetrunken, als sie bemerkte, dass einer ihrer anscheinend nicht näher mit europäischen Sitten vertrauten Gäste dies getan hatte. Ob das stimmt, ist eine andere Sache. Ein solches Verhalten wird einigen Berühmtheiten nachgesagt und muss als Beispiel immer dann herhalten, wenn sich jemand in Gesellschaft einen Fehltritt leistet und die Frage aufkommt, wie damit umzugehen sei. Ob man sich immer gleich selbst falsch verhalten muss, sei dahingestellt, doch die Haltung, dem anderen eine Peinlichkeit zu ersparen und dafür auch selbst Opfer zu bringen, gehört sicherlich zu einem wertschätzenden Umgang.

Es gibt viele Möglichkeiten, wie Irrtümer entstehen können. Viele unangemessene Verhaltensweisen werden in dem guten Glauben gewählt, es seien die richtigen, und mangels Feedback ein Leben lang beibehalten. Manch anderer Fehler wiederum entsteht schlicht aus Unkenntnis oder fehlender Selbstreflexion.

Nach dem großen Erfolg des ersten *Lexikons der Benimmirrtümer* freue ich mich nun, Ihnen eine weitere Sammlung populärer Irrtümer und Missverständnisse zu präsentieren. In diesem Buch zeige ich Ihnen, wie es zu den oft negativen Bewertungen von bestimmten Verhaltensweisen kommt. Ich beleuchte die Hintergründe, um Ihnen die logischen Zusammenhänge des guten Benehmens zu veranschaulichen. Und ich hoffe, es hilft Ihnen dabei, mehr darüber zu erfahren, wie Sie auf andere wirken und wie Sie sich und Ihr Auftreten in Beruf und Privatleben verbessern können.

I
Kommunikatives

Testen Sie Ihr Wissen: Richtig oder falsch?

	Falsch	Richtig	Situationsabhängig richtig oder falsch
Wer niest, muss auch um Entschuldigung bitten.			
Begrüßungsküsse auf die Wange fangen in Deutschland immer rechts an.			
Einen Handkuss gibt man nie unter freiem Himmel.			
Formulierungen im Konjunktiv lassen alles höflicher klingen und sind deshalb generell zu bevorzugen.			
Frauen beginnen Reden nicht mit »Sehr geehrte Damen und Herren«, sondern mit »Sehr geehrte Herren und Damen«.			
Bei einer E-Mail an einige Herren und eine einzelne Dame schreibt man: »Sehr geehrte Herren, sehr geehrte Frau X.«			
Bei einer versehentlichen E-Mail »an alle« sollte man noch einmal alle anschreiben und sie über den Irrtum aufklären.			
Bekomme ich eine E-Mail mit anderen im »Cc«, so muss ich auch diese bei meiner Antwort berücksichtigen.			
Da Floskeln als altmodisch gelten, verzichtet man heute auch auf »Mein Beileid«.			
»Hochachtungsvoll« als Abschluss eines Briefes ist sehr unhöflich.			
Heute schreibt man in Deutschland ins Adressfeld eines Briefes nicht mehr »Herrn«, sondern »Herr«.			
Möchte man einen Brief an ein Ehepaar schicken, so schreibt man immer auf den Umschlag »Ehepaar«.			

	Falsch	Richtig	Situationsabhängig richtig oder falsch
Briefe kann man heute durchaus mit »ich« beginnen.			
»Der Esel nennt sich immer zuerst« gilt auch im Schriftverkehr bei der Unterschrift.			
Auch im Beruf gilt, dass besonders persönliche Briefe nie mit einer Frankiermaschine freigemacht werden dürfen.			
In Kondolenzbriefe gehört auch heute noch ein Geldschein.			
Ein »von« im Namen darf niemals mit »v.« abgekürzt werden.			
»Wie war noch mal Ihr Name?« sollte man niemals sagen.			
Wenn ich jemanden duze, so muss ich im Gespräch mit einem Dritten über ihn dennoch den Nachnamen verwenden.			
Nennt ein Bekannter seine Eltern »Vati« und »Mutti«, so darf ich ihm gegenüber auch so von ihnen sprechen.			
Weibliche Amtspersonen spricht man mit dem Amt und »Frau« an. Würde man das Amt selbst auch in die weibliche Form bringen, hätte man die Weiblichkeit ja doppelt ausgedrückt.			
»Dres.« bedeutet nicht, dass jemand mehrere Doktortitel hat.			
Die Aufforderung, eine Nachricht nach dem Signalton zu hinterlassen, sollte auf jedem Anrufbeantworter zu finden sein.			
Trinkgeld beträgt in Deutschland zehn Prozent.			
Ein Taschenaufhänger ist die stilvolle Variante, die Handtasche unterwegs aufzuräumen.			

	Falsch	Richtig	Situationsabhängig richtig oder falsch
Muss man die Toilette aufsuchen, so sollte man dafür einfallsreiche umschreibende Begriffe verwenden.			
Wer sich etwas ausleiht, ist auch für die zügige Rückgabe verantwortlich.			
Zwischenapplaus ist bei klassischer Musik tabu.			
Die Braut steht heutzutage immer auf der rechten Seite des Bräutigams vor dem Altar.			
Übernachtet man bei Privatpersonen, so zieht man nicht einfach ungefragt die Bettwäsche ab.			
Geht es jemandem schlecht, weil er krank ist oder gerade einen Schicksalsschlag erleben musste, so sollte ich ihm nichts Schönes aus meinem Leben erzählen.			
Auch wenn der Valentinstag heute allgegenwärtig ist, Geschenke sollte man an diesem Tag nur dem Partner machen.			
Am ersten Arbeitstag sollte man keinen Einstand feiern.			
Die Beschäftigung mit Smartphone und Laptop während des Meetings empfinden auch heute noch die meisten als ärgerlich und unhöflich.			
Bei Geschäftskontakten im Ausland sollte ich alle dort herrschenden Sitten mitmachen.			
Blickkontakt im Gespräch ist ein weltweites Zeichen für Interesse am Gegenüber oder zumindest am Gespräch selbst.			

Schaden anrichten

Irrtum:
Wer niest, muss dafür um Entschuldigung bitten.
Richtig ist:
Nur wer stört oder Schaden anrichtet, sollte Verzeihung erbitten.

Wir alle wissen das: Wer etwas anrichtet – sei es, dass er etwas kaputt macht, sei es, dass er jemanden versehentlich rempelt oder stört –, der bittet um Verzeihung. Wer das erste *Lexikon der Benimmirrtümer* gelesen hat, der ist sich auch des Unterschiedes zwischen »um Entschuldigung bitten« und »sich entschuldigen« bewusst. Auch die Unsitte, sich »Gesundheit« zu wünschen, wurde dort erwähnt.

Dennoch gibt es auch in dieser Hinsicht immer wieder Missverständnisse. So erlebe ich es regelmäßig, dass Teilnehmer eines Seminars geradezu triumphierend verkünden: »Wenn ich geniest habe, dann muss ich um Entschuldigung bitten!«

Aber genau das stimmt nur zum Teil. Und wieder einmal kommt das Prinzip zum Tragen, dass man eine Grundregel kennen muss, um aus dieser ableiten zu können, was in einer konkreten Situation richtig oder falsch ist.

Platze ich mit einem Niesen in eine Situation, in der das störend wirkt, weil ein Sprecher zum Beispiel kurz seine Rede unterbrechen muss oder weil ich für einen Moment versehentlich die gesamte Aufmerksamkeit auf mich ziehe, so ist die Bitte um Entschuldigung in den meisten Fällen sicherlich angebracht.

Niest jemand jedoch leise und diskret in sein Taschentuch

oder die linke Hand, so kann man nicht von einer Störung sprechen. Hier ist jeglicher Kommentar nicht nur überflüssig, sondern auch unglücklich, lenkt er doch noch mehr Aufmerksamkeit auf mich und das verursachte kleine Geräusch.

Doch auch bei einer echten Störung ist die Bitte um Verzeihung nicht immer passend. Richtig ärgerlich ist sie sogar dann, wenn sie die Störung noch verstärkt oder verlängert. So gilt etwa beim Niesen ganz klar, dass ein Allergiker, der zur Hochzeit des Pollenflugs ins Büro kommt, niemandem dort einen Gefallen tut, wenn er nach jedem Niesen lauthals um Entschuldigung bittet – man stelle sich nur einmal das Büro vor, in dem alle Mitarbeiter fünfzigmal am Tag lauthals »Macht nichts!« im Chor rufen. Auch der Besucher eines Konzertes, der sich nach einem Niesen bei seinen Nachbarn hörbar entschuldigt, macht sich keine Freunde.

In diesen und ähnlichen Fällen zeigt sich deutlich, dass das Kennen einer Regel leider nicht automatisch zur richtigen Anwendung derselben führt und dass oft jene, die es besonders gut meinen, andere durch ihr Verhalten irritieren. Wer sich ins Bewusstsein ruft, dass die Regeln fast durchgehend dazu gedacht sind, ein störungsfreies Miteinander zu ermöglichen, in dem andere nicht behindert oder mit unästhetischen Dingen behelligt werden, der sollte spontan wissen, was das Richtige ist – auch wenn das manchmal eben heißt, etwas zu unterlassen.

Bussi-Bussi

Irrtum:
Begrüßungsküsse auf die Wange fangen links oder rechts an.
Richtig ist:
In Deutschland beginnt man rechts.

»Da es leider keinen allgemeingültigen, deutschen Bussi-Regelkatalog gibt und in der Begrüßungswelt totale Anarchie herrscht, kann es schnell passieren, dass zwei Menschen auf-einandertreffen, die unterschiedliches Kussverhalten an den Tag legen. Beginnt man links oder rechts? Wie oft küsse ich überhaupt? Und: Nur hauchen wie beim Handkuss oder mit der Wange die Haut berühren?«

So fragt Tina Epking in der *Welt Online*. In der Tat gibt es keinen »Regelkatalog« – es wäre auch ein wenig befremd-lich, wenn es für das Küssen Vorschriften und vielleicht auch noch dazugehörige Sanktionen gäbe. Man kann nur fest-stellen, dass es bestimmte Gepflogenheiten gibt, die sich im Laufe der Zeit verändern und auch von Land zu Land unter-schiedlich sind.

Philematologie – so nennt man mittlerweile die Wissen-schaft, die sich mit dem Küssen befasst. Sie beschäftigt sich zwar in erster Linie mit dem Küssen von Mund zu Mund, dennoch kann sie auch mit einigen recht interessanten Fakten zu den Wangenküssen aufwarten. Ein Wangenkuss kann in verschiedenen Formen gegeben werden: als echter »Schmatz« oder nur gehaucht oder mit einer Wangenberüh-rung nur angedeutet. Je nach Kultur ist er entweder auf die Familie und nahe Verwandtschaft beschränkt oder auch im

entfernteren Bekanntenkreis üblich. In manchen Ländern ist
die Geste zwischen den Geschlechtern üblich, in anderen
Gegenden nutzen sie nur die Frauen, in wieder anderen begrüßen Frauen und Männer sich jeweils nur innerhalb des
eigenen Geschlechts auf diese Weise. Wie oft man küsst – die
Spanne reicht von einem Kuss bis zu vieren – ist ebenso
wenig festgelegt wie auf welcher Seite man anfängt. Kein
Wunder also, dass es zu Kollisionen oder zumindest zu peinlichen Situationen kommt, etwa dann, wenn ein harmloser
Wangenkuss als echter Schmatzer auf den Lippen des Gegenübers landet.

Vielleicht sollten wir nicht irritiert davon sein, dass man
mit dem Verschwimmen von Grenzen und der Internatio-
nalisierung der Kontakte nicht immer genau weiß, was angemessen ist, und sollten uns vielmehr darüber freuen,
dass unsere Kultur auch innerhalb Europas so reich und unterschiedlich ist. Es ist dramatisch genug, dass es immer
mehr Regelkataloge gibt, die alles mögliche standardisieren
wollen. Die Lebendigkeit des menschlichen Miteinanders
wird (noch?) nicht normiert – und das ist auch gut so.

Wer sich zumindest grob orientieren möchte, kann sich
für Europa folgende Faustregel merken: Je südlicher, desto
üblicher und häufiger. So wird in Spanien auch oft unter
Kollegen ein Begrüßungsküsschen ausgetauscht. In Frankreich wird unter Freunden ebenfalls viel und häufig geküsst.
Meist geschieht das aber als »Akkolade«, was so viel wie
»Umarmung« bedeutet. Hier wird also kein Kuss aufgedrückt, sondern man umarmt sich und die Wangen berühren sich. Um die europäische Verwirrung zu vollenden, ist es
in Frankreich je nach Region manchmal üblich, zwei Wangen-
berührungen auszuführen, in anderen sind es vier.

Die Belgier fangen links an, tauschen meist aber drei Küsse aus. Nur unter sehr guten Freunden ist es hingegen in Luxemburg üblich, sich überhaupt zu küssen, meist hat man sich dann auch schon eine ganze Weile nicht gesehen, und die Freude ist besonders groß. Auch hier beginnt man wie in Belgien links, und es gibt drei Küsschen. Etwas häufiger und üblicher ist es in den Niederlanden: Hier fängt man rechts an, Küsse werden angedeutet oder als leichter echter Kuss ausgeführt, das Ganze passiert dreimal. Frauen untereinander, Männer und Frauen miteinander. Begrüßen sich Männer gegenseitig, gibt es zwar eine Umarmung, meist aber keinen Kuss, sondern eher ein Auf-den-Rücken-Klopfen, Am-Arm-Berühren oder Ähnliches. Man nimmt es bei unseren niederländischen Nachbarn mit dem »Wie« nicht so genau. Nur, dass wenn, dann dreimal geküsst wird, ist ihnen wichtig.

In Polen küssen meist nur Frauen einander, und das auch nur, wenn sie gute Freundinnen sind. Wo sie anfangen und wie oft sie es tun, weiß allerdings niemand so genau. In Ungarn und in der Slowakei ist es zwischen den Geschlechtern üblich, wenn man gut befreundet ist, sich zur Begrüßung auch ein Küsschen zu geben. Meist sind es zwei Küsse, und auch hier scheint es völlig willkürlich zu sein, wo man anfängt.

In Spanien ist unter Freunden ein angedeuteter Kuss erst links und dann rechts üblich. In Portugal hingegen ist es erst rechts und dann links, ebenfalls nur angedeutet. Auch in den spanisch und portugiesisch sprechenden Ländern Südamerikas sind Begrüßungsküsse weit verbreitet. In Argentinien ist ein Begrüßungskuss nur in den großen Städten üblich; meist ist es ein Kuss, der sowohl von Männern als auch von Frauen gegeben wird, allerdings bloß bei guten Bekannten.

In Brasilien scheint es fast überall üblich zu sein, allerdings nur, wenn man sich wirklich gut kennt und nahe steht. Meist sind hier drei Küsse oder angedeutete Küsse üblich. In Chile ist der Kuss guten Freunden vorbehalten. In Mexiko sind es eher nur Frauen, die sich auf diese Weise begrüßen.

In den Ländern Nordafrikas kann man oft sehen, dass sich Männer zur Begrüßung umarmen oder auch auf die Wange küssen. Vor allem in Ägypten erlebt man es häufig, und man sieht auf der Straße auch Männer, die Hand in Hand gehen. Das bedeutet nicht, dass diese Personen homosexuell wären, es ist einfach ein Zeichen von Freundschaft und Vertrautheit. Auch Frauen umarmen oder küssen sich hier – aber ein Mann würde es niemals bei einer Frau tun. Er würde ihr aber genauso wenig einfach die Hand hinstrecken, sondern er würde sie ausschließlich mündlich begrüßen, ohne jede Berührung. Das ist nur in wenigen, sehr modernen Kreisen Ägyptens üblich. Auch eine Europäerin, die sich von einem ägyptischen Ehepaar verabschiedet, handelt im Zweifelsfall umsichtiger, wenn sie nur die Frau umarmt und dem Mann dann die Hand reicht. Die Hand zu geben ist in den meisten Fällen in Ordnung – verzichten sollte man allerdings darauf, wenn das männliche Gegenüber auf ersichtliche Weise besonders strenggläubig ist.

Und bei uns in Deutschland? Festzustellen ist auf jeden Fall, dass diese Form der Begrüßung und der Verabschiedung in den letzten zehn Jahren deutlich zugenommen hat. War es früher nur ein Ritual, das bestimmten Kreisen vorbehalten war, die dann auch gerne als »Bussi-Bussi-Gesellschaft« bezeichnet wurden, zieht es sich heute durch alle Regionen, Altersstufen und Schichten. Dennoch scheint es so zu sein, dass es unter jungen Leuten üblicher ist als unter älteren und dass es im Süden Deutschlands verbreiteter ist als im Norden oder Osten des Landes.

Tatsächlich kann niemand genau sagen, wie oft wir Deutschen zur Begrüßung oder zum Abschied küssen, denn es hängt sehr von der Region und auch vom spezifischen Freundeskreis ab. Je nachdem, wie dieser kulturell beeinflusst ist, gibt es dann ein, zwei oder drei Berührungen in Form eines angedeuteten oder echten Kusses. Was wir allerdings alle gemein haben, ist, dass wir die Tendenz zeigen, mit der rechten Seite des Gegenübers zu beginnen, genauso wie die Niederländer. Es gibt hierzu keine Regeln und Verbote, sondern dies ist einfach die am weitesten verbreitete Form. Wer also rechts beginnt, läuft am wenigsten Gefahr, mit der Nase des anderen zu kollidieren. Das bedeutet, wir ergreifen die rechte Hand und küssen die rechte Wange, wir reichen die rechte Hand und bieten die rechte Wange zum Küsschen an.

Warum man in manchen Ländern links, in anderen rechts beginnt, wird wohl nie geklärt werden können. Da in den Niederlanden und in Deutschland der Handschlag sehr verbreitet ist, liegt die Vermutung jedoch nahe, dass es damit zusammenhängen könnte. So wie wir die rechte Hand reichen, bieten wir auch die rechte Wange an.

Wem die ganze Küsserei zuwider ist, der muss nach Japan auswandern. Dort verbeugt man sich traditionell voreinander. Je internationaler das berufliche Umfeld ist, desto mehr wird auch die Hand gereicht. Doch Küsse, egal, wohin und von wem und in welcher Form auch immer, sind in der Öffentlichkeit völlig unüblich.

Wenn Sie nicht auswandern, werden Sie Begrüßungen mit Kuss wohl nicht vermeiden können. Das Einzige, was Sie tun können, um zumindest einige dieser Begegnungen zu verhindern, ohne den anderen zu sehr vor den Kopf zu stoßen, ist, die Hand zu einem festen Händedruck zu reichen. Wer auf ein Gegenüber, das einen bevorstehenden Begrüßungskuss vermuten lässt, mit einem freundlichem Lächeln zugeht und ihm schon von einer gewissen Distanz aus die Hand entgegenstreckt, hat zumindest eine Chance, sich die Person zwar nicht ganz vom Leibe, aber dennoch »von der Wange« zu halten.

Küss die Hand ...

Irrtum:
Einen Handkuss gibt man niemals unter freiem Himmel.
Richtig ist:
So einfach ist es nicht ...

Im Geschäfts- und Berufsleben ist es in Deutschland allgemein nicht üblich, einer Frau die Hand zu küssen. Diese Geste tritt eher bei selteneren Gelegenheiten im Privatleben auf.

Ausnahmen für das Berufsleben gibt es natürlich, wenn man im Ausland unterwegs ist. So konnten wir in den letzten Jahren auf Bildern mehrfach sehen, wie unserer Bundeskanzlerin die Hand geküsst wurde – unter anderem im Herbst 2005 vom damaligen französischen Staatspräsidenten Jacques Chirac und im November 2011 vom polnischen Ministerpräsidenten Donald Tusk. Vielleicht haben diese Bilder ebenso wie das Wiederaufleben von Bällen dazu geführt, dass es ein neues Interesse an der zwischenzeitlich fast ausgestorbenen und nur noch in Adelskreisen üblichen Geste gibt.

Ursprünglich war es ein Zeichen von besonderer Bewunderung, von Verehrung und Ergebenheit, wenn ein Mann einer Frau einen Handkuss gab. Grundsätzlich war er den verheirateten und auch den verwitweten Frauen vorbehalten. Küsste ein Mann einer unverheirateten Dame die Hand, so kam das einem Heiratsantrag gleich. In sehr traditionellen Familien ist es auch heute noch so, dass der Mann seiner Verlobten in dieser Form einen Antrag macht. Hier wird die Hand nicht im Stehen ergriffen wie sonst üblich, vielmehr kniet der Mann vor seiner Auserwählten. Falls Sie vorhaben, in dieser Form um die Hand Ihrer Angebeteten anzuhalten, sollten Sie wissen, dass der traditionelle Ablauf sich wie folgt gestaltet: Er kniet vor ihr, fragt sie, ob sie ihn heiraten möchte. Wenn die Frau zustimmt, küsst ihr der Verlobte die Hand, steckt den Ring an, küsst die Hand ein zweites Mal und erhebt sich dann. Hier wird die Hand richtig geküsst, und es spielt keine Rolle, ob man sich in einem geschlossenen Raum aufhält oder nicht – jeweils ganz anders als bei förmlichen Handküssen in Form einer Begrüßung, wie weiter unten aufgezeigt wird. Ein Verliebter muss also nicht auf das stimmungsvolle Szenario unter freiem Himmel verzichten. Dieser Handkuss ist ganz anders zu bewerten und folgt anderen Regeln als der Handkuss, der zur Begrüßung dient.

So romantisch und eindrucksvoll das auch wirken mag, die meisten Frauen scheinen heute kein großes Interesse mehr am Handkuss zu haben, egal, ob es sich um eine Geste der Begrüßung oder einen Antrag handelt. Bei einer repräsentativen Umfrage, die Emnid im Jahr 2006 im Auftrag des *Playboy* durchführte, gaben gerade einmal sechs Prozent der Frauen an, dass ihnen der Handkuss wichtig sei. Natürlich kann man nicht wissen, wie viele von ihnen überhaupt schon

einmal in einer solchen Situation waren. Interessanterweise
ist der Anteil der Männer, denen er wichtig ist, doppelt so
hoch. Die Umfrage ist repräsentativ, demnach müsste also
mindestens jeder zehnte Mann, dem man als Frau begegnet,
zuweilen den Impuls spüren, eine Hand nicht nur zu drücken,
sondern einen Kuss darüberzuhauchen. Ich habe eine zugegebenermaßen nicht repräsentative Befragung unter meinen
Seminarteilnehmerinnen und Bekannten durchgeführt,
doch selbst von denjenigen, die häufiger formellen Festlich-
keiten beiwohnen, berichtete kaum jemand, schon einmal
einen Handkuss erhalten oder gegeben zu haben. Woran das
wohl liegt? Vielleicht spielt die Unsicherheit darüber eine
Rolle, wie man sich richtig verhält.

Österreich, Italien, Frankreich und Polen sind Länder, in
denen man noch recht häufig erleben kann, dass Handküsse
verteilt werden. Gerade in Polen und auch in Frankreich ist
es eine Geste, die quer durch fast alle Gesellschaftsschichten
in entspannter Eleganz durchgeführt wird. In Österreich
wird die Geste zunehmend seltener und beschränkt sich
mehr und mehr auf einige besondere Anlässe wie den Wiener Opernball. Auch gerät dort die Grußformel »Küss die
Hand«, die wir aus Filmen und vielleicht aus dem Urlaub
kennen, langsam in Vergessenheit.

Ich weiß nicht, wie die Prozentzahlen in diesen anderen
Ländern aussehen, wie oft der Handkuss dort also tatsächlich noch gebraucht wird und wie beliebt er bei Männern
und Frauen ist – allein die Beobachtungen des Alltags zeigen, dass hier auf jeden Fall eine andere Sicht der Dinge
herrscht als in Deutschland.

In Ungarn ist übrigens die Formel »Ich küsse Sie« als
sprachliche Verkürzung von »Ich küsse Ihre Hand« ein nor-

maler Gruß. Üblich ist ein ähnlicher Satz auch in Rumänien, dort heißt es: »Ich küsse die Hand.«

Bei uns galt es über Jahrhunderte als unfein, wenn ein Mann einer Dame die Hand schüttelte, und besonders großbürgerliche und adelige Familien konnten sich eine andere Form der Begrüßung einer Frau als den Handkuss kaum vorstellen. Heute ist davon nichts mehr zu spüren: Der Gebrauch der Geste beschränkt sich auf ganz bestimmte Ereignisse und wird darüber hinaus nur noch von einigen adeligen Familien fortgeführt. Doch vielleicht erlebt der Handkuss ja tatsächlich gerade ein Comeback. Dann können die folgenden Regeln hilfreich sein.

Für die Dame und den Herrn gilt:

- Die Hand wird nur in geschlossenen Räumen geküsst.
- Bahnsteige machen eine Ausnahme, auch hier darf die Hand geküsst werden.
- Ob eine Gartenparty auch als »geschlossener Raum« interpretiert werden darf, darüber gibt es unterschiedliche Ansichten.

Für die Dame gilt:

- Es ist äußerst unfein, einen Handkuss zu erzwingen, indem man dem Mann auf Kinnhöhe die Hand hinstreckt. Auch wer zu den sechs Prozent der Frauen gehört, denen ein Handkuss wichtig ist, muss entweder warten, bis es zufällig passiert, oder im Bekanntenkreis diskret verlauten lassen, wie schön man diese Geste findet …
- Die Hand wird dem Mann entspannt gereicht, wenn dieser sie zum Handkuss nach oben führen will. Auch wenn

Sie die Geste unwichtig finden und selbst wenn Sie sie überhaupt nicht mögen, sollten Sie Ihre Hand nicht ruckartig zurückziehen oder versuchen, sie mit Anstrengung unten zu behalten, so dass doch noch ein Handschlag daraus werden kann. Die Hand hier zu entziehen ist genauso unhöflich, wie sie zum Handschlag zu verweigern.

Für den Herrn gilt:

- In einer überschaubaren Runde gilt die Regel, dass entweder alle Damen oder keine einen Handkuss bekommen sollten.
- Der Mann von Welt neigt sich vor und zeigt so schon an, was kommt.
- Die Hand wird nicht gedrückt, sondern nur genommen und leicht gedreht, so dass der Handrücken nach oben zeigt.
- Dann führt man die Hand ein wenig nach oben – weder schnell noch fest noch weit. Der Kuss wird einige Zentimeter über den Handrücken gehaucht – es bleibt also bei einem angedeuteten Kuss.
- Jetzt darf die Hand nicht wie eine heiße Kartoffel fallen gelassen werden, sondern wird sanft wieder nach unten geführt.
- Auch wenn es überflüssig sein mag, füge ich zur Sicherheit hinzu, dass man natürlich die Dame vor dem Handkuss grüßt und sie dabei anblickt. Während man die Geste ausführt, gilt die Aufmerksamkeit der Handlung, und es wird nicht gesprochen.

Die Bundeskanzlerin gehört wohl zu den wenigen Menschen, die des Öfteren einen Handkuss bekommen, daher kennt sie auch die Formen, die nicht den hier beschriebenen Ursprung haben, einer Dame die Verehrung zu bekunden. So ist bekannt, dass sie im Herbst 2009 von einem türkischen Schüler in einer Berliner Schule einen Handkuss bekam, als sie dort zu Besuch war. In der Türkei wie in vielen arabischen Ländern und auch in den traditionellen Gesellschaften Ost- und Südostasiens ist es heute noch üblich, sowohl Eltern als auch Lehrern und anderen besonders zu respektierenden Verwandten und Bekannten die Hand zur Begrüßung zu küssen.

Früher war es auch bei uns in Deutschland üblich, die Eltern mit dieser Geste zu begrüßen. Heute dürfte es allerdings kaum mehr eine deutsche Familie geben, wo dies noch zu den Ritualen gehört.

In Europa ist der Handkuss an sich schon seit dem Mittelalter bekannt. Als Zeichen des Respekts und auch der Unterwerfung küsste man höhergestellten Adeligen oder auch Geistlichen den Ring, der ein Zeichen ihrer Legitimation war. Interessanterweise war diese Geste zugleich auch Ausdruck der Ehrenhaftigkeit des Untergebenen. Die Hand eines Herrschenden gereicht zu bekommen galt als eine besondere Gunst, die nur Menschen zuteilwurde, die dem betreffenden Würdenträger nahe standen oder selbst von hohem Stand waren. Dies war bis ins 19. Jahrhundert gültig. Erst um 1900 löste sich diese Praxis langsam auf – eine Emanzipierung des Bürgertums, die Industrialisierung und die demokratischen Prozesse in den europäischen Ländern ließen die alte Geste in einem immer zweifelhafteren Licht erscheinen.

Im Übrigen ist der Handkuss in Europa noch gegenüber hohen katholischen und orthodoxen Geistlichen üblich.

Vom Bischof an wird Geistlichen der Siegelring geküsst, der
an der rechten Hand getragen wird. Beim Papst wird der
Fischerring geküsst. Der derzeitige Papst Benedikt XVI.
allerdings ist immer wieder dabei zu beobachten, dass er die
Hand der Menschen ergreift, die erkennbar die Absicht hatten, seinen Ring zu küssen. Besonders gut ist das auf den
Fotos von einem Besuch des Papstes in Santiago de Compos-
tela zu erkennen. Bei der Begegnung mit Prinzession Letizia
von Spanien knickste sie vor ihm und beugte sich über seine
Hand, die er ihr dann zum Handschlag reichte. Es ist ein
Bild vom Flughafen, es wäre also ein Handkuss unter »freiem Himmel« geworden. Doch die Regel, dass die alte Geste
auch am Bahnsteig erfolgen darf, kann natürlich übertragen
werden. Immer dort, wo öffentliche Verkehrsmittel an- und
abfahren, ist ein Handkuss unter freiem Himmel absolut
»comme il faut«.

Übertriebene Freundlichkeit

Irrtum:
Der Konjunktiv macht alles höflicher.
Richtig ist:
*In vielen Situationen ist das Sprechen im Konjunktiv nicht
höflich, sondern wirkt unsicher.*

Es ist richtig, dass der Konjunktiv II im Deutschen nicht nur
verwendet wird, um unmögliche oder unwahrscheinliche
Dinge auszudrücken, er wird auch »Höflichkeitsform« genannt und kann und soll auch als solche genutzt werden.
Das äußert sich in Formulierungen wie: »Könnten Sie das

bitte zur Post bringen?«, »Hätten Sie vielleicht noch Zeit für eine kurze Besprechung?«, »Würdest du mir bitte etwas aus dem Supermarkt mitbringen?« Leider hat der in den letzten Jahren stärker gewordene Wunsch, sich höflich zu verhalten, mehr Service zu bieten und mehr Kundenorientierung zu zeigen, dazu geführt, dass diese Höflichkeitsform nun teilweise inflationär gebraucht wird. Das führt dazu, dass sie zum Teil nicht mehr als Höflichkeit erkannt wird, weil sie in Situationen verwendet wird, in denen man den Konjunktiv eher in seiner irrealen Aussagewirkung versteht. Dort ist diese Art der Höflichkeitsgrammatik völlig fehl am Platz. Beispiele dafür sind Sätze wie: »Ich würde Ihnen gerne vorschlagen, das Meeting zu organisieren« oder »Ich würde Sie bitten, Herrn Müller einzuladen.« Hier weiß man nicht, ob der Sprecher sich sicher ist in dem, was er plant. Es scheint fast, als halte er selbst sein Ansinnen für ein Ding der Unmöglichkeit. »Ich würde Sie ja gern darum bitten, aber ich tue es nicht, weil ich mich das letztlich doch nicht traue«, könnte man in den ersten Satz ebenso hineininterpretieren, wie man im zweiten Satz eine Abwehrhaltung gegen Herrn Müller oder die Einladung herauslesen könnte. Man ist geneigt, im Stillen zu ergänzen: »... aber ich tue das alles nicht.« Ebenso verwirrend und deshalb nicht mehr höflich sind oft gebrauchte Formulierungen wie: »Ich würde Sie gerne fragen ...« oder auch »Ich würde sagen ...«

Den Konjunktiv II für eine Bitte zu nutzen, liegt nahe, bietet er doch die Möglichkeit, das Anliegen indirekter und damit weniger offensiv und fordernd vorzubringen als im Indikativ. Nicht umsonst werden solche Formulierungen als »Weichmacher« bezeichnet. Ist der Konjunktiv in dieser Funktion gewollt und richtig eingesetzt, drückt er auch tatsächlich Höflichkeit aus. Ungewollt verwendete oder allzu häufig und in allen möglichen Zusammenhängen eingesetzte Konjunktivformulierungen jedoch verkommen schnell zu Floskeln, die sinnentleert sind oder die Absicht des Sprechers gerade ins Gegenteil verkehren. So weiß man, dass gerade Formulierungen wie »Ich würde sagen ...« oder »Ich möchte Sie bitten ...« weniger als höflich, sondern eher als unsicher wahrgenommen werden und daher für Verwirrung sorgen.

In einer Reihe von Kommunikationstrainings gerade für Führungskräfte und Mitarbeiter des Außendienstes wird deshalb immer wieder darauf hingewiesen, dass die Teilnehmer sich lieber abgewöhnen sollen, so zu sprechen. Manchmal wird dies vielleicht zu pauschal verstanden als Anweisung, nicht mehr gar so höflich zu sein. Das wiederum führt die Menschen in Verwirrung, die in anderen Seminaren – wie etwa bei mir – hören, dass sie freundlichere Ausdrucksweisen verwenden sollen. Ich werde immer wieder gefragt, wie es zu solch unterschiedlichen Ratschlägen bei Trainings kommen kann. Doch beides ist zu jeweils seiner Zeit richtig. Die Formulierung »Bitte organisieren Sie das Meeting« ist immer noch höflich, aber deutlich klarer als der Konjunktiv, so dass der Angesprochene auch wirklich versteht, dass er hier einen Arbeitsauftrag bekommen hat. Ist man sich nicht sicher, ob eine so direkte Ansprache möglich ist, so gehört zu klarer Kommunikation, dass man dennoch eine eindeutige Aussage trifft. Denn es ist eben auch ein Zeichen von Höflichkeit, wenn man den anderen nicht erst nach der Bedeutung des Gesagten suchen lässt. Das könnte zum Beispiel sein: »Wie sieht es bei Ihnen aus? Schaffen Sie es, das nächste Meeting zu organisieren?« Auch eine sehr freundliche Bitte lässt sich ohne den Konjunktiv II ausdrücken, wenn man klarmachen möchte, dass man keine Erwägung, sondern eine freundliche Anweisung oder Bitte formuliert: »Bitte laden Sie Herrn Müller ein.« Oder noch freundlicher: »Bitte seien Sie doch so nett und kümmern sich um die Einladung an Herrn Müller.«

Gerade in der Kommunikation von Führungskräften ist es oft wichtig, klar zu signalisieren, dass ein Arbeitsauftrag vergeben und nicht nur eine Frage oder eine Überlegung geäußert wurde. Neben Verbundenheit werden als wichtige Eigenschaften einer Führungskraft schließlich auch Eindeutigkeit, Klarheit und Entschlossenheit genannt. Dies ist der Grund, warum hier eine Bitte mit »würde« und »könnte« oft nicht geeignet ist.

Bei Präsentationen wiederum geht es oft darum, deutlich zu machen, dass man selbst vom Inhalt der Präsentation absolut überzeugt ist. Deshalb ist es auch hier oft ungeeignet, zu »irreal« zu sprechen.

Allgemein üblich

Irrtum:
Wenn eine Frau eine Rede hält, so beginnt sie mit:
»Sehr geehrte Herren und Damen«.
Richtig ist:
Die Konvention »Sehr geehrte Damen und Herren«
gilt immer.

Viel war im ersten *Lexikon der Benimmirrtümer* die Rede davon, dass man gerade im Beruf nicht davon ausgehen kann, dass die Regel »Ladys first« immer richtig ist. Im Beruf zählt zunächst der Rang, die Hierarchie oder die Position, nicht das Geschlecht.

So sehen es alle Experten, die sich mit Umgangsformen, Knigge, Etikette und menschlichem Miteinander beschäftigen. Allen, die dennoch daran zweifeln, sei empfohlen, sich bei den Nachrichten einmal nicht auf den Inhalt, sondern auf die Umgangsformen der gezeigten Personen zu konzentrieren. So kann man sehen, dass ein hoher Politiker bei einem Auslandsbesuch, zum Beispiel Barack Obama, immer zuerst begrüßt wird, auch wenn er von einer Politikerin geringeren Ranges wie der Außenministerin Hillary Clinton oder von seiner Ehefrau Michelle Obama begleitet wird. Rang vor Geschlecht – ganz einfach.

Diese Regel hat sich inzwischen immer mehr herumgesprochen, doch interessanterweise führt dies nicht zwangsläufig auch zu mehr Klarheit. Es gibt zuweilen merkwürdige hinzuerfundene Regeln, die über Foren im Internet ihren Weg in die Welt finden und für neue Verwirrung sorgen. So höre ich immer wieder die Idee, dass nur ein Mann seinen Vortrag mit den Worten »Sehr geehrte Damen und Herren« beginne. Sei eine Rednerin geladen, so müsse sie sagen: »Sehr geehrte Herren und Damen.« Das ist blanker Unsinn, und es gibt keine logische Erklärung dafür, warum das höflich sein sollte. Soll denn eine Frau, nur weil sie selbst eine Rede hält, alle anderen Frauen hintanstellen? Vergessen Sie diese absurde Regel! Es ist und bleibt die Konvention, dass die Anrede »Sehr geehrte Damen und Herren« lautet, ganz gleichgültig, ob Sie einen Sprecher oder eine Sprecherin vor sich haben.

Die richtige Reihenfolge

Irrtum:

Geht eine E-Mail an zehn Herren und eine Dame,
so schreibt man:»Sehr geehrte Frau Müller, sehr geehrte
Herren«.

Richtig ist:

Eine einzelne Person wird nur in den seltensten Fällen
herausgehoben. Auch wenn neben mehreren Herren
nur eine Dame angesprochen werden soll, heißt es:
»Sehr geehrte Damen und Herren«.

Eine E-Mail, die an einen größeren Personenkreis geht, wird nur selten mit der namentlichen Nennung aller einzelnen Adressaten beginnen. Es gibt keine Regel, die besagt, ab wie vielen Personen man die Namen weglässt und schlicht zum Beispiel »Sehr geehrte Herren« schreibt. Es ist vielmehr von der Situation abhängig, und um eine Entscheidung zu fällen, ist es ratsam, verschiedene Kriterien zu erwägen:

- Wie viele Personen sind es genau?
- Wie entspannt ist der Umgangston insgesamt?
- Wie formell ist das Dokument?
- Wie wichtig kann eine persönliche Anrede sein, damit sich wirklich alle angesprochen fühlen und ich alle erreiche?
- Wie ist mein Verhältnis zu den Adressaten?

Im Allgemeinen lautet die korrekte Anrede also bei einer größeren gemischten Gruppe »Sehr geehrte Damen und Herren«. Auch wer den oder die Adressaten nicht kennt,

verwendet diese Anrede. Weiß man, dass es sich nur um
Frauen handelt, weil man zum Beispiel an ein Frauen-
netzwerk schreibt, so heißt es analog »Sehr geehrte
Damen«, bei einer Gruppe von Männern »Sehr geehrte
Herren«.

Viele zögern bei der Frage, wie sie sich verhalten sollen,
wenn eine E-Mail an einen größeren Verteiler geht und es
bekannt ist, dass sich in der gesamten Gruppe der Leser nur
eine einzige Frau befindet. Gerade diejenigen, die aufmerksam sind und diesen Tatbestand überhaupt wahrnehmen
und im Hinterkopf immer noch die Regel haben, dass man
mit Frauen besonders höflich umgehen sollte, tendieren
dann dazu, »Sehr geehrte Frau Klein, sehr geehrte Herren«
zu schreiben, und zerbrechen sich vielleicht noch darüber
den Kopf, ob die Herren vielleicht doch zuerst genannt werden müssten, denn schließlich sei ja der Vorstand darunter …

Doch egal, in welcher Reihenfolge Sie es setzen, diese Formulierung ist fast immer falsch. Eine Frau, die sich heute in
einer beruflich von Männern besetzten Domäne durchsetzen muss, liebt es nicht gerade, wenn sie bei jeder Gelegenheit als »die Dame« besonders herausgehoben wird. Sie will
in den meisten Fällen als fachlich ernstzunehmende Kollegin wahrgenommen werden, die zum Team gehört, und
nicht als Exotin.

Viele Frauen berichten, dass sie beim Start in einem reinen Männerteam durchaus den einen oder anderen komi-
schen Kommentar gehört haben. Sie alle aber hatten gehofft,
dass sich die offenkundige Auffälligkeit mit der Zeit nivel-
lieren würde. Die Kollegen würden sich schon daran ge-
wöhnen, dass nun eine Frau den Job von Herrn X erledigte.

Wer diese Kollegin immer als »die Dame« herausstellt, und sei es in noch so höflicher Absicht, der kann es ihr auf Dauer damit noch schwerer machen, Akzeptanz zu finden, denn ihr »Anderssein« wird schließlich die ganze Zeit über betont.

Wenn Sie also an eine Gruppe von Menschen schreiben, die zum Beispiel einen Projektstatus sehen sollen, und die E-Mail nicht nur an die Projektleiter geht, sondern auch an diverse Mitarbeiter, vom Ingenieur bis zum Praktikanten, und es ist nur eine Frau darunter, so lautet die Anrede ganz einfach »Sehr geehrte Damen und Herren«. Soll eine einzelne Person unter all den Empfängern der Nachricht hervorgehoben werden, etwa weil sie der Kunde ist oder der Ranghöchste, so wird diese Person zuerst und mit Namen genannt. Dabei spielt es dann keine Rolle, ob es sich um eine Frau oder einen Mann handelt. Die Rolle ist hier entscheidend, nicht das Geschlecht.

Falls Sie noch nie darüber nachgedacht haben sollten, in welcher Reihenfolge Sie die Personen in einem Schriftstück ansprechen, so sollten Sie wissen, dass andere es teilweise sehr genau damit nehmen. Es gibt genügend Menschen, die zum Beispiel an der Spitze einer Abteilung stehen oder zu den Hauptverantwortlichen eines Projektes zählen und es durchaus übel nehmen, wenn man sie erst an siebter Stelle, vielleicht sogar nach der Sekretärin, nennt … Das gilt schon für relativ informelle E-Mails, und je formeller ein Schriftstück ist, desto mehr kommen die klaren Regeln zum Tragen, in welcher Reihenfolge die Adressaten genannt werden müssen.

E-Mail an Sie

Irrtum:

Schicke ich versehentlich eine E-Mail an einen Verteiler,
obwohl ich nur eine Person ansprechen wollte, so nerve
ich nicht mit einer weiteren Nachricht, die das richtigstellt.

Richtig ist:

Eine Nachricht, dass das Lesen der ersten Nachricht
hinfällig ist, erspart überflüssige Arbeit.

Es passiert immer wieder: Mails an einzelne Adressaten werden versehentlich »an alle« geschickt. Die meisten dieser unfreiwilligen Massenmails sind zwar ärgerlich, werden aber schnell wieder vergessen. Manche schaffen es jedoch in die Presse und sorgen für Spott und Häme. So wollte eine der weltweit größten Versicherungen im Jahr 2012 einem Mitarbeiter kündigen – per E-Mail. Warum dieser Benachrichtigungsweg gewählt wurde, ist unverständlich, aber das tut hier nichts zur Sache. Die Personalabteilung hat versehentlich beim Empfänger »an alle« angeklickt, und so bekamen alle Mitarbeiter weltweit die Kündigung zugestellt – und mit ihr die Bitte, alle Unterlagen rechtzeitig zurückzugeben, und mit den besten Wünschen für die Zukunft.

In Deutschland verschickte man vom Referat für Öffentlichkeitsarbeit des Deutschen Bundestages eines Morgens im Januar 2012 an alle rund 4000 Mitarbeiter des Deutschen Bundestages die Nachricht, dass das neue Handbuch für gesetzliche Grundlagen und die Geschäftsordnungen des Bundestages, kurz »Kürschner« genannt, eingetroffen sei, und informierte, wo man es abholen könne. Eine Mitarbeiterin antwortete spontan mit der Bitte an eine Kollegin: »Bring mir eins mit.« Durch ihr Versehen, auf »an alle« zu klicken, gelangte diese Nachricht ebenfalls an alle 4000 Mitarbeiter. Das allein würde für eine Berichterstattung in den Medien noch nicht ausreichen. Doch offenbar antworteten der Dame nicht wenige auf die Nachricht, ebenfalls mit der Funktion »an alle«. Automatische Abwesenheitsnotizen – an alle natürlich – kamen dazu, das Chaos war perfekt. In kurzer Zeit waren die Server verstopft, und der E-Mail-Verkehr war für mehrere Stunden lahmgelegt. Um die Geschichte noch ein wenig absurder zu machen, gesellten sich wohl noch einige Massenmails hinzu mit Hinweisen für den richtigen E-Mail-Verkehr und der Auslobung einer Belohnung für die kreativste Massenmail.

Das ist natürlich ein Worst-Case-Szenario. Die meisten E-Mails enthalten heute einen Disclaimer, der darauf verweist, wie man mit einer E-Mail verfahren soll, die man irrtümlicherweise erhalten hat. Je nach Organisation oder Firma wird darum gebeten, die Nachricht kommentarlos zu löschen oder den Absender zu benachrichtigen. Eine E-Mail, die offensichtlich aus Versehen »an alle« geschickt wurde, auch als Massenmail zu beantworten, grenzt schon fast an Bösartigkeit.

Nicht lustig ist auch, dass der Schreiberin der unbeabsichtigten Rundmail im Bundestag aus Häme eine ganze Seite bei Facebook gewidmet wurde. Sie hat schließlich nur einen einzigen Fehler gemacht. Sicher war das ungeschickt, aber schlimm wurde es erst durch das Nachtreten der anderen. Im Internet wurde gespottet: »Jetzt reden die Abgeordneten endlich mal miteinander!«

Das alles sind Ausnahmefälle, und man darf hoffen, niemals an einer solchen Flutwelle persönlich beteiligt zu sein. Wer im normalen Arbeitsleben versehentlich eine E-Mail an alle schickt und dies schnell merkt, der kann zunächst ver-

suchen, sie mit einem Klick in den Maileinstellungen zu-
rückzurufen. So werden zumindest diejenigen nicht belästigt,
die die E-Mail noch nicht gelesen haben. Doch gerade, wenn
es sich nicht nur um eine einzeilige Nachricht, sondern ein
etwas umfangreicheres Dokument handelt, sollte auf jeden
Fall noch einmal »an alle« geschrieben werden. Hier reicht es,
wenn in der Betreffzeile ein kurzer Hinweis steht, dass die
erste E-Mail vernichtet werden kann, zum Beispiel: »Entschuldigung. Meine vorige Mail war ein Versehen.« Dann
können sich viele Empfänger die Zeit und Arbeit sparen, die
erste E-Mail zu lesen und sich zu fragen, was sie damit tun
sollen. Auch die zweite E-Mail muss nicht geöffnet werden. Je
nach zeitlichem Abstand der beiden Nachrichten wird die
Richtigstellung natürlich nur diejenigen warnen, die die ak-
tuellsten Nachrichten zuerst lesen und sich dann in die Vergangenheit zurückarbeiten. Wer chronologisch vorgeht, hat
durch den Irrtum schon Zeit verschwendet. Auf diese Personen können der Hinweis und die Bitte um Entschuldigung
aber immerhin noch besänftigend wirken.

Ich weiß etwas, das du nicht weißt

Irrtum:

*Hat eine E-Mail noch einen Adressaten im Feld »Cc«, so
muss ich diesen bei einer Antwort nicht berücksichtigen.*

Richtig ist:

*Wir können davon ausgehen, dass der Absender bewusst
entschieden hat, noch jemanden in Kenntnis zu setzen.*

»Cc« steht hier weder für die Top-Level-Domain der Kokos-
inseln noch für »Cash & Carry«, sondern für »Carbon copy«,

also das Feld in einem E-Mail-Kopf, das für Adressaten verwendet wird, zu deren Kenntnis man diese Nachricht ebenfalls senden möchte. Fälschlicherweise wird dieses »Cc« auch mit »Courtesy copy«, also »Höflichkeitskopie«, übersetzt. Benutzt wird es, wenn man zwar möchte, dass einer oder einige andere diese E-Mail ebenfalls lesen können, doch diese nicht die direkten Adressaten sind. Anders als bei »Bcc«, der »Blind carbon copy«, können alle lesen, wer noch Kenntnis von dieser E-Mail hat.

Das »Bcc«-Setzen eines Empfängers ist allerdings im Geschäftsleben verpönt – warum darf jemand nicht wissen, wer sonst noch informiert wird? Verwendet wird das Feld allenfalls dann, wenn eine Nachricht an viele Menschen gehen soll, deren E-Mail-Adressen aber nicht publik gemacht werden sollen. Auf diese Weise muss niemand sich Sorgen darüber machen, was die Empfänger mit den Adressen anfangen – ob sie sie zum Beispiel weiterverwerten und die Adressaten dann mit Rundmails, Newslettern, Werbung oder Gewinnspielen bombardiert werden.

Im Beruf ist »Cc« beliebt und verhasst zugleich. Einerseits ist es eine praktische Variante, das ganze Team etwa wissen zu lassen, was gerade vor sich geht. Jeder kann es lesen, keiner muss oder sollte sich aber aufgefordert fühlen, selbst etwas zu unternehmen oder gar zu antworten. Es ist genau so, wie es früher eben mit den Kopien, den Kohledurchschlägen (Carbon copy) war, und in Gedanken kann man ein Post-it mit dem Satz »Zur Kenntnisnahme« auf dem früheren Durchschlagsstapel sehen. Doch leider hat sich in den letzten Jahren zunehmend die Praxis durchgesetzt, ständig wirklich alle irgendwie Involvierten ins »Cc« zu setzen. So muss ein ganzes Team von 15 Leuten eine E-Mail zur

Kenntnis nehmen, die vielleicht nur für fünf oder sechs
Teammitglieder von Relevanz ist. Dafür stöhnen dann alle
umso mehr über die ständig wachsende E-Mail-Flut. Einige
Unternehmen haben inzwischen eigene Richtlinien dafür
erlassen, schließlich raubt diese Angewohnheit allen Zeit
und Nerven. »So oft wie nötig, so wenig wie möglich« lautet
hier die Devise.

Manch ein Adressat geht jedoch gerade im Hinblick auf
die Flut von E-Mails davon aus, dass es ihm gleichgültig sein
kann, wer im »Cc« stand. Es war ja schließlich eine Entscheidung des Senders, noch jemanden in Kenntnis von seiner
Nachricht zu setzen, und das wiederum habe mit ihm als
direktem Empfänger recht wenig zu tun, denkt er. Doch
davon kann man nicht so selbstverständlich ausgehen.

Oft hat ein Vorgesetzter darum gebeten, über den ganzen
Vorgang in Kenntnis gesetzt zu werden, oder derjenige, der
die E-Mail verschickt, weiß, dass der Adressat im »Cc« dem-
nächst die entsprechenden Aufgaben übernehmen soll, sei es
nun dauerhaft oder als Urlaubsvertretung. Im Zweifelsfall
sollten wir also bei der ersten Antwort eher davon ausgehen,
dass wir den Cc-Empfänger ebenfalls in dieses Feld setzen –
ich betone hier »im Zweifelsfall«, denn ohne Frage gibt es
genügend Situationen, in denen wir Umfeld und Beteiligte
gut genug kennen, um zu wissen, dass das überflüssig wäre.

Bekomme ich auf meine Antwort wieder eine Antwort, in
der das Cc-Feld weiterhin gefüllt ist, und erwarte ich eine
Dauerkorrespondenz, bei der binnen einer Woche schon
mal Dutzende von E-Mails auflaufen können, so greife ich in
solchen Zweifelsfällen immer zum guten alten Telefonhörer.
Das ist ohnehin ein Instrument, das immer wieder dafür
sorgen kann, dass trotz ständigem E-Mail-Kontakt keine

Missverständnisse oder Misstöne entstehen. Ich frage dann nach, wer Kenntnis von der Korrespondenz bekommen sollte. Ich habe durch diese Frage manch interessantes Detail erfahren, das es mir noch leichter gemacht hat, meine Kunden zu verstehen.

Mit Gefühl

Irrtum:
Floskeln sind altmodisch. Man verzichtet heute auf die meisten und sagt zum Beispiel nicht mehr »Mein Beileid«.
Richtig ist:
Floskeln sind altmodisch, doch einige Dinge bleiben bestehen.

Floskeln aller Arten stehen seit Jahren in einem zunehmend schlechten Ruf. Nicht nur Seminare, die sich an Sekretärinnen oder andere Zielgruppen wenden, die viel zu schreiben haben, auch Kolumnen und Bücher verweisen immer wieder darauf, dass die Verwendung formelhafter Redensarten und Ausdrücke nicht zu einer modernen, individuellen und empfängerorientierten Kommunikation passe. Floskeln werden heute als nichtssagende und stereotype Äußerungen interpretiert, über die der Sprecher nicht mehr nachdenkt. Oft werden sie von vornherein mit Plattitüden oder Gemeinplätzen gleichgesetzt. Es gibt viele amüsant zu lesende Artikel von Sprachexperten wie Bastian Sick, die sich über Formulierungen wie »Beiliegend erhalten Sie …« lustig machen.

Das ist natürlich berechtigt, und ich selbst habe im ersten *Lexikon der Benimmirrtümer* auf solche Floskeln hingewiesen. Dennoch: Es gibt Lebenssituationen, in denen eine feste, vorgegebene, allen bekannte und überall übliche Formulierung hilfreich sein kann. Wichtig finde ich, dass man solche Formulierungen dann auch bewusst einsetzt, dass man sie also nicht nur benutzt, weil »man das halt so macht«, sondern sie in ihrer Funktion und ihrer Bedeutung erfasst. Viele Floskeln waren ursprünglich durchaus sinnvoll, und die Formulierung an sich steckt meist immer noch voller Bedeutung. Allein die weitverbreitete undifferenzierte Verwendung lässt sie sinnentleert wirken.

Besonders deutlich wird dies, wenn wir jemandem kondolieren müssen. Das passiert den meisten Menschen nicht besonders häufig und ist eine Herausforderung in allen kommunikativen Situationen. Wenn es völlig überraschend dazu kommt und wir reagieren müssen, ohne vorher lange nachdenken zu können, ist es noch schwerer, die richtigen Worte zu finden. Eng damit verknüpft ist die Tatsache, dass wohl niemand in unserer Kultur gerne mit dem Tod konfrontiert wird. Die Themen Vergänglichkeit, Altern und Sterben werden seit Jahrzehnten aus den Familien und dem allgemeinen Erleben verbannt. Die meisten Menschen fühlen sich hilflos, unbehaglich und entsetzlich verlegen, wenn sie jemandem gegenübertreten, dem sie kondolieren müssen.

Das Wort selbst sagt bereits aus, was in dieser Situation gefragt ist. Es kommt vom lateinischen Verb »condolere« und bedeutet übersetzt »Mitgefühl haben«. Nur darum geht es: ausdrücken, dass ich mit dem anderen mitfühle, dass ich versuche, zu ermessen, wie es ihm gerade geht. Deshalb sind die Formulierungen »Mein Beileid« oder »Mein Mitgefühl«

durchaus korrekt und auch angemessen. Sie sind nicht per se inhaltsleere Floskeln.

Dies sind sie nur dann, wenn ich nicht verstehe, was ich da gerade sage, und man mir das auch anmerkt. Wenn ich darüber hinaus nicht das geringste Gefühl von Betroffenheit zeige, weder im Tonfall noch in der Mimik oder Gestik, besteht mein Reden nur aus Worthülsen, und es kann überdies auch sehr verletzend sein.

Hochgeachtet?

Irrtum:
»Hochachtungsvoll« ans Ende eines Schreibens zu setzen ist unhöflich.
Richtig ist:
Dies ist bei bestimmten Briefen Standard, wenn auch nicht besonders herzlich.

Nicht nur bei Briefen, auch bei E-Mails bleibt die leidige Frage, wie denn die Schlussformel, der Abschlussgruß, lauten soll, ein Dauerthema. »Mit freundlichen Grüßen« ist eine Standardformulierung, die fast immer passt – aber eben nur fast immer. »MfG« hingegen ist grob unhöflich. Schließlich zeigt man hier, dass man nicht einmal bereit ist, sich die wenigen Sekunden Zeit zu nehmen, um dem anderen die gesellschaftlich übliche Höflichkeit zu erweisen. Viele entscheiden sich heute auch in geschäftlicher Korrespondenz für etwas mehr Verbindlichkeit. Ein klein wenig moderner und etwas netter klingt »Freundliche Grüße«. Den anderen mit »herzlichen Grüßen« zu verabschieden, setzt voraus, dass man sich ihm wirklich etwas verbundener fühlt, es passt also meistens nicht für den ersten Schriftwechsel. Sehr oft lesen kann man »Viele Grüße« und »Beste Grüße«, noch persönlicher wird es mit »Herzliche/Beste/Viele Grüße nach Mannheim« oder auch »Herzliche/Beste/Viele Grüße aus Berlin«. Manch einer nimmt das Wetter oder auch einen anderen aktuellen oder saisonalen Bezugspunkt in den Gruß hinein: »Sonnige Grüße nach München« (das geht nur, wenn ganz Deutschland ein Wetterhoch hat), »Beste Grüße aus dem verregneten Hamburg«, »Adventliche Grüße« und Ähnliches. Das ist also eine leichte Übung. Bei einem freundlichen und bekannten Kontakt wählt man einen Gruß, der zum Verhältnis passt und den man beiderseits mag. Schwieriger wird es hingegen bei formelleren Schriftstücken oder wenn der Schriftwechsel nicht ganz so freundlich und herzlich ist. Oft wird behauptet, »Hochachtungsvoll« sei eine gesellschaftlich übliche und nicht verklagbare Variante, um dem anderen mitzuteilen, dass man gar nichts von ihm hält. Das stimmt nicht. Bis in die achtziger Jahre hinein war »Hochachtungsvoll« viel weiter verbreitet als heute. Sowohl im *Duden* als auch zum Beispiel unter *www.wissen.de* findet sich ausschließlich der Hinweis, dass es sich hierbei um eine altmodische Formulierung handelt; über einen Unterton der Formulierung aber wird nichts gesagt.

Dennoch ist es so, dass die meisten Menschen diesen Gruß verwenden, wenn sie eben gerade nicht »freundlich« grüßen möchten, und sie spüren zudem eine wie auch immer geartete wenig herzliche Botschaft, wenn sie einen Brief erhalten, der so endet. Ich bekam den Hinweis, dass Briefe von der Polizei und auch vom Gericht so enden. Das scheint in die Logik zu passen – schließlich verkehrt man hier meist nicht auf einvernehmlicher Ebene, es gibt also Ärger. Um trotzdem der gesellschaftlichen Norm einer gewissen Grundhöflichkeit Genüge zu tun, verbleibt man »hochachtungsvoll«. Warum es allerdings nicht üblich ist, ganz einfach »mit höflichen Grüßen« zu enden, konnten mir mehrere Germanisten nicht erklären.

Doch um dem Gerücht um die Grußformel von Polizei und Gerichten auf den Grund zu gehen, musste ich ein einschlägiges Schriftstück ergattern. Glücklicherweise habe ich weder mit dem einen noch mit dem anderen zu tun, und jeder, den ich um ein solches Papier bat, verneinte den Kontakt ebenfalls. So habe ich in einem aufwendigen Selbstversuch mein Auto wochenlang in Berliner Parkraumzonen abgestellt, ohne ein Parkticket zu kaufen. Ich bin dann ständig in die Innenstadt gegangen, habe einen Kaffee getrunken, anschließend nach dem Auto gesehen, bin wieder etwas einkaufen gegangen, habe wieder nach dem Auto gesehen und so weiter und so fort. Doch rätselhafterweise kam kein Polizist vorbei und auch niemand vom Ordnungsamt. Dann erhielt ich den Tipp, dass man rund um die Botschaften sehr schnell zu einem Knöllchen kommen könne. Und tatsächlich: Am 18. April war es dann in der Französischen Straße so weit.

Die fünf Euro Einsatz haben sich gelohnt: Tatsächlich ist das Schreiben »Schriftliche Verwarnung mit Verwarnungsgeld/Anhörung« mit dem Absender »Der Polizeipräsident in Berlin, Referat Verkehrsordnungswidrigkeiten und Bußgeldeinziehung« bei mir angekommen, und es trägt in der Tat die Schlussformel »Hochachtungsvoll«.

Im wissenschaftlichen Wälzer von Klaus Brinker findet sich dazu der Hinweis: »Die Grußformeln ›Hochachtungs-

voll‹ und erst recht ›Mit vorzüglicher Hochachtung‹ gelten
einigen als veraltet; andere gehen davon aus, dass zumindest
›Hochachtungsvoll‹ gerade als ›Worthülse‹ weiter gebraucht
werden sollte. Der Rezipient spüre nämlich, dass diese Formel kühler sei als das gängige ›Mit freundlichen Grüßen‹,
Distanz, womöglich Kündigung ausdrücke.«

Für »Hochachtungsvoll« kann man das so sagen. Trotzdem soll das Wort »Hochachtung« für Schlussformeln hier
nicht in Misskredit geraten. Es gibt eine Reihe anderer Formulierungen, die das Wort enthalten und die protokollarisch
besonders wertschätzend und achtend sind. Für manchen
Adressaten sind sie als Norm sogar vorgeschrieben. So gilt
zum Beispiel, dass ein Brief an den Bundespräsidenten mit
einer der folgenden vier Formulierungen enden muss:

- Mit dem Ausdruck meiner ausgezeichneten Hochachtung
- Mit dem Ausdruck meiner vorzüglichen Hochachtung
- Mit ausgezeichneter Hochachtung
- Mit vorzüglicher Hochachtung

Die Formulierung »Mit freundlichen Grüßen« ist hier ebenso wenig vorgesehen wie »Hochachtungsvoll« oder anderes.
Interessant ist, dass ein ehemaliger Bundespräsident hingegen Briefe mit folgendem Schluss bekommen kann:

- Mit ausgezeichneter Hochachtung
- Mit vorzüglicher Hochachtung
- Mit freundlichen Grüßen

Einen ehemaligen Bundespräsidenten darf man also freundlich grüßen, einen aktuellen nicht.

Die beiden Hochachtungs-Formulierungen für einen ehemaligen Bundespräsidenten stehen übrigens auch allen anderen hohen Ämtern und Funktionen zu, wie zum Beispiel dem Präsidenten des Deutschen Bundestages oder der Bundeskanzlerin.

Bei all diesen hohen Ämtern und Funktionen ist es üblich, die freundlichen Grüße erst dann zu verwenden, wenn die Person nicht mehr im Amt ist. Je niedriger eine Funktion angesiedelt ist, desto eher darf man protokollarisch zwischen »Mit vorzüglicher Hochachtung« und »Mit freundlichen Grüßen« wählen, so zum Beispiel bei einem Mitglied des Bundestages.

Männersache

Irrtum:
»Herrn« schreibt man heute nicht mehr in das Adressfeld eines Briefes; dort steht nur noch »Herr«.
Richtig ist:
Diese Änderung gilt nur für die Schweiz.

Dieser Irrtum zeigt, dass unterschiedliche Regelungen im Geschäftsleben und in der Kommunikation nicht nur in verschiedenen Sprachräumen zum Tragen kommen. Auch zwischen den deutschsprachigen Ländern gibt es viele Unterschiede, die nicht immer nur dem Dialekt und dem regionalen Sprachgebrauch geschuldet sind. Manchmal ist ein Standard, eine Norm, die wir nicht hinterfragen und an die wir uns schon lange gewöhnt haben, in Österreich und der Schweiz ganz anders gelöst als in Deutschland.

Vor einigen Jahren kam ein Gerücht auf, das sich bis heute nicht zerstreut hat. Man schreibe im Adressfeld des Briefes nicht mehr:

> Herrn
> Maximilian Wagenrad

Richtig sei es, zu schreiben:

> Herrn
> Maximilian Wagenrad

Die Argumentation ist durchaus logisch. Früher war es üblich, ein »An«, »An den« oder »An die« vor alle Adressbezeichnungen zu setzen. Dies ist vor einigen Jahren weggefallen und gilt nun generell als veraltet. Viele junge Menschen haben es vielleicht noch nie so gelesen und wissen nicht, wie die korrekte und vollständige Adresse früher lautete. Da mutet das »Herrn« mit seinem durch den Akkusativ bedingten »n« für manche sicher merkwürdig an. Es wäre also nur folgerichtig, nach der ersten Änderung der Normen nun eine zweite folgen zu lassen. Doch bei Vorschriften und Normen geht es eben nicht um das eigene Gefühl und um Logik meist schon gar nicht. So weisen alle Bücher aus der *Duden*-Reihe sowie alle Schriftstücke des Deutschen Instituts für Normung e. V. darauf hin, dass nach DIN 5008 und DIN 5009 die Empfängerbezeichnung immer im Akkusativ steht, dass also das frühere »An« immer noch mitgedacht und somit in der Bezeichnung selbst auch mitgeschrieben wird – auch wenn die Präposition als solche fehlt. Es bleibt deshalb bei »Herrn Maximilian Wagenrad«. Folgerichtig ist

es auch, dass man, wenn man zum Beispiel an einen Landesbeauftragten schreibt, nicht auf dem Kuvert »Landesbeauf-
tragter für Datenschutz«, sondern »Landesbeauftragten für
Datenschutz« schreibt. Auch hier wird das »An den« mitgedacht. Auch wenn man die Veröffentlichung des Bundesinnenministeriums *Ratgeber für Anschriften und Anreden*
konsultiert, findet man auf Seite 19 den eindeutigen Hinweis: »Die in der ersten Zeile stehenden Anreden, Titel,
Amts-, Berufs- oder Funktionsbezeichnungen stehen grundsätzlich im Akkusativ (Ausnahme z.B.: ›Seiner Exzellenz
dem Botschafter ...‹).«

Dementsprechend korrekt sind die folgenden Adresszei-
len auf Briefumschlägen:

Vorsitzenden des Ausschusses
Herrn Klaus Huber

Präsidenten des Bundesrates
Herrn ...

Präsidenten des Verfassungsgerichtes
Herrn ...

Bayerischen Staatsminister für ...
Herrn ...

Die Idee, aus dem Akkusativ den Nominativ zu machen, ist
also gut, auch logisch und modern – dennoch bleibt sie
falsch. Dass selbst Handbücher zu Sekretariat und Schriftverkehr in diesem Punkt häufig den falschen Rat geben,
kommt sicher daher, dass hier nicht sorgfältig nach dem

gesamten Kontext geschaut wurde. Im Gegensatz zu den
Deutschen und Österreichern sind die Schweizer der Logik
ein Stück weiter gefolgt. Dort ist es seit einigen Jahren nicht
nur üblich, sondern auch korrekt, die alte Praxis des »An«
ebenso hinter sich zu lassen wie den Akkusativ für die
Anschriften. Hier steht dann auf dem Kuvert:

> Herrn
> Maximilian Wagenrad

Und in der Schweiz ist das dann auch richtig so! Dieser
Unterschied zwischen den deutschsprachigen Ländern war
auch mir nicht von Anfang an bewusst.

Paarweise

Irrtum:
Schreibt man an ein Ehepaar,
so kann auch »Ehepaar« auf dem Kuvert
stehen.
Richtig ist:
Das ist eine der schlechtesten Varianten, um die
Adressaten zu nennen.

Möchte man einen Brief an ein Ehepaar richten, kann man
leicht unsicher werden, wie dieses korrekt auf dem Umschlag
zu nennen sei. Es begegnen uns eine ganze Reihe von Varianten, die alle auf den ersten Blick plausibel sein könnten.
Sucht man hilfreiche Beispiele auf Briefen, die man selbst
erhalten hat und die von Personen oder Institutionen kommen, denen man die korrekte Nennung zutraut, wird es

noch komplizierter: Auch sie werden wieder eine Reihe von unterschiedlichen Lösungen verwenden.

Tatsächlich ist es so, dass es unter den kursierenden Methoden einige gibt, die korrekt sind. Sie unterscheiden sich nur in Nuancen in ihrer Bedeutung. Doch leider gibt es auch Benennungsarten für die Eheleute, die falsch und unhöflich sind: »Ehepaar Richter« ist zwar nicht besonders nett, weil es sehr unpersönlich ist, aber noch vergleichsweise harmlos. Grob unhöflich dagegen ist »Herrn Hans Richter und Ehefrau«. Hier wird die Partnerin zum reinen Anhängsel degradiert. Beim Mann wird noch der Vorname genannt, die Frau jedoch erscheint nur als Substantiv ohne Identität. Man erkennt, wie geringschätzig diese Formulierung ist, wenn man sich vor Augen hält, dass es vermutlich nie einen Brief geben würde, auf dem »Frau Eva Richter und Ehemann« steht. Doch selbst diese Diskriminierung lässt sich noch toppen. Die schlimmste aller Varianten ist: »Ehepaar Hans Richter«. Hier wird der Frau gleich noch der Vorname des Mannes mit aufgedrückt. Früher einmal war diese Formulierung üblich, aber damals entsprach sie eben auch der rechtlichen und sozialen Stellung der Frau und dem Zeitgeist. Im 21. Jahrhundert hat so etwas keinen Platz mehr.

Nach so vielen falschen Möglichkeiten hier nun einige, die Sie im *Duden* nachlesen und guten Gewissens verwenden können. Zu jeder Möglichkeit gibt es zwei Varianten:

Möglichkeit 1:

Eva und Hans Richter

Hans und Eva Richter

Möglichkeit 2:

>   Herrn Hans und
>   Frau Eva Richter
>
>   Frau Eva und
>   Herrn Hans Richter

Möglichkeit 3:

>   Herrn Hans Richter
>   Frau Eva Richter
>
>   Frau Eva Richter
>   Herrn Hans Richter

Möglichkeit 4:

>   Herrn und Frau
>   Hans Richter und Eva Richter
>
>   Frau und Herrn
>   Eva Richter und Hans Richter

Welche dieser Möglichkeiten man wählt, hat etwas mit persönlichem Geschmack und Stilempfinden zu tun; korrekt sind alle vier. Ob Sie sich dann dafür entscheiden, die Frau zuerst zu nennen oder den Mann, macht in der Bedeutung einen kleinen Unterschied. In der traditionellen Variante wird der Mann zuerst genannt. So machte man es früher, als man die Frau immer nach dem Mann nannte – wenn sie überhaupt vorkam und man nicht ohnehin nur ihn ansprach. Es entsprach dem damaligen Rollenverständnis der Menschen, dass der Mann der Ansprechpartner war, dem als

Familienoberhaupt die Ehre gebührte, zuerst genannt zu werden. Oft wird auch als Argument für diese Reihenfolge gesagt, eine Dame solle nicht so schutzlos am Anfang stehen. Wieder andere sagen, es sei eben nicht schicklich gewesen, wenn jedem Leser beim ersten Blick auf den Umschlag sofort der Name einer Dame ins Auge gefallen sei. Im 21. Jahrhundert kann man darüber nur noch den Kopf schütteln.

Hier in Europa sieht man das alles inzwischen glücklicherweise anders. Wer sich heute bewusst dafür entscheidet, den Mann zuerst zu nennen, wird dies vermutlich tun, weil ihm der Mann etwas näher steht als die Frau. Vielleicht handelt es sich zum Beispiel um einen guten Schulfreund, der vor Kurzem geheiratet hat. Wenn ich nun beiden einen Brief schreiben möchte, wird sich hauptsächlich mein alter Freund für den Inhalt interessieren, dennoch möchte ich die Ehefrau mit einschließen.

Die meisten werden sich wahrscheinlich dafür entscheiden, die Frau zuerst zu nennen, einfach weil es unserem sonstigen Verhalten im Privatleben eher entspricht. Wir entscheiden ja hierzulande viele Situationen nach dem Prinzip »Ladys first«. So werden wir bei einem Paar, das uns besucht, zuerst die Dame begrüßen, sie wird zuerst einen Platz bekommen, der im Zweifelsfall auch besser ist, bei einer Tischrede werden wir die Dame zuerst nennen usw.

Die Möglichkeiten drei und vier sind gute Lösungen, besonders dann, wenn die Partner nicht den gleichen Nachnamen tragen oder wenn es sich um ein unverheiratetes Paar oder eine Wohngemeinschaft handelt.

Hat das Paar ein Kind und Sie möchten, dass auch dieses sich angesprochen fühlt, so können Sie analog zu den obengenannten Möglichkeiten und ihren Varianten den Namen

des Kindes hinzufügen. Wenn Sie das nicht möchten oder
wenn Sie an eine größere Familie schreiben, so wäre korrekt:

> Familie
> Hans und Eva Richter

> Familie
> Eva und Hans Richter

Kein Egoismus

Irrtum:
Briefe fängt man nicht mit »ich« an.
Richtig ist:
Der Brief darf mit »ich« beginnen – nur die Botschaft
darf nicht ichbezogen sein.

Sie werden es vielleicht auch noch in der Schule gelernt
haben, oder vielleicht wurden Sie von Ihren Eltern korrigiert,
wenn Sie nach Weihnachten eine Dankeskarte an die Großeltern schreiben sollten und fröhlich loslegten: »Liebe Oma,
ich habe mich so über dein tolles Geschenk gefreut ...« Über
Jahrzehnte galt es in Schule und Ausbildung eindeutig als
falsch, einen Brief mit »ich« zu beginnen, und es wurde als
Fehler gewertet. Die Idee dahinter klingt logisch: Man soll
sich nicht selbst in den Vordergrund drängen, sondern den
anderen im Blick haben, an den man schreibt. Was man über
sich selbst zu sagen habe, das solle man nicht gleich im
ersten Satz unterbringen. Im Grunde ist das eine schlüssige
Analogie, denn schließlich bietet man Gästen auch zuerst

etwas zu essen oder zu trinken an, bevor man sich selbst bedient.

Aber dieses Verbot sorgt oft für Blockaden, wie es meistens ist, wenn wir etwas beginnen möchten, während wir im Kopf die Warnung haben »So darf es nicht sein«. Der Anfang eines Briefes ist für die meisten Menschen, die nicht gerade täglich schriftliche Mitteilungen verfassen, ohnehin schon schwierig. Gleichzeitig weiß man, dass gerade die ersten ein, zwei Sätze eines Briefes die wichtigsten sind. Wie immer gilt auch hier: Der erste Eindruck ist entscheidend. Professionelle Schreiber verfassen deshalb meist auch zuerst den Fortgang des Briefes, kümmern sich also um die Kernaussagen und den Inhalt, und fügen erst dann den Anfang hinzu.

Doch trotz der großen Bedeutung des Einstiegs gibt es heute kein generelles Verbot mehr, das Wort »ich« an den Anfang zu setzen. Wann auch immer Sie den Beginn eines privaten oder beruflichen Briefes, einer Postkarte oder einer E-Mail gestalten: Wenn sich der erste Satz durch den Start mit »ich« moderner, knackiger, persönlicher und direkter anhört, dann kann das durchaus eine gute Option sein. Problematisch aber wird es nach wie vor, wenn sich die Gesamtformulierung nach Egozentrismus anhört. Wer einen Dankesbrief mit den Worten beginnt: »Ich habe mich so wahnsinnig gefreut!«, wird sicher nicht gleich in den Verdacht geraten, er habe beim Schreiben den Empfänger nicht im Blick, denn über was sollte sich der Empfänger mehr freuen als darüber, dass seine Gabe Begeisterung weckt? Auch wer nach einem Gespräch einen Brief mit: »Ich musste noch so lange an Deine Worte vom vergangenen Sonntag denken …« eröffnet, spricht den anderen direkt an. Natür-

lich könnte man die Satzstellung umkehren, so dass das
Pronomen weiter hinten kommt, doch in vielen Fällen ist
das gar nicht ratsam. Manchmal müsste man die Sätze auch
komplett neu formulieren, denn ein »So wahnsinnig gefreut
habe ich mich« würde äußerst merkwürdig klingen. Um das
»ich« zu vermeiden, beginnen also die meisten ihren Brief
eher mit: »Vielen Dank für das schöne Geschenk«. Diese
Lösung ist zwar korrekt, aber eben auch sehr konventionell.
Von der Begeisterung, dem Überschwang der Botschaft »Ich
habe mich so wahnsinnig gefreut!« ist hier kaum noch etwas
zu spüren.

Prüfen Sie also in Zukunft lieber die Botschaft des ersten
Satzes. Wie wird der Empfänger sie aufnehmen? Ist sie emp-
fängerorientiert, darf das »ich« am Anfang ruhig stehen bleiben. Versuchen Sie nicht krampfhaft, diesen Beginn zu vermeiden. Es wäre schade, wenn das Denken durch eine solche
Kleinigkeit blockiert würde.

Gar kein Esel

Irrtum:
»Der Esel nennt sich immer zuerst« gilt auch im
Schriftverkehr.
Richtig ist:
Wer einen Brief oder eine Karte geschrieben hat,
der unterschreibt meist auch zuerst.

»I-a« – so macht der Esel, wie jedes Kind weiß. »I« wie »ich«,
»a« wie andere. Das scheint bei manchen ein wenig in Vergessenheit geraten zu sein, denn man erlebt immer wieder
Erzählungen wie die folgende: »Also, da waren wir dann

endlich am Strand – wir, das heißt ich, meine Frau und mein Sohn, hatten uns diesen Urlaub schon lange gewünscht.« In dieser Reihenfolge ist die Aufzählung natürlich unhöflich und nicht wertschätzend gegenüber den beiden später Genannten. Die höfliche Variante ist, dass man sich zuletzt nennt: »Wir, das heißt, meine Frau, mein Sohn und ich.« Egal, ob mündlich oder schriftlich, im Allgemeinen stellt man die eigene Person nicht in der Vordergrund, sondern lässt anderen quasi den Vortritt.

Doch das gilt nicht uneingeschränkt. Gerade bei Unterschriften unter einen beruflichen oder privaten Brief muss man einige Aspekte berücksichtigen, die zu einer anderen Entscheidung führen können.

Im Beruf gilt nach DIN 5008, dass generell der Ranghöhere an erster Stelle seine Unterschrift platziert, also auf der linken Seite. Hier ist die Reihenfolge ganz klar geregelt. Gilt im Unternehmen das Vieraugenprinzip, nachdem bestimmte Schriftstücke immer von zwei Mitarbeitern unterzeichnet werden müssen, die auch gleichrangig sein können, so unterschreibt immer der an erster Stelle, der für das Schreiben inhaltlich verantwortlich ist. Wendet sich also ein Mitarbeiter einer Bank an einen ihm bekannten Kunden, für den er ein paar Finanzierungsvorschläge oder Ähnliches zusammengestellt hat, so wird er seine Unterschrift an die erste Stelle setzen. Sein Kollege unterschreibt dann rechts daneben.

Bei einem privaten Brief kann und darf man es natürlich halten, wie man will. Oft wird empfohlen, diejenige Person solle an erster Stelle stehen, die den Empfänger länger oder besser kennt. Doch das lässt sich ja nicht immer so einfach beantworten.

Bei privaten Briefen gibt es zwei Möglichkeiten, was die Reihenfolge der Unterschriften angeht. Wer zum Beispiel in einer Familie immer die Weihnachtskarten von Hand schreibt oder sogar selbst gestaltet, der ist – wie bei unserem Beispiel aus dem Beruf oben – für den Inhalt verantwortlich. Es ist also logisch, wenn diese Person zuerst unterschreibt, dann Partner oder Partnerin und vielleicht nachfolgend auch die Kinder oder andere Mitglieder des Haushaltes. Wer von den anderen Mitunterschreibenden mag, der kann ja noch einen persönlichen Zusatz schreiben wie »Ich freue mich auf Euren Besuch, liebe Grüße, Eure Heidi«. Diese Möglichkeit ist also analog zu der Variante, die man im Beruf wählt.

Man kann natürlich auch die Einstellung vertreten, dass man generell einer anderen Person den Vortritt lassen möchte, es sei denn, zwingende Gründe verlangen etwas anderes. In diesem Fall würde man den Brief per Hand schreiben, eine Grußformel wie »Ganz herzlich, Eure« hinzusetzen, dann Platz für die Unterschrift des Partners lassen und erst danach – darunter oder rechts daneben – selbst unterschreiben. Wenn Sie den Brief von Hand geschrieben haben, erkennt der Empfänger ja auch hier, wer den Text verfasst hat.

Hauptsache bezahlt?

Irrtum:
Porto ist gleich Porto, egal, in welcher Form es auf dem Umschlag erscheint.
Richtig ist:
Bei besonders persönlichen Briefen wird auch im beruflichen Umfeld keine Frankierungsmaschine benutzt.

Der Begriff »Maschine« oder »Automat« ist für uns in vielen Bereichen positiv besetzt – eine leidige Arbeit wird für uns erledigt, wir brauchen sie nicht selbst zu tun. Wer möchte heute zum Beispiel noch einen Handbohrer benutzen? Über die Erfindung der Bohrmaschine sind wir ebenso froh wie über die Spül- und Waschmaschine.

Dennoch gibt es viele Lebensbereiche, in denen so gut wie alle Menschen den Automaten oder die Maschine hassen. Dieses Gefühl stellt sich meistens dann ein, wenn wir ein Anliegen haben und mit automatisierten Prozessen abgefertigt werden, ohne echte Hilfe zu erfahren oder ohne überhaupt verstanden zu werden. Wer bei einer Servicehotline anruft und schnell einen lebenden Menschen in der Leitung erwischt, fühlt sich meist allein dadurch schon besser. Eine Maschine als »unpersönlich, stereotyp und kalt« zu empfinden und demgegenüber einen Menschen mit den Begriffen »persönlich, individuell und warm« zu assoziieren, zieht sich durch unser bewusstes, vor allem aber durch unser unbewusstes Denken.

Aus genau diesem Grund sollten einige berufliche Briefe niemals durch eine Frankiermaschine gehen. Auch wenn der Empfänger nicht bewusst wahrnimmt, dass dieser Umschlag mit Hunderten oder gar Tausenden anderen Briefen, die sich im Laufe eines Tages in einem Unternehmen angesammelt haben, durch den Apparat gejagt wurde – unbewusst spürt man es sehr wohl. Der Umschlag bekommt Massencharakter und erscheint nicht mehr als Hülle einer persönlichen Botschaft, obgleich er sie enthält. Untersuchungen haben weiterhin ergeben, dass umgekehrt selbst Werbebriefe, die nicht den Aufdruck der Frankierung tragen, sondern eine echte Briefmarke, eine viel höhere Chance haben, geöffnet zu werden.

Auch wenn es hier nicht um Werbung geht: Wann immer Sie einem Kunden, Kooperationspartner, Dienstleister oder Zulieferer einen Brief schicken möchten, der mehr Inhaltliches enthält als Arbeitsdetails, sollten Sie zumindest einmal kurz über die Option einer konventionellen Briefmarke nachdenken.

Eine Einladung zum Sommerfest oder adventlichen Abend wird hochwertiger durch einen Umschlag mit Briefmarke – und dadurch steigt auch die Chance einer Zusage. Ein Dankesschreiben nach einem gelungenen Projekt oder einem großen gelösten Problem erscheint persönlich wertschätzend, wohingegen ein Brief gleichen Inhalts mit Portoaufdruck wirken kann wie ein automatisiertes Schreiben, das aus Floskeln besteht. Mit einer Briefmarke kommt eine solche Botschaft also eher so an, wie sie gedacht war.

Sie finden das albern? Wer schaut schon auf den Umschlag?

Dann denken Sie einmal über folgenden Zusammenhang nach: Jedes Produkt bekommt sein eigenes Verpackungsdesign, vom Buch bis zur Raviolidose, weil die Marketingabteilungen der Firmen nur zu gut wissen, wie wichtig die äußere Erscheinung und Verpackung einer Ware ist. Wer eine Nachricht von Ihnen bekommt, der sieht ebenfalls zunächst die Verpackung, nämlich den Umschlag. In diesem Moment entscheidet sich, wie positiv oder negativ der berühmte erste Eindruck ausfällt, der bekanntlich eine große Rolle dabei spielt, wie alles Folgende aufgenommen und bewertet wird.

Geldbeigabe

Irrtum:

In einen Kondolenzbrief steckt man immer Geld.

Richtig ist:

Das ist nur in einigen Landstrichen üblich.

Bei diesem Irrtum stoßen zwei Themen zusammen, die beide bei uns mit Tabus behaftet sind: Tod und Geld. Über die Schwierigkeiten, sich angemessen zu verhalten, wenn in der Verwandtschaft oder im Freundeskreis jemand stirbt, darüber haben Sie sowohl in diesem als auch im ersten *Lexikon der Benimmirrtümer* schon einiges gelesen.

Doch selbst wenn man richtig reagiert und nicht nur mündlich, sondern auch schriftlich per Hand, auf einer schlichten Karte oder einem Briefbogen und in einem Umschlag ohne Trauerrand seine sorgfältig gewählten Worte versendet, bleibt für viele eine Frage offen: Soll ich Geld in den Umschlag legen oder nicht?

Dieser Punkt sorgt sehr oft für Verunsicherung, denn viele kennen es gar nicht anders und sind geradezu schockiert, wenn Sie erleben, dass jemand kein Geld in den Kondolenzbrief gesteckt hat. Das kann verletzend sein, vor allem, wenn man weiß, dass der Schreiber kein armer Mensch ist und sehr gut etwas hätte entbehren können. Ich habe es aber auch schon erlebt, dass mich Menschen voller Verwirrung angerufen haben, weil sie Geld im Umschlag eines mitfühlenden Briefes vorgefunden haben und nicht wussten, was das zu bedeuten hatte und was sie damit machen sollten. Wenn die Trauernden selbst nicht unbedingt arm waren, haben sie sich gefragt, ob das Geld nun statt Blumen oder als Spende für ein karitatives Projekt des Verstorbenen

dienen sollte oder ob es als diskrete Hilfe für die Be-
erdigungskosten gedacht war. »Meinen die, wir könnten
uns die Beerdigung nicht leisten?«, wurde ich des Öfteren
gefragt.

Diese Erfahrungen zeigen also, dass es hier keine grundsätzlich richtige oder falsche Lösung gibt. In einigen Regionen Deutschlands ist es vollkommen üblich, in anderen wiederum völlig unbekannt. Hier sollte man sich also daran
halten, was dort, wo die Familie des Hinterbliebenen lebt,
gängige Praxis ist.

Wer das allerdings nicht weiß und auch nicht herausfinden kann, der muss einfach sein Gefühl befragen und danach handeln. Der Schein im Umschlag ist für Pflege und
Schmuck des Grabes gedacht – auch wenn natürlich niemand nachprüft, was die Familie tatsächlich damit macht.
Wer sich also unsicher ist, der kann im Brief einen Satz formulieren, der die gute Absicht kenntlich macht und die
Hinterbliebenen vor Rätseln oder einem peinlichen Be-
rührtsein bewahrt. Das kann zum Beispiel sein: »Ich werde
leider selbst nicht so oft ans Grab kommen können, deshalb
schicke ich Euch einen kleinen Beitrag, der Euch unterstüt-
zen soll, es nach seinem oder Eurem Wunsch zu schmücken
und zu versorgen.«

Wie viel sollte man geben? Ich würde mich immer daran
orientieren, wie viel ich selbst ausgeben würde, wenn ich
jetzt und vielleicht hin und wieder zu einem späteren Zeitpunkt etwas Grabschmuck dort ablegen würde. Weniger als
zehn Euro sollten es auch bei schmaler Geldbörse nicht sein.
Dennoch ist der Betrag abhängig davon, wie viel man selbst
übrig hat und wie nahe man dem Toten stand.

Geheimcode?

Irrtum:

Ein »von« im Namen kann mit »v.« abgekürzt werden.

Richtig ist:

Das geht nur unter ganz bestimmten Umständen.

Erst zu Beginn des 17. Jahrhunderts wurde das Wörtchen »von« als Bestandteil des Namens überhaupt zum Kennzeichen von Adelshäusern. Vorher wurde es eher allgemein genutzt, um einen Wohnsitz, aber auch eine Gerichtsbarkeit zu bezeichnen. So gibt es heute immer noch Familiennamen mit »von«, die niemals adelig waren. Diese Familien werden einfach schon seit Jahrhunderten so bezeichnet, um ihre Herkunft deutlich zu machen und sie damit zum Beispiel von anderen namensgleichen Familien zu unterscheiden. Besonders häufig ist dies bei norddeutschen Familiennamen der Fall, bei einigen ist auch das niederländische »van« eingedeutscht worden.

Natürlich gibt es auch Familien, die in den Adelsstand erhoben wurden, als dies noch möglich war, und das Adelsprädikat somit zu ihrem Namen hinzugewonnen haben. Ganz anders sieht es mit »zu« aus. Dieser Zusatz wurde nur dann verwendet, wenn die Familie (noch) im Besitz des Schlosses, der Burg oder des Gebietes war, für die ihr Name stand. Ein heute immer noch existierendes Beispiel dafür ist »Fürst von und zu Liechtenstein«. Zu dem Zeitpunkt, als der Name in die bis heute gültigen Register übernommen wurde, war die Familie des Fürsten, die von Liechtenstein stammte, also noch im Besitz dieses Gebietes.

Es ist richtig, dass man das »von« oft abgekürzt lesen kann, doch dies ist nur innerhalb des Adels üblich. Die Abkürzung soll kenntlich machen, dass es sich hier um echten, unbetitelten Adel handelt und nicht um ein eingedeutschtes »van«, das im Laufe der Zeit zu »von« wurde und nur ein Namensbestandteil ist.

Mit der Weimarer Verfassung, Artikel 109, Absatz 3, wurden 1919 alle adelsrechtlichen Privilegien aufgehoben. Der Artikel hat bis heute Gültigkeit: Seit damals dürfen keine Adelstitel mehr verliehen werden, und bereits bestehende gelten nur noch als Bestandteil des Namens. Das bedeutet, dass es einem Briefschreiber und Gesprächspartner zunächst einmal egal sein kann, woher das »von« im Namen der Person stammt, an die er sich wendet. Es ändert nichts in der Anrede. Egal, wie es historisch begründet ist, heute gehört es in jedem Fall zum Namen dazu. Es einfach abzukürzen, weil der Platz vielleicht knapp ist oder weil man meint, das reiche aus, ist nicht richtig. Erstens kürzt man den Namen eines anderen generell nicht einfach ab, weil das schnell respektlos wirkt, und zweitens kann es zu einem echten Fauxpas werden, wenn man es bei einem Menschen tut, der historisch und kulturell bewandert ist oder bei jemandem, dem die eigene Familiengeschichte besonders wichtig ist.

Vergangenheit und Gegenwart

Irrtum:
Hat man einen Namen nicht verstanden, so fragt man:
»Wie war noch mal Ihr Name?«
Richtig ist:
Der Name ist keine Vergangenheit.

Jeder kennt diese Situation: Ein bis dato Unbekannter ruft an, beruflich oder privat, nennt seinen Namen und bespricht dann sein Anliegen mit dem Angerufenen. Wie oft passiert es da, dass man am Ende des Gesprächs, wenn man sich die wichtigsten Dinge notiert hat und vielleicht noch die Kontaktdaten aufschreiben möchte, den Namen des Anrufers nicht mehr parat hat. Auch bei Vorstellungsrunden ist es oft sehr schwer, alle neuen Namen sofort im Gedächtnis zu behalten.

Die Psychologen weisen darauf hin, dass es nahezu unmöglich ist, sich mehr als sieben Informationen zugleich zu merken. Bei einer persönlichen Begegnung ist man mit so vielen visuellen Eindrücken konfrontiert, dass Informationen, die über das Ohr kommen, vom Gehirn vernachlässigt werden. 55 Prozent des Eindrucks, den man bei einer persönlichen Begegnung macht, werden durch die Optik entschieden. 38 Prozent machen paraverbale Faktoren aus, also Akzent und Dialekt, Tempo, Stimmhöhe und Melodie, Lautstärke und Ähnliches. So bleiben nur sieben Prozent für das gesprochene Wort übrig.

Auch darüber, in welchem Tempo das alles passiert, hat die Wissenschaft Erkenntnisse: Die Gehirnforschung hat gezeigt, dass ein Mensch zum Beispiel nur 150 Millisekunden braucht, um festzustellen, ob sein Gegenüber schön ist oder nicht. Wenn wir uns darüber im Klaren sind, dass das Auge pro Sekunde 10 Millionen Bits an das Gehirn weiterleitet, das Gehör hingegen nur 100 000 Bits, so wird verständlich, warum es so schwer ist, sich bei der Flut von visuellen Informationen auf den gesprochenen Namen einer Person zu konzentrieren. Interessant ist dabei, dass unser Bewusstsein nur 10 bis 20 Bits pro Sekunde verarbeiten kann. Fast alles findet also im Unterbewusstsein statt.

Wenn Sie an persönliche Begegnungen bei einem Termin, auf einer Messe oder im Rahmen eines Meetings denken,

werden Sie sich erinnern, dass die wichtige Information des
Namens meist innerhalb der ersten Sekunden ausgegeben
wird. Es ist also nicht erstaunlich, dass wir uns so schlecht
auf ihn konzentrieren können.

Wenn Ihnen also ein Name gleich wieder entfällt, brauchen Sie keine Sorge zu haben, dass Ihr Gedächtnis Sie langsam, aber sicher im Stich lässt. Es handelt sich vielmehr um
einen relativ logischen Prozess. Trotzdem bleibt die Tatsache
bestehen, dass es unschätzbar wichtig ist, den Namen eines
Menschen korrekt auszusprechen und ihn auch richtig zu
schreiben. Das gehört zu den wichtigsten Umgangsformen.
Jeder ärgert sich, wenn Post mit einem falsch geschriebenen
Namen ins Haus kommt. Umgekehrt wird ein Gesprächspartner als sympathischer eingestuft, wenn dieser im Laufe
des Gespräches mehrfach den Namen des Gegenübers verwendet. Das kann natürlich nur geschehen, wenn man sich
denselben auch gemerkt hat. Leider versäumen das viele
Menschen, weil sie nicht nachfragen. Es ist ihnen peinlich,
dass sie den gerade genannten Namen schon wieder vergessen haben. Das macht die Sache aber umso schlimmer, denn
je mehr Zeit vergeht und je öfter wir den anderen vielleicht
treffen, desto unangenehmer ist die Situation, weil wir aus-
weichen müssen oder in große Verlegenheit kommen, wenn
wir die betreffende Person spontan zum Beispiel einem Dritten vorstellen sollen. Vielleicht buchstabiert unser
Gegenüber seine E-Mail-Adresse gar mit dem Hinweis:
»Ganz einfach, Vorname-Punkt-Nachname@Firma-Punkt-
de.« Was macht man dann?

Stellen Sie also immer sicher, dass Sie sich den Namen des
anderen richtig gemerkt haben und dass Sie ihn auch richtig
verstanden haben. Fragen Sie gegebenenfalls freundlich

nach. Doch wer nun voll guten Willens fragt: »Wie war noch mal Ihr Name?«, der irrt. Viele ärgert diese Formulierung auch, doch natürlich zeigt ein höflicher Mensch das nicht. Der Name gehört nicht der Vergangenheit an, er wurde zwar zu einem vergangenen Zeitpunkt genannt, existiert aber natürlich weiter, ebenso wie der Mensch, zu dem er gehört. Sätze wie »Ich habe Ihren Namen nicht gut verstanden« oder auch »Sagen Sie mir bitte Ihren Namen noch einmal« sind für ein Nachfragen viel besser geeignet.

Elegant ist ebenfalls die Lösung, dem anderen eine Visitenkarte anzubieten und darauf zu hoffen, dass er im Gegenzug auch seine reicht. Man umgeht die Frage und hat zudem den Namen nicht nur auditiv, sondern auch visuell vor sich. Zudem kann man immer wieder auf die Karte schauen, wenn man trotz allem wieder unsicher wird.

Wenn Sie es übrigens dem anderen leicht machen möchten, sich Ihren Namen zu merken, so empfiehlt sich eine Nennung, die aus einigen vorangestellten Worten besteht und dann Vor- und Nachnamen enthält. Dieser Vorspann fungiert als Signal, das dem Gehirn zu verstehen gibt, dass Konzentration gefragt ist. Der Gesprächspartner merkt also auf und macht sich intuitiv bereit für eine wichtige Information. Die kürzesten Einleitungen mit dieser Funktion können zum Beispiel sein:

- Mein Name ist ...
- Ich heiße ...
- Ich bin ...

»Guten Morgen, mein Name ist Klara Klug« ist also korrekt, ebenso wie: »Guten Tag, ich heiße Klara Klug.« Vor- und

Nachnamen zu nennen ist die moderne Version des Sichvor-
stellens, noch in den siebziger- und achtziger Jahren war sie
eher unüblich. Heute wird generell empfohlen, den Vornamen einzubeziehen, weil auch dies dazu führt, dass man
sich den Namen besser einprägt, und weil es meist auch einfach freundlicher klingt. Dies gilt vor allem bei Nachnamen,
die nur aus einer Silbe bestehen.

Nennt man nur den Nachnamen, gibt es Fälle, in denen
man lieber auf einen Einleitungssatz verzichten sollte, zum
Beispiel, wenn der Nachname wie ein Vorname klingt.
»Guten Tag, ich heiße Kasper« oder »Guten Tag, mein Name
ist Kasper« kann zu Verwirrung oder auch zu Peinlichkeiten
führen, weil der andere schlussfolgern könnte, dass man nun
per du sei.

Die dritte der oben genannten Varianten für eine Vorstellung ist die empfehlenswerteste: »Guten Tag, ich bin Klara
Klug.« Psychologische Tests haben bewiesen, dass eine
Selbstvorstellung mit »Ich bin ...« auf den Gesprächspartner
souveräner und selbstbewusster wirkt als »Mein Name
ist ...« oder »Ich heiße ...«

Umgekehrt gibt es natürlich auch Varianten, die man
nicht empfehlen kann. Meiden sollten Sie Formulierungen
wie: »Guten Tag, Meier mein Name« – das klingt nach dem
Stereotyp eines trockenen Bürokraten in einem alten Film.
Nach James Bond klingt das ebenso wenig ratsame »Guten
Tag, Klug – Klara Klug.« Am schlimmsten jedoch ist: »Guten
Tag, ich bin die Frau Klug«. Dass Sie eine Frau und kein
Mann sind, sollte man Ihnen schließlich ansehen, und die
Zeiten, als Frauen noch zum Ausdruck bringen mussten,
dass sie kein »Fräulein« mehr sind, sind glücklicherweise
längst vorbei.

In der dritten Person

Irrtum:

Wenn ich jemanden duze, so verwende ich auch den Vornamen, wenn ich mit einem Dritten über die Person rede.

Richtig ist:

Wenn nicht alle Anwesenden die Person duzen, wird der Nachname verwendet.

Bei diesem Punkt handelt es sich vielleicht weniger um einen Irrtum als vielmehr um eine Unachtsamkeit, die dennoch sehr unhöflich ist. In einer Runde, in der die Teilnehmer sich teils duzen, teils siezen, wird eine Person heute meist so angesprochen, wie man es auch tut, wenn man sich mit ihr allein unterhält – im Privatleben genauso wie im Beruf.

Spreche ich beispielsweise mit Dr. Konstantin Obermüller, so wähle ich »Herr Dr. Obermüller« als Anrede, wende ich mich aber an den mir näher bekannten Dr. Ferdinand Hinterhuber, nenne ich ihn »Ferdinand«. Problematisch aber wird es, wenn ich mich in einer größeren Gesprächsrunde befinde, in der manche Teilnehmer meinen Bekannten siezen, und ich nun nicht mit ihm, sondern über ihn spreche. Es wäre unhöflich, in dieser Situation zu sagen: »Also, meine Herren, Ferdinand kümmert sich dann um das Mailing für den Kunden.«

Angebracht ist der Vorname nur, wenn alle in der Runde mit Herrn Dr. Ferdinand Hinterhuber tatsächlich per du sind. Ist das nicht der Fall, muss ich seinen vollen Namen nennen: »Also, meine Herren, Herr Dr. Hinterhuber kümmert sich dann also um das Mailing für den Kunden.« Spreche ich Dr. Ferdinand Hinterhuber hingegen in so einer gemischten Runde direkt an, so wähle ich selbstverständlich wieder die Du-Form: »Ferdinand, Du kümmerst Dich dann also um …«

Nenne ich ihn beim Vornamen, wenn in einer Runde über ihn gesprochen wird, dann setze ich ihn den anderen Anwesenden gegenüber herab, die ihn aus einer respektvollen Distanz heraus siezen. Er hat ein Anrecht darauf, mit dem kompletten und korrekten Namen angesprochen zu werden. Das gilt nicht nur im beruflichen Umfeld, sondern auch für den besten Freund und in jedem privaten Rahmen. Auch wenn wir heute in den Nachrichten oft Sätze vernehmen wie: »Neues vom Sport berichtet uns Felix.«

Ich finde es bemerkenswert, dass dieser Fehler meist passiert, wenn der Sprecher den Namen eines gleichgestellten Kollegen oder einer unterstellten Person nennt. Redet er von jemandem, der deutlich ranghöher ist und dennoch geduzt wird, so passiert die unangebrachte Nennung des Vornamens interessanterweise sehr selten.

Allein das sollte schon Grund genug sein, das eigene Verhalten zu überdenken. Hat nicht jeder das gleiche Anrecht darauf, korrekt benannt zu werden, auch wenn er gerade nicht persönlich angesprochen wird, sondern wenn über ihn geredet wird?

Mutti und Vati

Irrtum:
*Nennt ein Bekannter seine Eltern »Mutti« und »Vati«,
so kann ich ihm gegenüber auch so von ihnen sprechen.*
Richtig ist:
*Mit Koseworten benennt man allenfalls die eigenen
Eltern.*

Wir leben in einer Zeit, in der wir über Facebook und Twitter nicht nur live bei der Geburt von irgendwelchen Prominenten- oder Möchtegernprominentenkindern dabei sein können. Wir können auch staunend im TV mitverfolgen, wie unser Nachbar, der Messie, weinend vor der Kamera sein Elend beklagt, während fleißige Helfer aus seinem Bad die schmutzige Wäsche und aus dem ganzen Haus alle möglichen Unappetitlichkeiten entfernen. Nicht nur die Diskussion über Schönheitsoperationen an bekannten und unbekannten Menschen erleben wir mit, wir können auch dem Arztbesuch einer Frau beiwohnen, während dem ihr erklärt wird, wie eine Schamlippen-OP funktioniert, die wir dann teilweise sogar mitverfolgen. Manch einem mag dies das Gefühl geben, dass wir Menschen alle zu einer großen und familiären Community gehören. Oft genug wird uns auch die Ehre zuteil, mit einer nur flüchtig bekannten Person flugs auf Facebook befreundet zu sein, wo wir von ihr jede Menge intime Details erfahren.

Vergessen wird hier, dass diese Nähe nur theoretisch ist und mit echter Vertrautheit nichts zu tun hat. Und niemand scheint sich daran zu erinnern, dass zu Nähe zwangsläufig auch ihr Gegenteil gehört: die Distanz.

Tippt man »Nähe und Distanz« bei Google ein, so erhält man mehr als vier Millionen Treffer. Erstaunlich ist, dass sich die Links nicht – wie sonst häufig – schon nach wenigen Seiten wiederholen oder zu wirren Texten führen. Es wird vielmehr reihenweise auf wissenschaftliche Publikationen und ernsthafte Auseinandersetzungen mit dem Thema in Pädagogik und Psychologie verwiesen.

Bei vielen Menschen scheint es nicht nur in der Paarbeziehung, sondern auch im Umgang mit anderen Menschen im professionellen Alltag ein Problem von Nähe und Distanz zu geben. Gerade das Internet kann die Grenze zwischen diesen beiden Polen verwischen oder schwer erkennbar machen. Jeder, der schon einmal einen Kommentar zu einem Artikel abgegeben oder der Tweets in die Welt gesetzt und jeweils erfahren hat, wie viele Menschen darauf reagieren und die kurzen Botschaften sehr persönlich auffassen, kann davon ein Lied singen.

Umso wichtiger ist es, sich dieser Grenze bewusst zu sein und wertschätzend damit umzugehen. Nicht jeder lässt sich gern bei seiner OP filmen, nicht jeder will mit den Nachbarn die halbe Weltöffentlichkeit im Haus haben – sei es real oder durch die Kamera. Insofern gibt es durchaus genügend Menschen, die Nähe und Intimität gerne auf eine kleine Anzahl von Menschen beschränken wollen. Das müssen wir respektieren, auch wenn wir selbst anders empfinden. Tun wir dies nicht, ist das eine Grenzüberschreitung, die Unbehagen auslöst. Dass diese Grenze weit häufiger überschritten wird, als man zunächst vermutet, und dass dies schon in kleinen Dingen geschieht, macht das Beispiel dieses Kapitels deutlich.

»Mutti« und »Vati« oder auch »Mama« und »Papa« sind ebenso Kosenamen wie »Hasi«, »Schatzi« oder »Mausi«. Wir würden uns wohl kaum wünschen, dass Arbeitskollegen oder Bekannte über unsere Partner mit diesen Namen reden, auch wenn wir selbst das so handhaben. Umso erstaunlicher ist die seit einiger Zeit zu beobachtende Tendenz, dass über Eltern, die nicht die eigenen sind, mit Kosenamen gesprochen wird. Da fragt ein Kollege: »Wie geht es denn Ihrer Mutti nach der Kur?« Auch wenn es nett ist, dass er sich erinnert, dass ich meine Mutter an die Ostsee gefahren habe und deshalb einen Tag freinehmen musste – muss er gleich *so* persönlich werden? Es geht ja nicht um seine Familie, und immerhin siezen wir uns. »Ich habe gestern Ihren Vati beim Einkaufen getroffen!«, berichtet eine Bekannte. Schön für sie, nervig für mich. Außerdem nenne ich meinen Vater vielleicht »Papa« und akzeptiere daher nur diese Bezeichnung für ihn. Wenn meine Bekannte also zu einem anderen Kosewort greift, bin ich doppelt irritiert. Warum kommt sie nicht darauf, ihn einfach »Vater« zu nennen?

Vielleicht fällt diese Tendenz in der direkten Kommunikation nicht jedem gleich auf, eindeutig wird es aber, wenn man einen Satz liest wie: »Die Mutti unseres Geschäftsführers ist plötzlich verstorben, deshalb kommt er heute nicht ins Büro« oder »Der Vati des Ministers hat ein Interview zum Werdegang seines Sohnes gegeben.« Einen solchen Satz werden Sie vermutlich nie im Ernst hören oder lesen.

Es ist also an der Zeit, sich bewusst zu machen, dass bei Kosenamen immer Zurückhaltung angebracht ist und dass sie nicht allen Bekannten zur Verwendung offenstehen.

Männlich und weiblich

Irrtum:
Spricht man eine weibliche Amtsperson an, so heißt es beispielsweise »Frau Bürgermeister«.
Richtig ist:
Alle Ämter und Funktionen werden heute auch in der weiblichen Form gebraucht.

»Frau Bürgermeister« ist ein Irrtum, der immer noch sehr häufig auftritt. Viele glauben auch, die einzig korrekte Form,

eine weibliche Ministerin anzusprechen, sei »Frau Minister«.
Nur so sei es korrekt, denn »Frau« signalisiere ja schon eine
weibliche Person, die Endung »in« würde das noch einmal
tun und zu einer absurden Doppelung führen. Ebenso ist oft
zu hören, es gehe ja gar nicht um die Person – man verwende schließlich auch nicht den Namen zur Anrede –, sondern
um das Amt. Dieses aber sei geschlechtsneutral. Es gebe nun
mal kein »Bürgermeisterinnenamt«, nur ein Bürgermeister-
amt.

Richtig ist hier zunächst, dass bei demokratischen Ämtern
im Allgemeinen die Amtsbezeichnung den Namen der
individuellen Person ersetzt. So heißt es in der Anrede von
Joachim Gauck also »Herr Bundespräsident«, zumindest
immer dann, wenn wir ihm bei der Ausübung seines Amtes
begegnen. Den früheren Bundeskanzler Helmut Kohl hat
man damals mit »Herr Bundeskanzler« oder, etwas informeller oder in Situationen, in denen er nicht als Amtsträger auf-
trat, mit »Herr Dr. Kohl« angesprochen. Eine Vermischung
wie »Herr Dr. Bundeskanzler Kohl« oder »Herr Bundeskanzler Dr. Kohl« waren und sind falsch.

Leider irren auch all diejenigen, die auf die Richtigkeit
von »Frau Bürgermeister« pochen. Zwar wird jemand in das
»Amt des Bürgermeisters« gewählt, das an sich keinem Geschlecht angehört. Dennoch, der *Duden* weist es ganz klar
aus, wird eine Frau im obersten Verwaltungsamt einer Stadt
oder Gemeinde immer »Frau Bürgermeisterin« genannt.
Das gilt, zumindest in Deutschland, für alle Amtsbezeich-
nungen. Es ist nicht nur ein Gebot der Höflichkeit, eine Frau
auch mit der weiblichen Form ihres Amtes anzusprechen, es
gibt hier auch klare Vorschriften, zum Beispiel für juristi-
sche Texte. Analog zur Bürgermeisterin heißt es also:

- Herr Bundespräsident, Frau Bundespräsidentin
- Herr Bundeskanzler, Frau Bundeskanzlerin
- Herr Ministerpräsident, Frau Ministerpräsidentin
- Herr Minister, Frau Ministerin
- Herr Senator, Frau Senatorin
- Herr Landrat, Frau Landrätin

Bei einer Amtsbezeichnung wird man dennoch stutzen, weil es keine offensichtliche weibliche Form gibt: beim sogenannten Amtmann. Hier muss man unterscheiden, ob man über die Schweiz, Österreich oder Deutschland spricht. Nicht nur die historischen Ursprünge sind anders, auch die Bildung der weiblichen Form wird unterschiedlich gehandhabt.

In der Schweiz gibt es den Amtmann seit dem Mittelalter. Es war und ist immer noch das Oberhaupt der Exekutive, das direkt von den Bürgern gewählt wird und je nach Position zuständig ist für einen Kanton, eine Stadt oder eine Gemeinde. »Amtmann« hat sich hier im Lauf der Zeit zu »Ammann« verschliffen, so dass man heute vom »Landammann« oder »Stadtammann« spricht. Übernimmt in der Schweiz eine Frau dieses Amt, so wird sie mit »Frau Ammann« angesprochen.

In einigen Teilen Österreichs ist der »Amtmann« hingegen ein Amtstitel für Gemeindemitarbeiter. Je nach Dienstklasse werden diese dann mit »Gemeindeoberamtmann« oder »Gemeindeamtmann« tituliert. Anders als bei den Schweizern ändert sich der Begriff, sobald eine Frau diese Arbeit ausführt. So heißt es bei den Österreichern »Gemeindeamtfrau«.

Hierzulande war ein Amtmann im Mittelalter eine Per-

son, die sich für den Landesherrn um die Territorialverwal-
tung von Gebieten kümmerte, die zu einem Verwaltungs-
und Gerichtsbezirk zusammengeschlossen waren. Das gibt
es natürlich schon lange nicht mehr, aber der Begriff ist
geblieben und bezeichnet heute einen Beamten einer bestimmten Besoldungsgruppe im gehobenen Dienst. Lange
Zeit sprach man dann tatsächlich von der »Amtmännin«,
doch mittlerweile heißt es »Amtfrau«. Man kennt heute also
Bezeichnungen wie »Regierungsamtfrau« oder »Zollamt-
frau«. Sie werden jedoch nur als Positionsbezeichnungen
verwendet, nicht als direkte Anrede für die Person.

Eine Ausnahme zu den sonst üblichen weiblichen Formen
bildet die Bundeswehr. In der Bundeswehr besteht die Anrede für Soldaten aus »Herr« beziehungsweise »Frau« und
dem Dienstgrad. Hier gibt es alle Ränge und Funktionen
ausschließlich in der männlichen Form. Man sagt also nicht
nur »Frau Leutnant«, sondern auch »Frau Hauptmann«.
Egal, wie komisch das klingen mag, es ist richtig.

Eine Anmerkung noch: Es mag früher einmal üblich gewesen sein, die Frau eines Amtsträgers mit »Frau Bürgermeister« anzusprechen. Diese Zeiten sollten zumindest hier
in der Bundesrepublik Deutschland längst der Vergangenheit angehören. Jeder wird mit dem akademischen Grad
oder dem Amtstitel bedacht, den er oder sie selbst hat.

Interessanterweise ist es übrigens schon lange üblich,
»Frau Professorin Huber« zu sagen, statt sie wie früher »Frau
Professor Huber« zu nennen. Eigenartig aber ist, dass der
Dr. lange Zeit außen vor blieb: Er habe keine weibliche Form,
hieß es auch im *Duden*. Doch auch hier ist eine Veränderung
eingetreten. Zwar kann man den »Doktor« auch weiterhin
für Frauen verwenden, doch die weibliche Form ist immer-

hin gleichfalls erlaubt. Der *Duden* verweist darauf, dass einige Promotionsordnungen die Form »Doktorin« sogar ausdrücklich vorsehen.

Doktoren

Irrtum:
Die Abkürzung »Dres.« bedeutet, dass jemand mehrere Doktortitel hat.
Richtig ist:
Hier ist von mehreren promovierten Menschen, meist einem Ehepaar, die Rede.

Stellen Sie sich vor, Sie sind gerade umgezogen und spazieren an Ihrem neuen Wohnort durch die umliegenden Straßen, um die Gegend zu erkunden. Dabei entdecken Sie folgendes Schild:

Dres. Müller

Zahnheilkunde

Prophylaxe – Bleaching – Implantate

Viele Menschen vermuten nun, dass sie es hier mit einem besonders gut ausgebildeten Zahnarzt zu tun haben, der sich deshalb hier nicht mit »Dr. Müller«, sondern mit »Dres. Müller« vorstellt. Denkbar wäre ja, dass er mehrere akademische Grade hat, die in dem Plural-S zusammengefasst werden.

Doch das ist nicht der Fall. Hätte Herr Müller mehrmals die Doktorwürde erlangt, so hätte er drei Möglichkeiten, das zum Ausdruck zu bringen. Eine davon:

Dr. Dr. Müller
Zahnheilkunde

So versteht jeder, dass der Arzt zweimal promoviert wurde.
Doch die wenigsten Akademiker würden diese Möglichkeit
wählen, vor allem nicht auf einem Schild an den beruflich
genutzten Räumen. Denn am Doktortitel allein kann man
ja nicht ablesen, welches Fach derjenige studiert hat. Das
Naheliegendste ist Zahnmedizin, aber wurde Herr Müller
hier auch promoviert? Vielleicht kam ihm erst nach einem
Studium mit Promotion in Theologie und einem weiteren
Studium mit Promotion in Philosophie die Erkenntnis, dass
ein handfester Broterwerb hermüsse, und er hat noch ein
drittes Studium draufgelegt, in dem er aber keinen Doktortitel erlangt hat.

Wer signalisieren möchte, dass die Promotionen fachlich
relevant sind, wird sein Schild eher so gestalten:

Dr med. Dr. dent. Müller
Zahnheilkunde

Auch hier ist ganz offensichtlich nur eine Person gemeint –
dass allerdings kein Vorname dabeisteht, ist ungewöhnlich
und nicht zu empfehlen, auch wenn man es so gelegentlich
liest.

Hat der Zahnarzt aus unserem Beispiel mehr als zwei
Doktorgrade, so würde seine Eingangstür wie folgt aussehen:

Dr. mult. Müller
Zahnheilkunde

»Dr. mult.« bedeutet einfach nur »doctor multiplex«, also »vielfacher Doktor«. Diese Abkürzung wird immer dann gebraucht, wenn eine Person mehr als zwei Titel hat. Man weiß also nicht, ob es drei oder fünf oder acht sind. Dies gilt übrigens genauso für die Doktorgrade, die ehrenhalber verliehen werden. Ist jemand mehrfacher »Dr. e. h.« oder »Dr. h. c.«, so setzt man ebenfalls nur das »mult.« dahinter, egal, wie viele Ehrendoktortitel verliehen wurden.

Das eingangs erwähnte Praxisschild mit »Dres. Müller« bedeutet einfach nur, dass es mehrere Personen gibt, die Müller heißen und die alle promoviert sind. Vermutlich betreibt ein Ehepaar die Praxis zusammen, denkbar wäre aber auch, dass sich hier Geschwister gemeinsam präsentieren.

Die Verwirrung angesichts der kryptischen Angaben sollte man allerdings vermeiden. Patientenfreundlicher wäre folgende Variante:

Dr. med. dent. Sabine Müller, Dr. med. dent. Peter Müller
Zahnheilkunde
Prophylaxe – Bleaching – Implantate

Mit etwas Fantasie könnte man sich auch hier irregeführt fühlen und meinen, die beiden hätten sowohl in Medizin als auch in Zahnmedizin einen Doktortitel. Doch wenn dem so wäre, müssten sie sich »Dr. med. Dr. dent.« nennen. So wird es zumindest in Deutschland gehandhabt. Österreich bietet andere Abkürzungen an. Für einen Akademiker, der sowohl in Allgemein- als auch in Zahnmedizin promoviert wurde, verwendet man dort: »Dr. med. dent. et scient. med.«

Übrigens: Wer einen mehrfach promovierten Menschen

ansprechen oder anschreiben möchte, braucht in der direkten Anrede keine Rücksicht auf die verschiedenen Titel zu nehmen. Egal, wie oft jemand promoviert wurde, es heißt immer: »Sehr geehrte Frau Dr. Müller« bzw. »Guten Morgen, Frau Dr. Müller«. Wer lieber nur »Guten Morgen, Frau Doktor« sagt, sollte wissen, dass diese Anrede zwar bei Ärzten durchaus üblich, aber eben umgangssprachlich ist. Korrekt ist immer die Anrede mit »Herr« oder »Frau«, dem akademischen Grad und dem Familiennamen.

Doch damit ist noch nicht alles über mögliche Verwirrungen gesagt. Wer zum Beispiel in einem kirchlichen Zusammenhang einen Namen findet, der den Zusatz »D.« trägt, meint vielleicht, er stehe für einen zweiten Vornamen. Doch das ist nicht richtig. Die betreffende Person hat vielmehr die Ehrendoktorwürde der evangelischen Theologie verliehen bekommen. Etwas weniger missverständlich ist die gebräuchlichere Schreibweise »D. theol.« Ist derjenige hingegen promoviert, so heißt er wie in allen anderen Fächern auch »Dr. theol.«

Man sieht also: Beim Plural eines Doktortitels und bei der Abkürzung desselben kann ein einziger Buchstabe einen großen Unterschied machen.

Es piept

Irrtum:

*Die Aufforderung »Nachrichten nach dem Signalton«
gehört auf jeden Anrufbeantworter.*
Richtig ist:
Diese Aufforderung ist heute völlig überflüssig.

Als die ersten Anrufbeantworter nicht nur in Firmen, sondern auch in Privathaushalte Einzug hielten, waren dies noch ziemlich große Apparate, die sehr teuer waren und von allen bestaunt wurden. Wer selbst kein solches Gerät hatte, legte damals häufig nach der Ansage einfach wieder auf, ohne eine Nachricht zu hinterlassen. Vielen kam es befremdlich vor, mit einer Maschine zu kommunizieren, und sie fühlten sich überfordert, auf Kommando einen oder mehrere Sätze zu hinterlassen, die klar das Anliegen formulierten. Heute ist das für alle eine selbstverständliche Handlung. Selbst wer keinen solchen Apparat hat, kann in wenigen Schritten die Einstellungen des Telefons beim Anbieter so ändern, dass dort eine Nachricht aufgezeichnet wird. Heutzutage besitzt fast jeder ein Mobiltelefon, und bei jedem davon lässt sich eine Mailbox einrichten. Es ist also eine Selbstverständlichkeit geworden, Anliegen aufzusprechen und abzuhören.

In diesem Punkt ist der Umgang mit der Technik also sehr entspannt. Anders sieht es aus bzw. hört es sich an, wenn man überprüft, wie die Ansagetexte formuliert sind. Meist sind sie weder schön noch modern. Keine gute Variante ist auf jeden Fall die standardisierte Ansage des Telekommunikations- oder Mobilfunkanbieters. Sie ist unpersönlich und wirkt wenig einladend.

Besser wäre also eine individuelle Ansage – und ich formuliere diese Empfehlung bewusst im Konjunktiv, denn sie gilt nur, wenn der aufgesprochene Text auch angenehm und zeitgemäß ist. Absolut nicht mehr empfehlenswert ist »Nachrichten bitte nach dem Signal«. Der Hinweis ist völlig überflüssig, denn jeder weiß, dass irgendein akustisches Signal ertönt, bevor die Aufzeichnung beginnt. Besser wäre also eine Formulierung wie:

- »Vielen Dank für Ihren Anruf. Wenn Sie mir eine Nachricht hinterlassen, melde ich mich umgehend bei Ihnen.«
- »Bitte hinterlassen Sie uns eine Nachricht und Ihre Rückrufnummer. Wir rufen Sie binnen eines Arbeitstages zurück.«

Wenn Sie versprechen, innerhalb eines bestimmten Zeitraums auf den Anruf zu reagieren, müssen Sie diese Zusage natürlich auch einhalten. Nichts ärgert Menschen so sehr wie falsche Versprechungen. Wenn Sie sich hier im Kleinen unzuverlässig erweisen, wird man auch einer anderen Zusage Ihrerseits skeptisch gegenüberstehen. Eine Hausverwaltung, die noch im Juli auf ihrem Anrufbeantworter den Hinweis hat, dass das Büro am Gründonnerstag geschlossen ist, darf sich nicht wundern, wenn Mieter von vornherein davon ausgehen, dass man sich nicht richtig um ihre Belange kümmern wird. Wer also mit dieser Annahme eine Kleinigkeit erwirken möchte, wird von vornherein härter und dringender argumentieren, als es tatsächlich nötig wäre, und sofort einen fordernden Ton anschlagen. Er muss ja davon ausgehen, dass man sich bei dieser Verwaltung hart durchsetzen muss, damit das Thema nicht im Sande verläuft.

Schlimmer noch als »Nachrichten nach dem Signal« ist die Formulierung »Nachrichten nach dem Piep«. Was soll das denn? Diese Albernheit gehört wirklich in den Bereich der Kindersprache.

Wer einen Ansagetext für seinen Privatanschluss formulieren will, darf das natürlich so locker halten, wie er möchte. Dennoch sollten Sie immer daran denken, dass auch Ihr Vermieter, Ihr Arbeitgeber, Kollegen, ein Handwerker oder andere Dienstleister bei Ihnen anrufen könnten. Wer ohnehin schon Probleme mit dem Vermieter hat und dessen Anruf dann auf dem Anrufbeantworter mit dem Spruch begrüßt: »Hey, let´s get loud! Einladungen und Zusagen für Partys hören wir hier am liebsten!«, macht das Verhältnis sicher nicht einfacher.

Wie auch immer Sie sich entscheiden, sei es beim beruflichen oder privaten Anschluss, sachlich oder locker, mit Namen oder ohne – das »Piepsen« sollten Sie lieber den Vögeln überlassen!

Trinkgeld

Irrtum:
Das Trinkgeld beträgt immer zehn Prozent.
Richtig ist:
Die Höhe des Trinkgelds ist abhängig von verschiedenen Faktoren.

Wie man Trinkgeld geben sollte, darüber findet sich schon im ersten *Lexikon der Benimmirrtümer* ein Kapitel. Was ich dort aber nicht ausgeführt habe, ist, wie hoch der zusätzliche Betrag ausfallen sollte.

Eine Emnid-Untersuchung aus dem Jahr 2008 zeigt, dass 90 Prozent aller Befragten Trinkgeld geben, wenn sie mit dem Service zufrieden sind. Fast die Hälfte gibt dabei bis zu fünf Prozent der Rechnungssumme extra, 38 Prozent geben bis zu zehn Prozent und nur sechs Prozent ein noch höheres Trinkgeld. Interessant ist, wie sich das Verhalten verändert, wenn der Service als schlecht empfunden wurde. Hier geben nur vier Prozent dieselbe Summe, die sie auch bei gutem Service gezahlt hätten. Ein Viertel der Gäste gibt gar nichts und nennt ganz offen den Grund, wohingegen 41 Prozent nichts geben und keinen Kommentar abgeben. 29 Prozent reduzieren die Summe einfach, so dass für den Service nur eine Kleinigkeit herausspringt.

Diese Zahlen spiegeln wider, was in Deutschland gilt: Man kann Trinkgeld geben, man muss es aber nicht tun. Unbenommen ist, dass es in vielen Situationen erwartet wird. Ob man aber tatsächlich etwas gibt, hängt ganz von der Situation ab. Wer einen außergewöhnlichen Service bekommen hat, ist natürlich freigiebiger, und wer sich schlecht behandelt fühlt, gibt nichts oder – meist um Konflikte zu vermeiden – nur wenig. Insgesamt gilt eine Spanne von fünf bis zehn Prozent als üblicher Rahmen.

Die meisten Menschen geben prozentual gesehen ein höheres Trinkgeld, wenn es kleinere Summen sind, weil sie eine runde Gesamtsumme erreichen möchten. Wer also in einem Café einen Espresso trinkt und dafür 2,60 oder 2,70 Euro bezahlt, hinterlässt meist glatt 3 Euro. Auf einen glatten Betrag zu runden ist aber keine Pflicht, es wäre genauso in Ordnung, weniger liegen zu lassen. Wer mehrere Personen einlädt und im Restaurant eine Rechnung von rund 800 Euro bezahlen muss, gibt hingegen eher selten 80 Euro extra. In vielen Fällen und vor allem bei hohen Beträgen empfinden wir zehn Prozent als üppig. In anderen Ländern sieht man das natürlich anders.

Bei uns ist das Trinkgeld von vielen Faktoren und Umständen abhängig. Die folgenden gehören dazu:

- Gesamtsumme
- Eigene finanzielle Möglichkeiten
- Generelle Zufriedenheit mit dem Service

- Erhaltene Extraleistungen
- Erschwerte Umstände für einen Service oder eine bestimmte Dienstleistung

Nachfolgend gebe ich Ihnen einige Hinweise, wie Sie außerhalb der Gastronomie mit dem Trinkgeld verfahren können.

Handwerker und andere Dienstleister
Je nach Leistung können es hier fünf bis fünfzig Euro sein, die man zusätzlich gibt. So wird man für einen Handwerker, der einfach nur seinen Job bei einem kleineren bis mittleren Einsatz macht, vielleicht fünf Euro geben, bei umfangreicheren Arbeiten eher zehn bis zwanzig Euro. Gibt es hier besondere, erschwerende Umstände, zum Beispiel, weil jemand extrem lang im Einsatz war, eine Arbeit am Wochenende oder bis spät in die Nacht fertiggestellt hat, musste sich ein Handwerker durch furchtbaren Dreck hindurcharbeiten oder war die Bauweise des Hauses so verwinkelt, dass alle Werkzeuge und Baumaterialien von Hand durch die Gegend geschleppt werden mussten, so kann man – wie gesagt, immer nach eigenen Möglichkeiten – zwanzig bis fünfzig Euro geben.

Achtung: Viele Dienstleister dürfen gar kein Trinkgeld annehmen. So bekommen etwa Stewardessen kein Trinkgeld – das war noch nie üblich. Die freundlichen Männer der Müllabfuhr dürfen inzwischen keines mehr nehmen.

Generell gilt, dass man dem *Inhaber* einer Handwerkerfirma, eines Friseursalons oder eines Restaurants eher kein Trinkgeld gibt. Das kann anders sein, wenn derjenige einen Kleinstbetrieb hat, in dem nur er allein tätig ist, oder wenn die Bitte um Trinkgeld zum Ausdruck kommt. Das kommt zum Beispiel vor, wenn im Kosmetiksalon ein Trinkgeld-gefäß mit dem Namen der Besitzerin oder des Besitzers steht.

Taxi

Im Allgemeinen rundet man einfach ein wenig auf, ansonsten sind bis zu zehn Prozent des Gesamtbetrages üblich. Auch hier ist wieder die Gesamtsituation entscheidend:

- Hilft Ihnen der Fahrer murrend oder gerne mit dem Gepäck?
- Haben Sie viele oder sehr schwere Gepäckstücke?
- Fragt er Sie vielleicht, welche Route Sie bevorzugen?
- Hört er unverdrossen einen Radiosender, der Sie stört, oder erkundigt er sich nach Ihren Wünschen?

Garderobe

Natürlich freut sich jede Garderobiere über eine kleine Aufmerksamkeit, 50 Cent zum Beispiel. Wenn sie einen schönen und wertvollen Mantel sehr sorgfältig mit einem netten Satz so hängt, dass sie ihn im Auge behalten kann, oder wenn sie auch sperrige Koffer oder Kartons ohne die Miene zu verziehen an einem geeigneten Platz verwahrt, gebührt ihr auch eine etwas höhere Anerkennung. Wer allerdings bei der Rückgabe mürrisch einen zusammengeknüllten Mantel auf den Tresen knallt, hat nichts verdient.

Hotels

Hier ist die Höhe des Trinkgelds insbesondere von der gebuchten Kategorie abhängig. Wer in einem Luxushotel absteigt und für den Zimmerservice, der die tägliche Ration

Champagner bringt, nur einen Euro übrig hat, der ist ein schlimmer Geizkragen.

In Häusern der gehobenen Kategorie gelten folgende Faustregeln, die je nach Zufriedenheit schwanken können:

- Der Zimmerservice erhält zwei bis fünf Euro pro Lieferung.
- Bei der An- und Abreise sind etwa zwei Euro Trinkgeld pro Gepäckstück üblich.
- Ein Hotel-Concierge, der noch Karten für ein ausverkauftes Konzert organisiert, bekommt etwa zehn Euro.
- Zimmermädchen erhalten rund zwei Euro pro Nacht bei mehreren Tagen Aufenthalt, sonst etwas mehr.

Wer in einer kleinen und günstigen Pension übernachtet, der speckt nicht nur beim Übernachtungspreis, sondern auch beim Trinkgeld ab. Wer eine Woche bleibt, kann dem Zimmermädchen fünf bis zehn Euro zurücklassen.

Das Trinkgeld für das Zimmermädchen ist meist das einzige, das nicht persönlich überreicht wird. Damit es keine Missverständnisse gibt, sollte man es so platzieren, dass klar ist, dass man es nicht einfach versehentlich liegen gelassen hat. Viele legen es deshalb auf das Kopfkissen.

Ausland
Im Ausland ist natürlich vieles ganz anders. Es gibt einige Regionen dieser Erde, in denen Trinkgeld grundsätzlich nicht üblich ist, so zum Beispiel in den meisten asiatischen Ländern. Doch auch das ändert sich langsam. Gerade in den touristischen Regionen haben sich die Menschen inzwischen daran gewöhnt, dass die ausländischen Gäste ein mehr oder weniger großes Extra bezahlen. In den USA wiederum fällt

das Trinkgeld viel üppiger aus als bei uns, in den Restaurants liegt es bei etwa 15 Prozent und mehr. In England ist Trinkgeld zwar üblich, doch in den Pubs zahlt man immer möglichst passend und gibt keinen »tip«.

Die beliebtesten Urlaubsregionen der Deutschen sind der Mittelmeerraum und die Alpen. In den Ländern Spanien, Frankreich, Portugal, Italien und Österreich gilt: fünf bis zehn Prozent in Café und Restaurant. In all diesen Ländern ist es üblich, die Aufmerksamkeit für den Kellner auf dem Tisch liegen zu lassen und nicht verbal um eine Aufrundung der Rechnung zu bitten.

All diese Gepflogenheiten sind allerdings immer im Wandel – vor allem bei Fernreisezielen – und teilweise sogar innerhalb eines Landes unterschiedlich. Im Landesinneren kann etwas ganz anderes erwartet werden als in einer Touristenhochburg, und bei einer Rundreise kann man die verschiedenen Gewohnheiten zuweilen in einem einzigen Urlaub erleben. Es bleibt also keine andere Möglichkeit, als den Reiseführer zu lesen oder den Reiseleiter zu fragen und ansonsten auf das eigene Gefühl zu vertrauen.

Immer häufiger erlebt man, dass ein Hotel Informationsblätter auf den Zimmern liegen hat, in denen die Gäste darum gebeten werden, kein individuelles Trinkgeld zu geben, sondern den Betrag in eine Sammelbox zu geben. Diese Hotels und Ressorts haben dann meist mehrere solcher Boxen, die für die verschiedenen Bereiche wie Wellness, Restaurant, Reinigung und Wartung usw. vorgesehen sind.

Kreuzfahrten

Trinkgelder auf Kreuzfahrten fallen je nach Linie und Gesellschaft sehr unterschiedlich aus. Bei Passagieren sorgt dieser Punkt regelmäßig für Verärgerung – besonders, wenn Trinkgeld oder so genannte »Servicegebühren« ungefragt automatisch vom Bordkonto abgebucht werden.

Bei manchen Kreuzfahrtgesellschaften sind Trinkgelder bereits im Reisepreis enthalten und werden auf der Rechnung ausgewiesen, bei anderen ist es dem Passagier freigestellt, wem der vielen guten Geister er welchen Betrag gibt.

Auch die Gesellschaften, die nicht pauschal abbuchen, geben oft eine Orientierung in den Reiseunterlagen, wie viel erwartet wird. Ob automatisch abgebucht wird oder nicht, es kommt auf jeden Fall eine stattliche Summe zusammen. Auf bis zu 15 Dollar pro Person und Tag wird das Trinkgeld kalkuliert. Teilweise fallen auch für die Kinder die vollen Trinkgelder an, andere sehen für Kinder nur halbe Sätze vor.

Aufgehängt

Irrtum:
Ein Taschenhänger ist stilvoll.
Richtig ist:
Fremde Möbel werden nicht verbessert.

Zum Thema Taschenhänger sei vorweggenommen: Nicht alles, was praktisch ist, gilt auch als stilvoll. Zweifelsohne stehen viele Frauen immer wieder vor der Frage: Wohin mit der Handtasche? Egal, ob man an einem Bistrotisch steht, an einer Bar einen Drink nimmt, zum Essen ausgeht oder in einem Straßencafé eine kleine Pause einlegt: Der angeblich wichtigste Begleiter einer Frau stört bisweilen einfach. Die Frau von Welt weiß, dass sie ihre Handtasche möglichst

nicht über die Stuhllehne hängen sollte, da sie dort den
Service stören könnte und außerdem Taschendieben einen
leichten Zugriff ermöglicht. So gehört eine kleine, flache
Tasche auf den Schoß, unter die Serviette. Eine größere wird
auf dem Boden abgestellt. Da manch eine Frau ein sehr
teures Stück mit sich trägt, möchte sie das vielleicht nicht. In
Häusern, in denen viele Frauen mit exquisiten Taschen verkehren, gibt es dafür eigene Taschenhocker. Darauf kann es
also hocken, das gute Stück. Gibt es diese Möglichkeit nicht,
erfüllt auch der benachbarte Stuhl den Zweck, sofern er
frei ist.

Eine Universallösung für alle Situationen gibt es also
nicht, was natürlich die Industrie auf den Plan gerufen hat,
die rasch eine Lösung entwickelt hat: den Handtaschenhalter, auch Taschenaufhänger genannt. Einen solchen Haken mit Auflagefläche tragen immer mehr Frauen mit sich
herum. Im Bedarfsfall ziehen sie das Stück aus der Handtasche, klappen es auf, platzieren es an der Tischkante und
hängen die Handtasche daran.

Ein zusätzlicher Effekt neben dem praktischen Nutzen
ist, dass der Haken als Blickfang dient – viele Exemplare
sind besonders extravagant, hochwertig oder bunt gearbei-
tet. Es gibt sie inzwischen in jeder Preisklasse, und im Internet werden sie als Werbegeschenk für Kunden, Gastge-
schenk für weibliche Gäste einer Hochzeit oder auch als
Notfallgeschenk für die Liebste angepriesen. Manch eine
Frau schwört auf ihr neues Accessoire, denn damit hat sie
ihre Tasche nicht nur im Blick, sondern auch immer sofort
im Griff. Nebenbei bekommt sie selbst mehr Blicke als
sonst.

All diese Argumente scheinen für einen Handtaschenhalter zu sprechen, doch wie schon gesagt: Nicht alles, was praktisch ist, ist auch stilvoll. Ein Klettverschluss bei Schuhen spart Zeit, elegant ist er aber nicht, ebenso wenig wie eine bereits fertig gebundene Krawatte, ein Lätzchen um den Hals, eine Visitenkarte mit Bild und noch vieles mehr.

An fremden Möbeln dekoriert man nicht herum, man bessert sie auch nicht auf. Man würde ja auch nicht zur Theatergarderobe einen eigenen Kleiderbügel mitbringen, weil man den für besser hält. Es mag sicher manche informelle Gelegenheiten geben, bei denen sich niemand an einem Taschenhalter stört, an einen schönen, stimmig inszenierten Tisch jedoch ist er völlig deplatziert. Nutzen Sie lieber die oben beschriebenen Möglichkeiten, Ihre Tasche unterzubringen.

Königstiger

Irrtum:

Muss man die Toilette aufsuchen, so benutzt man dafür einen möglichst gewählten Ausdruck und vermeidet das Wort selbst.

Richtig ist:

Was vielleicht witzig klingen soll, ist eher peinlich.

Natürlich gibt es eine Reihe von Zeitgenossen, die darauf schwören, sich auch bei der Kundgabe dieses Bedürfnisses sehr klar auszudrücken – immerhin handelt es sich ja um etwas Natürliches, und es gibt für sie keinen Grund, denselben nicht auch zu nennen. Menschen dieser Überzeugung

»müssen auf die Toilette« oder gar »aufs Klo«. Das ist weder schön noch rücksichtsvoll oder elegant. Von den Menschen, die sich in solchen Fällen gerne besonders drastisch ausdrücken, wollen wir hier gar nicht sprechen.

Vielmehr geht es um jene, die sich gerade bemühen, sich etwas gewählter auszudrücken, und denen es nicht im Traum einfallen würde, die Sache direkt beim Namen zu nennen. Es ist erstaunlich, welche Vielfalt an Begriffen dafür im Deutschen gefunden werden. Ohne Anspruch auf Vollständigkeit hier eine Auswahl:

- Für kleine Mädchen
- Lokus
- Örtchen/stilles Örtchen
- Austreten
- Porzellanabteilung
- Tee wegbringen
- Nase pudern
- Frisch machen
- In Zimmer Nr. 00 gehen
- Für kleine Königstiger

Sicher, man nennt hier die Sache nicht beim Namen und äußert nichts, was beim Gegenüber ungewollte innere Bilder hervorrufen könnte. Dennoch braucht man all diese Formulierungen einfach nicht. Wenn wir uns kurz von einem Gesprächspartner oder aus einer Runde zurückziehen möchten, muss es den anderen gleichgültig sein, warum wir das tun und was genau passiert. Erstens handelt es sich hier um sehr persönliche, sogar intime Dinge. Zweitens würden wir auch niemanden davon in Kenntnis setzen, auch nicht in gewundenen Formulierungen, dass wir hinausgehen, um zu prüfen, ob wir Petersilie zwischen den Zähnen haben. Wir würden nicht verlauten lassen, dass wir den Lippenstift nachziehen möchten oder beim Babysitter nachfragen, ob alles in Ordnung ist.

Wer sich also für einen Augenblick zurückzieht, der sollte den anderen möglichst nur signalisieren, dass er genau das vorhat: kurz weg zu sein. Dafür gibt es eine Reihe von Ausdrücken, die man je nach Geschmack und Situation verwenden kann:

- Bitte entschuldigen Sie mich einen Augenblick.
- Ich bin gleich wieder zurück.
- Ich will mir nur kurz die Hände waschen.
- Ich verschwinde nur für einen Moment.

Übrigens: Mit »Toilettenfehler« ist nicht gemeint, dass jemand sich in dieser Räumlichkeit falsch verhalten hat oder einen falschen Begriff dafür benutzt. Heute kaum noch gebräuchlich, benutzte man dieses Wort, um einen Herrn darauf aufmerksam zu machen, dass der Reißverschluss seiner Hose offen steht. Und die Wendung »in großer Toilette« bedeutet eigentlich, in sehr festlicher und eleganter Kleidung bei einem Fest zu erscheinen.

In älteren Romanen findet man hin und wieder auch noch einen Satz wie: »Er zog sich zur Morgentoilette zurück.« Das bedeutet nicht, dass wir hier als Leser ungewollt Zeuge dessen werden, was wir heute damit verbinden – damals begab sich der Herr mit diesen Worten zum Waschen, Rasieren und Ankleiden.

Vom Geben und Nehmen

Irrtum:
Wenn ich etwas ausleihe, so kann ich von einer
Holschuld ausgehen.

Richtig ist:
Nichts ist ärgerlicher, als ausgeliehenen Gütern
hinterherzulaufen.

Menschen, die eine große Bibliothek, einen reich bestückten Werkzeugkeller oder äußerst praktische Ausstattungsteile für Fernreisen haben, wissen ein Lied davon zu singen: Sie verleihen freigiebig alles Mögliche an Freunde und Nachbarn, doch die Gegenstände kehren nie von selbst zurück. Wer gern verleiht, vermutet meist erst einmal, dass andere das zu schätzen wissen. Man hat die Erwartung, dass das Geborgte nach Gebrauch sofort und in sauberem Zustand zumindest mit einem »Danke«, am besten mit einem kleinen Zeichen der Dankbarkeit wie ein paar Blumen, einer kleinen Schachtel Pralinen, einer Flasche Wein oder einem Mitbringsel aus dem Urlaub zurückgebracht wird.

Anscheinend jedoch glauben viele Menschen, das geliehene Gut könne erst einmal bei ihnen verbleiben. Wenn der Besitzer es wieder braucht, kann er sich doch melden, oder?

Doch wer so denkt und handelt, verärgert nicht nur andere, er schadet auf Dauer auch sich selbst. Wenn jemand etwas verliehen hat, verlässt er sich häufig darauf, dass der Bekannte es zurückbringt, sobald er es nicht mehr braucht, und denkt nicht weiter darüber nach. Wie ärgerlich ist es dann für ihn, wenn er Monate später das Gerät oder Buch selbst nutzen möchte, es nicht am gewohnten Platz findet, vergeblich sucht, nachdenkt und schließlich darauf kommt, dass er es vor einem halben Jahr an Familie X gegeben hat. Er ruft also dort an und bekommt gesagt, es müsse wohl irgendwo im Keller des Hauses liegen. »Sollen wir es für dich suchen gehen? Es muss eigentlich bei den Campingsachen liegen. Für die ist Sebastian zuständig, doch der ist gerade für zehn Tage auf einer Geschäftsreise in den USA ...« Kein Wunder, wenn der Besitzer hier nicht nur beschließt, der rückgabefaulen Familie nichts mehr zu leihen, sondern in Zukunft generell etwas zurückhaltender mit dieser Form der Hilfsbereitschaft zu sein.

Wer sich etwas borgt, hat kostenfreien Nutzen von einem Gut, das sonst gekauft oder gegen Gebühr geliehen werden müsste. Man sollte den freigiebigen Freund mit besonderer Wertschätzung behandeln und ihm aus Dankbarkeit ebenfalls eine Gefälligkeit erweisen, die ihm das Leben etwas schöner macht. Stattdessen wird der andere verärgert, und die unnötige Sucherei raubt ihm die Zeit. Möchte man also Freundschaften auf Dauer erhalten und nicht nur einmal etwas geliehen bekommen, so sollte man Verantwortung für das geliehene Gut zeigen – nicht nur während der aktiven Nutzung, sondern auch bei der Rückgabe.

Absolut begeistert

Irrtum:
Zwischenapplaus ist bei Klassik tabu.
Richtig ist:
Es kommt auf die Form der Darbietung an.

Die *Berliner Morgenpost* schreibt am 8. Juli 2012 über ein Konzert im Rahmen von »Classic Open Air« auf dem Berliner Gendarmenmarkt: »Ein Höhepunkt ist das ›Nessun dorma!‹ aus Puccinis ›Turandot‹. Tenor Felipe Rojas Velozo von der Deutschen Oper bekommt Zwischenapplaus – doch Kenner unter den Zuschauern meckern: ›Die klatschen alle viel zu früh, das macht man nicht.‹«

In der Tat ist es ein strittiger Punkt, wann man bei klassischen Konzerten, in der Oper und auch im Theater seinen Beifall bekundet. Die einen möchten ihre gerade gefühlte Begeisterung ausdrücken und auch den Künstlern ein spontanes Feedback geben, andere fühlen sich in ihrem Kunstgenuss gestört, wenn eine Darbietung durch Beifallsbekundungen unterbrochen wird.

Klatschen als Geste des Lobs und der Zustimmung scheint eine sehr alte Ausdrucksform zu sein. Verschiedene Quellen weisen sie schon in vorgeschichtlicher Zeit nach. Im alten Rom war nicht nur Klatschen üblich, es gab auch festgelegte Rituale für die Beifallsbekundung. Durch ein Wedeln mit dem Zipfel der Toga äußerte man Gefallen; wollte man stärkeren Beifall ausdrücken, schnippte man mit den Fingern, und bei großer Begeisterung wurde in die Hände geklatscht. Dies geschah allerdings anders als zur heutigen Zeit. Heute klatschen die meisten Menschen mit flachen Handflächen, die Römer hingegen klatschten mit der hohlen Hand.

Im Mittelalter scheint es in vielen Teilen Europas üblich gewesen zu sein, bei Zustimmung und Begeisterung mit der flachen Hand auf den Tisch zu schlagen und dabei anerkennende Rufe auszustoßen. Dieses »Auf-den-Tisch-Schlagen« finden wir auch heute noch in leicht veränderter Form vor allem in Universitäten oder anderen akademischen Kreisen. Hier wird selten geklatscht, sondern mit den Fingerknöcheln auf die Tische geklopft.

Verloren gegangen ist hingegen der Beruf des sogenannten »Claqueurs«. Diese Berufsklatscher waren seltener bei musikalischen Aufführungen, sondern eher im Theater anzutreffen. Sie wurden dafür angeheuert, bei bestimmten Szenen zu klatschen, zu johlen, zu lachen oder nach einer Zugabe zu rufen. Die Claqueure wurden von Anfang an in die Proben mit eingebunden und hatten dadurch eine eigene Rolle, die die Zuschauer in eine bestimmte Stimmung bringen sollte.

Doch nicht immer und überall war in Europa das Klatschen bei Aufführungen erwünscht. Bei einem Konzert von Arnold Schönberg im Jahr 1913 in Wien war das Publikum dermaßen empört über dessen neue Art der Musik, dass das Konzert abgebrochen werden musste. Schönberg zog die Konsequenz daraus und gründete einen Verein, dessen Mitglieder sich ohne öffentliches Publikum zu Konzerten trafen. Bei diesen Veranstaltungen war Beifall ausdrücklich verboten!

So ist es heute üblich:

Sinfoniekonzerte, Kammermusik, Orchesterwerke:
Das Publikum applaudiert, wenn das Orchester die Bühne betritt. Der Applaus beginnt mit dem ersten Musiker und endet, sobald der letzte seinen Platz eingenommen hat. Es folgt meist eine kurze Pause, und der Applaus beginnt wieder, wenn der Dirigent kommt.

Danach sollte es eigentlich keinen Beifall mehr geben, bis das gesamte Werk eines Künstlers, das für diesen Abend auf dem Programm steht, gespielt wurde. Man wartet also ab, bis etwa alle Sätze einer Sinfonie vorbei sind, dann kommt das

Feedback. Gibt es Auszüge aus mehreren Werken oder werden kürzere Werke verschiedener Komponisten gespielt, kann nach jedem Abschnitt, der eine Einheit bildet, Beifall gespendet werden.

Oper:
Genau wie bei Sinfoniekonzerten werden auch in diesem Fall Orchester und Dirigent mit Applaus begrüßt. Doch im Unterschied zu den Konzerten kann es in der Oper durchaus Zwischenapplaus geben. Der wird immer dann gegeben, wenn eine Arie als besonders gelungen empfunden wurde. Störend ist hierbei nur, dass manch ein Besucher nicht abwarten kann, bis der letzte Ton verklungen ist, und in die Musik hineinklatscht – vielleicht aus Sorge, die Gelegenheit für ein kurzes akustisches Lob zu verpassen. Doch viele der Anwesenden genießen die Musik sehr und möchten natürlich den Moment voll auskosten.

In der Oper kann man es auch erleben, dass bei einer besonders gelungenen Arie »bravo« gerufen wird. Sind Kenner unter dem Publikum, so rufen sie bei einer Sängerin »brava«.

Als besondere Anerkennung gilt in Theater, Konzert und Oper ein Aufstehen während des Schlussapplauses, im Deutschen mit dem etwas steif klingenden Wort »stehender Applaus« bezeichnet. Meist wird jedoch der Begriff »Standing ovations« verwendet. Auch ein Trampeln mit den Füßen zeigt, dass das Publikum geradezu außer sich vor Begeisterung ist. Gellen Pfiffe, so muss man genau hinhören, ob jemand ausgepfiffen wird oder ob auch hier Begeisterung dahintersteckt.

Fragt man Musiker, so scheint sie der Zwischenbeifall in den seltensten Fällen zu stören. Er vermittelt ihnen offenbar auch kein negatives Bild vom Publikum. Nicht umsonst heißt es wohl, dass der Beifall das Brot des Künstlers sei. Dennoch sind aus Gründen des Respekts und der Höflichkeit ganz klar folgende Dinge zu bedenken: In einer Vorstellung sitze ich nicht allein. Hunderte andere haben ebenfalls eine Karte erworben. Gerade Menschen, die Musik sehr lieben und nicht viel Geld haben, verzichten oft auf viele andere Dinge, um sich den Genuss eines bestimmten Konzerts, vielleicht mit einem bekannten Musiker oder Dirigenten, leisten zu können. Es ist egoistisch, sich über die Wünsche der anderen hinwegzusetzen und nur dem eigenen Impuls zu folgen. In der Oper ist Zwischenapplaus im Allgemeinen akzeptiert, doch in Konzerten sollte sich jeder Besucher an die Konvention halten und sich zunächst nur im Stillen freuen. Umso mehr darf dann die Begeisterung am Ende ihren Ausdruck finden.

Nur in China ist es übrigens üblich, dass eine einzelne Person, die mit Applaus begrüßt wird, ihrerseits zurückklatscht. Die Person klatscht auch nur dann zurück, wenn sie bekunden möchte, dass das Publikum eine besondere Rolle bei der Darbietung gespielt hat und dass sie ihm dafür dankbar ist. Andernorts verbeugen sich Künstler oder Vortragende oder neigen zumindest den Kopf. Bei künstlerischen Darbietungen weist der Dirigent, der Konzertmeister oder auch der Regisseur mit Gesten auf die anderen auf der Bühne, um den Beifall weiterzuleiten und das Publikum zu animieren, hier noch einmal besonderen Applaus zu spenden.

Braut und Bräutigam

Irrtum:

Die Braut steht vor dem Altar auf der linken Seite.

Richtig ist:

Es hängt davon ab, ob es sich um eine katholische oder evangelische Trauung handelt.

Es ist erstaunlich, wie viele Menschen, die sonst wenig Interesse daran zeigen, sich mit Detailfragen von Etikette und Tradition beschäftigen, wenn es ums Heiraten geht. Obgleich in Deutschland fast jede zweite Ehe geschieden wird, ist für nahezu alle Paare wichtig, dass die Hochzeit zum »schönsten Tag des Lebens« wird. Das kann bedeuten, dass man unkonventionell an die Auswahl der Musik, an Gästelisten oder andere Details herangeht – Kreativität ist also angesagt. Viele Paare entscheiden sich jedoch dafür, es »richtig« machen zu wollen, und wünschen sich eine Hochzeit nach allen Regeln der Tradition. Hier zeigt sich, dass viele normalerweise nicht zur Kirche gehen, dennoch aber kirchlich getraut werden möchten. Wer kaum je einen Gottesdienst besucht, kennt natürlich viele der alltäglichen Abläufe dort nicht. Das beginnt mit der Überlegung, wann man knien, stehen oder sitzen soll, reicht über die Frage, ob in der Kirche Klatschen erlaubt ist, und endet bei den Details, die nur bei einer Trauung eine Rolle spielen, wie etwa, ob man in einer Kirche Blumen streuen oder Reis werfen darf. Da sich auch Pastoren und Pfarrer meist bemühen, den Ehewilligen nicht zu viele Formalien in den Weg zu legen, entscheidet dies jede Kirche anders, und die Antworten auf die Fragen ergeben sich meist in den Vorgesprächen. Mit dem Geistlichen wird auch besprochen, an welcher Hand der

Ehering getragen wird, wie der Ablauf des Traugottes-
dienstes ist, und auch, wer die Braut zum Altar führt und wie
das Paar dort steht, kommt zur Sprache. Es gibt zwar in vielen Punkten konventionelle Lösungen, die sich in den unterschiedlichen Ansichten der Kirchen zu Verlobung und Ehe
begründen lassen, dennoch lassen sich je nach Gemeinde
auch durchaus andere Lösungen finden. Wer die diversen
Informationsseiten, Foren und Diskussionsgruppen im Internet zum Thema »Heirat« aufsucht, wird feststellen, dass
die Frage, ob die Braut links oder rechts vom Bräutigam
steht, eine der am häufigsten gestellten ist. Spannend finde
ich, dass sich dazu völlig unterschiedliche Ansichten finden,
die jeweils im Brustton der Überzeugung geäußert werden –
die Verwirrung ist verständlich. Manche möchten sich bewusst nach der Tradition richten und forschen deshalb nach,
andere möchten einfach keinen unbewussten Fehler begehen.

Mir wird immer wieder berichtet, dass Paare im Vorge-
spräch mit dem Pfarrer oder Geistlichen den Satz zu hören
bekamen: »Das können Sie machen, wie Sie wollen.« Wer
eine wegweisende Antwort sucht, ist damit sicher nicht
zufrieden. Neben der Tatsache, dass beide Varianten häufig
zu beobachten sind, lässt sich eines als Tatsache feststellen:
Dass wir die Braut manchmal links und manchmal rechts
vom Bräutigam sehen, liegt daran, dass evangelische und
katholische Kirche einer anderen traditionellen Vorgehensweise folgen.

Betritt das Brautpaar gemeinsam die Kirche, so geht bei
einer evangelischen Hochzeit die Braut rechts, der Bräutigam links. Nach der Trauung dreht sich jeder um 180 Grad,
so dass auch beim Auszug die Frau rechts steht, der Mann

links. In den evangelischen Kirchen gelten die beiden schon
als Paar, auch wenn sie noch nicht getraut sind. Sie gehen
nach dieser Philosophie zusammen in die Kirche, um noch
den Segen für ihre Ehe zu bekommen. In der katholischen
Kirche geht nach der Tradition eine unverheiratete Frau in
die Kirche und kommt verheiratet wieder heraus. Hier geht
bei einem gemeinsamen Einzug die Braut links und der Bräutigam rechts. Beim Auszug ist es dann genau umgekehrt.

Manche ziehen auch die Variante vor, dass der Bräutigam
schon in der Kirche ist und am Altar auf die Braut wartet.
Traditionell betritt sie die Kirche in Begleitung ihres Vaters,
heute übernimmt auch oft ein enger Freund diese Aufgabe.
Bei dieser Form wird es sehr unterschiedlich gehandhabt,
auf welcher Seite des begleitenden Mannes die Frau geht.

Wer nun recherchiert, wie die Verteilung der Seiten bei
königlichen Hochzeiten ist, sollte nicht zum Gesetz machen,
was er sieht. Royals sind nicht immer ein Vorbild, auch
nicht, wenn es um Traditionen geht, obwohl diese bei ihnen
tatsächlich häufig eine größere Rolle spielen und deutlicher
gelebt werden als bei Bürgerlichen. Doch bei Adeligen spielt
nicht nur »Tradition« im allgemeinen Sinn eine Rolle, auch
protokollarische Fragen können in manchen Punkten ausschlaggebend sein. So geht es hier nicht immer nur darum,
wer Braut und wer Bräutigam ist, sondern auch darum, wer
als höherrangig eingestuft wird. Außerdem werden kirch-
liche Traditionen zum Beispiel in England oft ganz anders
gelebt als hier auf dem Kontinent.

An welcher Seite des Bräutigams die Braut geht, ist aber
nicht nur beim Traugottesdienst wichtig, sondern spielt auch
bei der Sitzordnung am Tisch beim anschließenden Essen
eine Rolle. Dabei gilt generell:

- Das Brautpaar sitzt immer in der Mitte.
- Das Paar sitzt an der Längsseite einer Blocktafel.
- Bei einem großen Saal sitzt es an einem zentralen Tisch mit Blick auf den gesamten Festsaal.
- Die Braut sitzt in Europa rechts vom Bräutigam.
- Die Eltern des Paares sitzen ihren Kindern am nächsten.

Möglichkeit 1: Rechts neben der Braut sitzt ihr Schwiegervater, daneben die Schwiegermutter. Links neben dem Bräutigam sitzt dann wiederum seine Schwiegermutter, links von ihr der dazugehörige Partner.

Möglichkeit 2: Der Brautvater sitzt seiner Tochter gegenüber, die Mutter des Bräutigams ihrem Sohn. Diese Option wird meist bei kleineren Tischen gewählt.

Dies sind die beiden gängigsten Varianten. Möglich und bei manchen beliebt ist es aber auch, dass die jeweiligen Eltern nicht zusammensitzen, sondern als Tischpartner jeweils ein Elternteil der neuen Familie haben. Sind die Eltern getrennt und haben neue Partner, so muss man eine individuelle Lösung finden, in der alle nah beim Brautpaar sitzen und jeder sich wohlfühlt.

- Je näher ein Gast dem Brautpaar steht, desto näher sitzt er auch bei diesem. Dieses Näherstehen kann in emotionaler ebenso wie in verwandtschaftlicher Hinsicht bewertet werden.
- Wenn der Pfarrer zu Gast ist, sitzt er dem Brautpaar gegenüber.
- Die Trauzeugen sitzen ebenfalls möglichst dicht beim Brautpaar. Sie gelten als Ehrengäste und haben Vorrang –

auch vor gesellschaftlich hochstehenden oder besonders anerkannten Personen und auch vor nahen Verwandten, zum Beispiel den Geschwistern des Paares.

Über Nacht

Irrtum:
Übernachte ich bei Privatleuten, so ziehe ich selbstver-
ständlich ohne zu fragen vor der Abreise das Bett ab.
Richtig ist:
Damit verursacht man oft mehr Arbeit und brüskiert die
Gastgeber.

Was hier beschrieben wird, ist einer der typischen Fehler, die selbst in ganz informellen Situationen und unter guten Freunden passieren. Man besucht jemandem, der in eine andere Stadt gezogen ist, kann in dessen Gästezimmer nächtigen und genießt die gemeinsame Zeit mit Gesprächen über das gemeinsame Erlebte in der Vergangenheit, erzählt, was sich inzwischen verändert hat, und erkundet vielleicht zusammen die Stadt oder die Gegend.

Was die meisten schon als Kinder gerne getan haben – eine Nacht bei Freunden verbringen –, das macht auch vielen Erwachsenen noch Spaß, und sie sehen es als schöne Abwechslung zu den sonst außer Haus verbrachten Nächten in Hotels und Ferienwohnungen. Jeder halbwegs höfliche Mensch bringt eine Kleinigkeit mit, wenn er über Nacht eingeladen ist, und zeigt sich schon so für die Mühe der Gastgeber erkenntlich. Die meisten sehen es als Selbstverständlichkeit an, sich dem Rhythmus und den Gepflogenheiten der Familie anzupassen und nicht stur ihren sonstigen Gewohnheiten zu folgen. Schluss also mit dem Frühstück im Schlafanzug, Straßenschuhe werden brav ausgezogen, die Wohnung wird nur in Socken belaufen usw. Ebenso lassen sich fast alle Menschen selbstredend nicht wie im Hotel bedienen, sondern packen mit an. Man fragt, ob man beim Tischdecken oder Kochen behilflich sein kann, tut es dann auch bereitwillig oder akzeptiert ebenso entspannt ein »Nein, danke«.

So weit, so gut. Viele übertreiben es jedoch mit ihrer Hilfsbereitschaft, so dass sie am letzten Morgen den Gastgebern fröhlich beim Frühstück verkünden: »Ich habe schon das Bett abgezogen und alles aufgeräumt.« Gut gemeint, aber manchmal doch daneben. Ich habe viele Zuschriften bekommen, die mich auf dieses Thema aufmerksam gemacht haben. Wie könne man Gästen nur beibringen, dass sie diese Gefälligkeit unterlassen?

Der Grund für diesen Wunsch ist ganz einfach: Jeder hat ein eigenes »System« für Wäsche und besonders für Bettwäsche. Manch einer zieht »auf links« ab, also so, dass die Säume nach außen liegen, bügelt auch so und hat es dann leicht, das Bett wieder frisch zu beziehen. Andere möchten die Wäsche auf rechts vorfinden, oft, weil die Bettwäsche bestimmte Stickereien, Rüschen oder Borten hat und nur »auf rechts« gebügelt werden kann. Komme ich nun nicht als enges Familienmitglied, sondern eben als Freund oder auch nur als Bekannter oder vielleicht sogar als Kollege in ein Privathaus, so ist es natürlich nicht so nett, wenn ich die Gastgeber in die Situation bringe, dass sie die Bettwäsche nach meinem Abziehen noch einmal wenden müssen. Nicht jeder fasst Handtücher und Bettwäsche von mehr oder weniger fremden Menschen gerne an. Verbleibt sie auf dem Bett, so ist es oft leichter, sie ohne viele Berührungen in der gewünschten Form abzuziehen.

Wer hilfsbereit und aufmerksam ist, kann die Gastgeber fragen: »Soll ich die Bettwäsche auf links oder auf rechts abziehen?« Denn so spart man der Gastgeberfamilie tatsächlich Arbeit. Der Gastgeber kann hier je nach Gusto antworten, wie er es möchte. Er kann aber auch einfach sagen: »Lass gut sein. Ich mache das später.« Das sollte man dann einfach akzeptieren.

Wer Gäste generell von solchen »Hilfsaktionen« abhalten möchte, der sagt am besten klar und deutlich: »Bitte lass in dem Zimmer einfach alles, wie es ist. Ich ziehe das Bett später ab.«

Wochenend und Sonnenschein ...

Irrtum:
Einem schwerkranken, behinderten oder vom Schicksal gebeugten Menschen sollte man nicht vom eigenen Urlaub vorschwärmen.
Richtig ist:
Im Kontakt mit anderen sind positive Erzählungen fast immer sehr willkommen.

»Wochenend und Sonnenschein«, so beginnt ein Lied der Comedian Harmonists aus den dreißiger Jahren. Beide Begriffe sind für fast alle Menschen positiv besetzte Themen. Über solche Zeiten, die man genossen hat und in denen man es sich gutgehen ließ, spricht man in der Regel auch gerne –

beim Small Talk mit Kunden oder Kollegen, beim Plausch mit den Nachbarn oder während des gemütlichen Abends mit Freunden. Doch eine Gruppe von Gesprächspartnern wird hier oft ausgelassen: Menschen, denen es unserer Ansicht nach gerade nicht gut geht. Vielleicht haben sie generell eine Behinderung, sind schwer erkrankt oder mussten einen Schicksalsschlag hinnehmen. Es kann einem durchaus unbehaglich zumute sein, wenn man lange und ausführlich von der dramatischen Klettertour in den Alpen erzählt, während das Gegenüber im Rollstuhl sitzt. Man mag sich fast für die tolle Pferdereise durch die Mongolei schämen, wenn wir mit jemandem sprechen, der sich gerade von einer Krebsoperation erholt und in den kommenden Monaten eine Chemotherapie über sich ergehen lassen muss.

Einerseits ist das sehr verständlich, und unsere Zurückhaltung kann ein Zeichen der Empathie sein. Aber andererseits sind gerade Menschen, die erkrankt sind, oft froh, etwas anderes zu hören und über etwas anderes zu sprechen als über die Krankheit, die Krankenhäuser und die Ärzte. Manche haben auch das ständige Mitleid oder das andauernde Nachfragen satt. Viele Besucher fühlen sich aber gerade am Krankenbett motiviert, von eigenen üblen Erfahrungen zu berichten oder von den schlimmen Erlebnissen anderer. Die Nachbarin mit derselben Krankheit zum Beispiel sei mit ihren unfähigen Ärzten so schlecht dran gewesen, da solle der Kranke doch bei allem Elend noch froh sein, dass er so gut versorgt werde. Meinen Sie, ein leidender Mensch möchte so etwas wirklich hören?

Es geht um Ablenkung, darum, dem anderen die oft sehr eintönige Zeit der Rekonvaleszenz ein wenig zu vertreiben. Das gelingt gut, wenn Geschichten anschaulich erzählt werden, wenn es Schönes und Spannendes zu berichten gibt. Dabei muss man die Empathie keineswegs hinter sich lassen. Mit Feingefühl erzählt, kann eine solche Ablenkung auch Motivation und Ansporn für den Kranken sein. Vielleicht wird der Wunsch geweckt, denselben Ort auch einmal zu sehen oder etwas Vergleichbares zu erleben. Ein positives Ziel, der Wunsch, etwas zu erreichen, bewirkt im Menschen in den meisten Fällen mehr Energie als eine Haltung, die allein die Krankheit abwehrt und mit Gedanken wie »Ich will nicht mehr hier rumliegen«, »Ich will diesen Gips endlich loswerden« und »Wann kommt endlich der Tag, an dem ich die Krankenschwestern nicht mehr sehen muss?« einhergeht.

Zudem ist es doch merkwürdig, wenn wir Freunde und Bekannte von bestimmten Erlebnissen in unserem Leben quasi aussperren, nur weil sie gerade krank sind. Damit enthalten wir ihnen etwas vor. Dabei sind sie ohnehin gerade bei vielen Dingen »außen vor«: Sie können nicht an der Grillparty teilnehmen, gehen nicht zur Nachbarin, um die Hundewelpen zu bestaunen, und im Job läuft inzwischen sowieso der Laden auch ganz gut ohne sie. Den Freund oder die Freundin in einer solchen Situation gerade am eigenen Leben teilhaben zu lassen, ihn mit Schilderungen und Bildern ein Stück mit hineinzunehmen, ist ganz wichtig.

Natürlich dürfen wir dabei nicht hemmungslos losplappern, um unser Bedürfnis nach Mitteilung zu stillen. Es geht hier nicht um uns, sondern um den anderen. So ist es wichtig, immer wieder zu überprüfen, ob die Abwechslung willkommen ist oder ob die auf dem Smartphone gezeigten Bilder vom Strandurlaub den Kranken vielleicht doch überfordern oder traurig machen. Wer einem Bekannten, der

gerade den Partner verloren hat, in blumigen Worten von
den gerade erlebten Flitterwochen berichtet, der verletzt ihn
genauso sehr wie der, der lieber gar nichts davon berichtet
aus lauter Sorge, es könnte unpassend sein. Ein Ausschlie-
ßen des anderen aus der eigenen Welt ist niemals ein Freund-
schaftsdienst, und so darf auch die Freundin, die im letzten
Jahr arbeitslos wurde und nun finanzielle Schwierigkeiten
hat, von unserem schönen Urlaub hören. Das Feingefühl
gebietet es dann, vielleicht nicht jedes Detail an die große
Glocke zu hängen und einen Satz wie »Pauschalurlaube
kommen für mich nach dieser Luxus-Erfahrung gar nicht
mehr in Frage!« lieber ungesagt zu lassen.

Nichts für jedermann

Irrtum:
Der Valentinstag ist heute so allgegenwärtig, dass man
vielen eine Kleinigkeit schenken kann.
Richtig ist:
Der Valentinstag ist und bleibt hier in Deutschland der
Tag für Verliebte.

Beim Valentinstag treten immer stärker zwei sehr gegensätzliche Fraktionen zutage: Viele ignorieren den Tag ganz bewusst und schimpfen, er sei ein reines Marketinginstrument
für die Blumen- und Süßwarenindustrie. Andere wiederum
scheinen die ursprüngliche Idee vor lauter Begeisterung auf
möglichst viele Menschen ausdehnen zu wollen – vielleicht
auch, weil sie angesteckt werden von so manchem Brauch
aus dem Ausland, der bis zu uns durchdringt.

So werden zum Beispiel in Japan an diesem Tag nicht nur

feste Partner, sondern auch andere Menschen bedacht. Doch dies ist – wie alles in Japan – stark ritualisiert. So gibt es sogenannte Hommei-Schokolade, was übersetzt etwa »Schokolade für den Liebling« heißt. Sie wird, wie der Name schon sagt, nur an diese eine Person verschenkt. Alle anderen Schokoladengaben, die man an Freunde oder auch Kollegen verschenkt, nennt man Giri-Schokolade, die »Pflichtschokolade«. Hier kann es nicht zu Missverständnissen kommen, denn Menge und Verpackung unterscheiden sich sehr deutlich. Am 14. Februar verschenken dort übrigens nur Frauen etwas – die Männer dürfen sich an diesem Tag zurücklehnen und freuen. Doch die Rechnung folgt natürlich: Genau einen Monat später, am 14. März, wird der »White Day« gefeiert. Jetzt sind die Männer dran und müssen die Gaben erwidern, die sie selbst bekommen haben. Auch an diesem Tag gibt es viel Schokolade, aber auch andere Süßigkeiten sind erlaubt. Hauptsache, sie sind weiß.

Andere asiatische Länder legen sogar noch eins drauf. So gibt es in Südkorea zusätzlich zu Valentinstag und »White Day« noch den »Black Day«. Wer bisher leer ausging, der trauert an diesem Tag und isst Nudeln mit schwarzer Soße …

Von China ist bekannt, dass gerade die jungen Chinesen in den großen Städten immer mehr Gefallen am Valentinstag finden. Man darf also gespannt sein, welche besonderen Sitten sich noch herausbilden werden.

Auch in Finnland interpretiert man den Valentinstag nicht nur romantisch, er wird eher als »Freundschaftstag« gefeiert. Man kann anonym einem heimlich Verehrten etwas schenken, doch auch an Freunde wird gerne eine Kleinigkeit gegeben oder einfach eine Karte geschickt.

Im deutschsprachigen Raum hingegen war der Tag von

Anfang an ein Tag für die romantische Liebe, nicht für Freundschaft oder kollegiales Miteinander. Um den Ursprung ranken sich einige ganz wunderbare Geschichten. Ursprünglich schenkten auch bei uns nur die Männer den Frauen etwas. Es hieß damals, eine Frau heirate den Mann, den sie am Valentinstag zuerst erblickt. Das nutzte manch ein Verliebter für sich und machte sich möglichst früh am Morgen mit Blumen auf den Weg zu seinem Mädchen. Auf diese Weise konnte er sein Interesse an ihr bekunden und zugleich dem Schicksal ein wenig auf die Sprünge helfen.

Woher der Valentinstag nun tatsächlich kommt, ist umstritten. Vermutet wird ein Zusammenhang mit dem christlichen Märtyrer Valentin von Terni. Sicher ist, dass er im 3. Jahrhundert nach Christus in der italienischen Stadt Terni als Bischof lebte (auch wenn die damals noch einen anderen Namen trug). Die Legende sagt, dass er heiratswillige Paare auch dann traute, wenn es ihnen eigentlich verboten war. So gab es zum Beispiel einen kaiserlichen Erlass, der es Soldaten untersagte zu heiraten. Angeblich soll Valentin den frisch Vermählten dann Blumen aus seinem Garten geschenkt haben. Das hört sich sehr romantisch an, doch viele Historiker bezweifeln diese These. Sicher wiederum ist, dass Bischof Valentin am 14. Februar 269 auf Befehl des Kaisers enthauptet wurde – nicht wegen der illegalen Trauungen, sondern wegen seines christlichen Glaubens.

Andere führen den Tag auf einen Gedenktag zu Ehren der römischen Göttin Juno zurück, der Schützerin von Ehe und Familie, der am 14. Februar Blumenopfer gebracht wurden. Ebenso gibt es Hinweise auf ein altindischen Fest, das dem Gott der Ehe gewidmet war. Die Anhänger dieser Theorie verweisen darauf, dass dieser Brauch, am 14. Februar seiner

Angebeteten Liebesschwüre zu senden, auf einen gemeinsamen Ursprung hindeutet.

Auch interessant ist die Idee, dass der Tag der Liebenden mit der Paarungszeit der Vögel zusammenhängen könnte. Vor allem in England wurde lange geglaubt, diese würde präzise am 14. Februar beginnen. Der englische Schriftsteller Geoffrey Chaucer hat diesem Zusammenhang im 14. Jahrhundert ein Gedicht gewidmet. Der in England so beliebte Brauch, dass sich Verliebte etwas schenken – meist Blumen – gelangte mit den Auswanderern in die USA und von dort nach dem Zweiten Weltkrieg über die Besatzungsmacht nach Westdeutschland, wo er seitdem populär ist.

Egal, welchen Legenden und Mythen man nun folgt, alle haben etwas mit Liebenden und Verliebtheit zu tun. Nur in einigen asiatischen Ländern hat sich der Brauch durch andere kulturelle Einflüsse verändert und schließt Freunde und Bekannte ein. Bei uns muss jedoch jeder, der am Valentinstag etwas verschenkt, damit rechnen, dass der oder die Beschenkte dies als amouröse Avance interpretiert. Wenn Sie das möchten: Nur zu! Wenn Sie allerdings dem anderen nur eine nette Geste erweisen möchten, warten Sie lieber ein paar Tage und überreichen die Gabe erst Ende Februar.

Hier bin ich und hier bleibe ich

Irrtum:
Zum ersten Arbeitstag gehört ein Einstand.
Richtig ist:
Wenn man überhaupt einen Einstand gibt, dann erst später.

Wer es nach vielleicht langer Suche, vielen Bewerbungen, Telefoninterviews und Vorstellungsterminen geschafft hat und den ersten Arbeitstag antritt, der darf sich freuen. Zumindest vorerst – denn manche stellen innerhalb der ersten Wochen fest, dass dieser Job doch nicht der richtige für sie ist. Vielleicht hat das Unternehmen falsche Versprechungen gemacht, vielleicht kommt man mit den Kollegen nicht zurecht oder der Umgang mit den Hierarchieebenen oder Reportinglines ist ganz anders, als man es gewohnt ist und mag. Vielleicht passt auch alles, doch kurz nach Arbeitsbeginn ruft ein Headhunter an mit einem viel attraktiveren Angebot. Auch denkbar ist, dass das Unternehmen mit der Leistung oder dem Verhalten des Neuzugangs nicht zufrieden ist und man sich deshalb schnell wieder trennt.

In einem Unternehmen anzufangen heißt also nicht zwangsläufig, dass man dort für längere Zeit bleibt. So ist es fast überall üblich, einen Einstand erst dann zu feiern, wenn klar ist, dass von beiden Seiten auch wirklich eine längere Zusammenarbeit gewünscht wird. Wann der richtige Zeitpunkt dafür ist, hängt vom eigenen Gefühl und den Gepflogenheiten des Unternehmens ab. Hier heißt es also wieder einmal beobachten und fragen, denn mancherorts ist die Feier für die Kollegen nach etwa einem Monat fällig, in anderen Unternehmen erst nach dem offiziellen Ende der Probezeit. Ebenso unterschiedlich ist, mit was gefeiert wird: Gehört es bei manch einer Abteilung dazu, die Kollegen mit selbstgebackenen Kuchen zu versorgen, schwört man andernorts auf ein Weißwurstfrühstück, und bei wieder anderen sind Sekt und Sushi angesagt.

Hören Sie sich also um, was in Ihrem Unternehmen üblich ist:

- Müssen Sie überhaupt für einen Imbiss oder Umtrunk als Einstand sorgen?
- Wenn ja, wann? Wie wurde das bislang gehandhabt?
- Bietet man Kaffee und Kuchen an?
- Ist vielleicht eher ein herzhafter Imbiss gewünscht?
- Findet die Feier während oder nach der Arbeitszeit statt?
- Darf oder soll Alkohol gereicht werden?

Halten Sie sich an das, was üblich ist, auch wenn es Ihrem Geschmack nicht entspricht. Änderungen bei diesen »Ritualen« sind schwierig und für Neuankömmlinge unpassend.

Ebenso wie bei anderen überfachlichen Dingen, die fast immer auf ungeschriebenen Gesetzen beruhen und sich im Laufe der Jahre herausgebildet haben, kann man hier schnell in ein Fettnäpfchen treten. Gerade wenn man nur innerhalb der Branche gewechselt hat und beim Mitbewerber eine vergleichbare Funktion wie zuvor innehat, stürzt man sich schnell auf die fachlichen Aufgaben. Viele unterschätzen dabei, wie wichtig die kleinen Dinge des täglichen Miteinanders sind, und bemerken nicht, dass hier vielleicht manches anders gehandhabt wird als bei der Konkurrenz. So gilt nicht nur für den Einstand, sondern auch für alle anderen zwischenmenschlichen Angelegenheiten an einem neuen Arbeitsplatz:

- Hören Sie gut hin. Wie sprechen die Leute miteinander?
- Sehen Sie genau hin. Wie reagieren die Kollegen auf mich und meine Art?

Fällt Ihnen vielleicht etwas daran auf, wie die Menschen in diesem Arbeitsumfeld miteinander umgehen? Sie können bei der Prüfung folgende Punkte zu Hilfe nehmen:

- Stürzt sich jeder morgens sofort in seine Arbeit oder geht man erst einmal herum und wünscht jedem einen guten Morgen?
- Ist der allgemeine Umgangston flapsiger und neckender, als Sie es kennen, oder geht man freundlich-distanziert miteinander um?
- Ist es üblich, den Kollegen am Nachbartisch zu fragen, ob man ihm eine Tasse Kaffee mitbringen soll, wenn man sich selbst in der Küche einen holen möchte, oder »stört« man sich so wenig wie möglich und jeder versorgt sich nach eigenem Rhythmus und Wunsch?
- Kantine: Wartet man aufeinander und geht gemeinsam essen oder geht jeder, wann er am besten Zeit hat?

Je schneller Sie all dies herausgefunden haben, desto schneller akzeptiert man Sie, und desto eher werden Sie den Beinamen »der Neue« oder »die Neue« los. Dann ist der Einstand nur noch eine symbolische Angelegenheit, eigentlich gehören Sie zu diesem Zeitpunkt schon dazu.

So beschäftigt

Irrtum:
Die Beschäftigung mit Smartphone & Co. ist heute in Meetings völlig akzeptiert.
Richtig ist:
Es gibt einen großen Unterschied zwischen »üblich« und »akzeptiert«.

In vielen Meetings ist es inzwischen tatsächlich gang und gäbe, dass sich Anwesende während der Besprechung oder

Präsentation mit Handy, Smartphone oder Laptop beschäftigen. Eine weltweite Meinungsumfrage im November 2011
unter dem wunderbaren Titel »I Can't Get My Work Done!«
erfragte das Ausmaß dieser Ablenkung in Meetings: 48 Prozent lassen sich nach eigener Einschätzung in Meetings
durch das Beantworten von E-Mails ablenken, 35 Prozent
durch Telefonate, 28 Prozent durch Chats, 12 Prozent durch
die Aktualisierung ihres Status in sozialen Netzwerken und
9 Prozent durch Tweets.

Die Studie zeigt, welche Medien am liebsten genutzt werden, doch wie viel Prozent aller Teilnehmer bei Meetings
grundsätzlich nebenbei etwas anderes tun, statt sich ausschließlich dem Geschehen im Raum zu widmen, scheint
noch nicht statistisch erfasst zu sein. Wer selbst wöchentlich
viele Präsentationen und Meetings besuchen muss, der kennt
jedoch das Bild der leicht vornübergebeugten Menschen
mit dem auf ihr mobiles Gerät gesenkten Blick. Selbst im
Deutschen Bundestag beobachtet man die Abgeordneten
beim Eintippen von SMS und dem Schreiben von E-Mails,
während vorne ein Redner über wichtige Probleme der
Republik spricht.

Es scheint hier eine Art Teufelskreis zu geben: Weil viele
Menschen in immer mehr Besprechungen gehen müssen,
die häufig länger dauern als geplant und die immer uneffektiver werden, versuchen sie die Zeit wenigstens einigermaßen
sinnvoll zu nutzen und nebenbei ein paar andere Dinge zu
erledigen.

Doch Studien aus der Gehirnforschung weisen immer
deutlicher nach, dass es tatsächlich nicht möglich ist, sich
wirklich mit mehreren Dingen gleichzeitig und mit gleicher
Aufmerksamkeit zu beschäftigen. Einige Versuche haben

gezeigt, dass beim Telefonieren während des Autofahrens gar nicht die Hand, die am Lenkrad fehlt, oder das Drücken einer Taste die problematischen Faktoren sind, es ist vielmehr das Gespräch an sich. Deshalb sei es absurd, ein Telefonat zu ahnden, bei dem der Fahrer das Gerät am Ohr hält, ein Gespräch mit Freisprechanlage hingegen zuzulassen. Denn allein schon die geistige Beschäftigung mit den Inhalten des Gesprochenen absorbiert ein Stück der Aufmerksamkeit und Konzentration. Wenn wir uns mehreren Dingen zugleich widmen und vieles parallel machen, leidet die Qualität der Ausführung darunter. Dadurch, dass also immer mehr Teilnehmer bei einer Besprechung nicht voll konzentriert sind, werden Sitzungen uneffektiver und stehlen mehr Zeit, was man dadurch wettzumachen versucht, dass man zwei oder drei Dinge gleichzeitig zu erledigen versucht ...

In immer mehr Unternehmen wird man sich dieser fatalen Auswirkungen bewusst, so dass es verstärkt Bemühungen gibt, die Treffen wieder effektiver zu gestalten: Das bedeutet, nicht nur zu unterbinden, dass eine mediale Nebenbeschäftigung erfolgt, sondern auch die Agenda zu straffen und auf »Kuschelfaktoren« wie Kekse und Kaffee zu verzichten, sondern ausschließlich Wasser zu reichen. Solange man ein solches Treffen nicht im Winter im Freien durchführt, sind diese »Unbequemlichkeiten« sicher im Sinne aller, da das Gesprächsziel dann tatsächlich schneller erreicht wird.

Natürlich gilt die Regel, dass es nicht nur unhöflich, sondern auch rücksichtslos ist, anderen Menschen Zeit zu stehlen, auch bei Meetings.

Viele Berufstätige sind dauerhaft online und permanent

erreichbar – sei es, weil sie glauben, das müsse so sein, sei es, weil Unternehmen oder Kunden dies tatsächlich verlangen. Eine Studie aus dem Jahr 2010 zeigt die wirklich erschütternden Ausmaße, die dieses Leben in permanenter Bereitschaft angenommen hat. So sehen wir, dass sich die meisten Menschen anscheinend bei fast allen Aktivitäten stören lassen. Dass sich 22 Prozent der über 25-Jährigen bei einem Meeting von ihrem Smartphone ablenken lassen, erscheint geradezu harmlos, wenn man liest, dass 24 Prozent auch auf der Toilette erreichbar sind und immerhin noch 11 Prozent beim Sex.

Doch auch wenn der Druck, immer erreichbar zu sein und sofort zu antworten, kontinuierlich steigt – wer sich in Meetings so verhält, der stiehlt sich selbst und den anderen schlichtweg die Zeit. Zudem muss man damit rechnen, dass andere die Nebenbeschäftigung natürlich wahrnehmen.

Führt man im Verlauf des Meetings Argumente gegen etwas gerade Ausgeführtes ins Feld, so muss man sich nicht wundern, wenn das Gesagte nicht immer auf der Sachebene wahrgenommen und akzeptiert wird. Wer einen Gesprächsbeitrag leistet und dann von einem »Zuhörer« Kontra erhält, der offensichtlich gar nicht voll bei der Sache ist, wird immer auch in seiner Kompetenz und Persönlichkeit auf subtile Weise angegriffen. Die verständliche Reaktion ist, dass er dem anderen dann auch nicht das Recht zur Kritik einräumt. Die meisten Teilnehmer nehmen die genannten Nebenbeschäftigungen übel, auch wenn sie nichts direkt dazu sagen.

Auch Führungskräfte, die sich so verhalten, geben kein gutes Beispiel ab. Besonders schwierig ist es, wenn die Smartphonebenutzung in der offiziellen Besprechungskultur des Unternehmens untersagt ist, sich dann aber einige aus der Führungsriege nicht an dieses Verbot halten. Der Gedanke dahinter mag sein, dass sie nun einmal wichtiger sind und schneller Entscheidungen treffen müssen als andere im Raum. Tatsächlich aber übertragen die beobachtenden Teilnehmer diese Inkonsequenz im Kleinen schnell auf die generelle Verbindlichkeit von Leitlinien im Unternehmen und beginnen vielleicht selbst, mit mancher Regel etwas lockerer umzugehen.

Und egal, ob es sich nun um abgelenkte Teilnehmer, angestoßene Kaffeetassen oder einen ungelüfteten Besprechungsraum handelt: Denken Sie bei einem Meeting mit externen Besuchern immer daran, dass alles, was Sie oder die handelnden Personen tun, alles, was während des Meetings zu sehen und zu erleben ist, Rückschlüsse auf das Unternehmen und dessen Arbeitsweise zulässt. Abgelenkte und unaufmerksame Mitarbeiter stehen nicht in dem Ruf, sich konzentriert und mit wachem Interesse für die Belange des Kunden einzusetzen.

Halten Sie Meetings, egal, ob intern oder extern, deshalb lieber kurz und intensiv – das spart allen Zeit und Energie und motiviert auch mehr zur Teilnahme. Achten Sie bei Besprechungen mit Externen darauf, jedes Treffen – und sei es noch so sachlich – nicht nur als Informationsaustausch, sondern auch als Gelegenheit zu betrachten, sich als effektiv arbeitenden, wertschätzenden, aufmerksamen und kompetenten Partner zu zeigen, der alle Details im Griff hat.

Andere Länder, andere Sitten

Irrtum:
Wenn ich Geschäfte im Ausland mache, muss ich möglichst die dort herrschenden Sitten mitmachen.
Richtig ist:
Ich muss nur wissen, was als Fauxpas gilt.

Viele Unternehmen, auch viele kleine Betriebe, haben zunehmend Kontakte ins Ausland, etwa weil sie Teile von dort beziehen, bestimmte Abläufe der Fertigung in andere Länder verlegen oder im Ausland Kunden haben und auf internationalen Messen präsent sind. So gibt es ein wachsendes Bedürfnis, das Verhalten ausländischer Geschäftspartner besser zu verstehen und sich auch auf internationalem Parkett sicher bewegen zu können, was sich in Fragen wie »Stimmt es, dass man in Asien die Visitenkarte mit beiden Händen tauscht?« spiegelt.

Oft haben Menschen, die dieses Bedürfnis entwickeln, bereits Erfahrungen mit Kommunikationspartnern aus anderen Kulturen gemacht, die sie verunsichert haben, weil sie unerwartet waren:

- Zu Verabredungen kommen andere zu spät oder zu früh, ohne dies als falsch zu empfinden. Vielleicht merkt man selbst, dass man offenbar zur »falschen Zeit« gekommen ist, obwohl man sich an die Vereinbarung gehalten hat.
- Eine Vereinbarung zum »Dinner« dauert die halbe Nacht, weil es üblich ist, hinterher noch in Bars zu gehen. In einem anderen Kontext dauert ein Abendessen nur eine knappe Stunde und besteht aus einem kargen Mahl.

- Der andere trifft überhaupt keine Verabredungen und kommt einfach unangemeldet.
- Der Geschäftspartner rückt einem körperlich zu nahe oder hält übermäßigen Abstand.
- Man selbst oder der andere spricht zu viel oder zu wenig.
- Das Redetempo ist zu schnell oder zu langsam.
- Man fragt nach und spürt, dass das unpassend war, oder man spricht offenbar über die falschen Dinge, was eine unangenehme Stimmung erzeugt.
- Man ist zu emotional oder aber zu zurückhaltend, man zeigt ein bestimmtes Gefühl zu sehr oder zu wenig oder zur falschen Zeit, oder aber man zeigt ein Gefühl nicht, obwohl es erwartet worden wäre.
- Die Kleidung ist zu formell oder zu informell.

Wir spüren, sehen und hören natürlich, dass sich unsere Kontaktpersonen anders verhalten, als wir es gewohnt sind oder es als angenehm empfinden. Das nur auszuhalten ist schon nicht immer leicht, und in solchen Situationen sofort eine passende Verhaltensstrategie parat zu haben, scheint oft unmöglich. Problematisch ist dabei jedoch vor allem, dass wir so gut wie nie eine Rückmeldung bekommen, wenn wir selbst etwas getan haben, das im jeweiligen kulturellen Kontext als Fauxpas gilt. Schon innerhalb unseres Landes ist es nicht üblich, kritische Rückmeldungen dieser Art zu geben. In anderen Kulturen gibt es häufig ein noch stärkeres Bedürfnis, dem anderen Respekt zu erweisen und dafür zu sorgen, dass er sein Gesicht nicht verliert. Dort ist ein kritisches Feedback noch viel weniger zu erwarten als bei uns.

Viele machen es sich leicht und berufen sich darauf, dass der andere einfach sagen soll, wenn ihn etwas stört. Manche bitten ihre ausländischen Gesprächspartner sogar explizit darum. Kommt dann keine Rückmeldung, so gehen sie davon aus, es sei alles in Ordnung – und wenn nicht, dann ist der andere eben »selber schuld« daran, dass ihn etwas stört ...

Doch so einfach ist es eben nicht. Untersuchungen zeigen zum Beispiel, dass fast die Hälfte aller deutschen Versuche, in China Geschäfte zu machen, allein an interkulturellen Faktoren scheitert.

Interkulturelle Kompetenz hat also sehr viel mit Wissen zu tun, gepaart mit Erfahrung, Sensibilität, Schärfung des Bewusstseins und ständiger Überprüfung. Diese Form sozialer Kompetenz ist natürlich bei allen Begegnungen internationaler Art notwendig. Bei beruflichen Kontakten mit dem Ausland ist sie unerlässlich, um überhaupt Geschäfte zu machen und die Geschäftsbeziehung auch langfristig und mit möglichst wenig Reibungsverlusten fortzusetzen.

Einer der wichtigsten Punkte dabei ist, sich im Klaren darüber zu sein, dass es unweigerlich auf beiden Seiten zu einer Reihe von Missverständnissen kommen wird – egal, wie gut man sich vorbereitet hat. Interkulturelle Seminare und Vorbereitungstrainings sind sehr hilfreich, weil sie auf jeden Fall ein gutes Grundwissen vermitteln. Doch man darf nicht dem Irrtum erliegen zu glauben, damit sei alles abgedeckt. Die Verhaltensweisen in anderen Ländern sind oft innerhalb des jeweiligen Landes noch unterschiedlicher ausgeprägt, als es innerhalb Deutschlands der Fall ist, weil es größere Unterschiede zwischen Stadt und Land, verschiedenen Ethnien oder Regionen oder auch Altersstufen und sozialen Klassen gibt.

Es gibt eine Reihe von Gründen für interkulturelle Missverständnisse:

- *Ethnozentrismus*: Die eigene Kultur wird unbewusst als die richtige interpretiert.

- *Unkenntnis*: Das Verhalten der anderen wird mit Mitteln der eigenen Kultur aufgeschlüsselt, obwohl es eine ganz andere Bedeutung hat. So wird zum Beispiel das Lächeln von Asiaten oft als Zeichen der Freundlichkeit und der Zuneigung gesehen, obwohl dahinter auch Verachtung, Trauer, peinliche Berührtheit oder Hass stehen können.

- *Stereotype*: Hier wird Kultur als Summe von Eigenschaften gesehen, die immer und bei all ihren Vertretern gleich sind. So kommt es zu pauschalen Meinungen über »die Deutschen«, »die Muslime«, »die Chinesen«. Dabei kann man tatsächlich immer nur von gewissen Wahrscheinlichkeiten ausgehen und sollte mit Verallgemeinerungen äußerst zurückhaltend sein. So sind die Deutschen zwar im internationalen Vergleich sehr zeit- und pünktlichkeitsorientiert, dennoch gibt es genügend Beispiele von dauerhaft unpünktlichen deutschen Individuen.

- *Idealisierung*: Man projiziert in eine fremde Kultur eigene Wunschvorstellungen. Zum Beispiel erwartet man, dass »die friedfertigen Buddhisten« sich auch der Vorstellung entsprechend verhalten.

- *Herabsetzung*: Sie ist der Gegensatz zur Idealisierung; man setzt eine andere Kultur herab, verteufelt sie, macht sie verächtlich. Beispiele könnten hier »die aggressiven Muslime« oder »die unkultivierten Amerikaner« sein.

Wer sich auf Kontakte im Ausland vorbereitet, kann viel über die andere Kultur lernen und sich selbst kritisch in seiner eigenen Kulturbetrachtung hinterfragen. Viele Situationen werden dadurch leichter verständlich, und Missverständnisse können vermieden werden. Kümmere ich mich also darum, was in einem anderen Land üblich ist, so kann ich leichter mit Situationen umgehen, für die es eine Art festes Drehbuch gibt: Wie genau gibt man Trinkgeld? Wie verhalte ich mich in öffentlichen Verkehrsmitteln? Usw.

Dennoch kann man eine andere Kultur nicht einfach so erlernen. Kultur ist immer etwas, das wir auch unbewusst leben, in ihr drücken sich unsere Werte und unsere Identität aus. Gerade bei Geschäftskontakten, die von intensiven Gesprächen und dem Miteinander leben, gibt es einfach Dinge, die man nicht im Vorhinein berücksichtigen kann. Teilweise, weil sie zu komplex sind, als dass man sie als Ausländer in kurzer Zeit wie ein Einheimischer machen könnte, teilweise, weil die Umstände in verschiedenen Situationen und Personenkonstellationen viel zu individuell und zu unterschiedlich sind, als dass man nach einem festen Plan vorgehen könnte.

Wenn man nun angestrengt versucht, alles wie die Einheimischen zu machen und in kurzer Zeit sämtliche fremden Umgangsformen zu lernen, wird man dennoch viele Fehler machen und vor allem eine merkwürdige Figur abgeben. Authentisch ist so ein Verhalten nämlich auf keinen Fall. Es ist auch nicht wertschätzend, denn es birgt die Haltung in sich, dass die andere Kultur so klar und einfach ist, dass man sie locker überstreifen und wieder ablegen kann wie ein Kleidungsstück.

Wertschätzend und authentisch ist es, sicher in den Umgangsformen zu sein, die generell auf internationalem Parkett gelten, und zugleich zu wissen, welche Verhaltensweisen im besuchten Land auf jeden Fall unangenehm auffallen werden – ein Verhalten also, um das sich Handelsreisende, Diplomaten und Politiker immer schon bemühen. Das Wissen um Tabus und Fettnäpfe ist also viel wichtiger als das präzise Erlernen der japanischen Verbeugung im exakten Winkel oder die genaue Sitzhaltung bei einer typisch japanischen Mahlzeit an einem niedrigen Tisch.

Die Informationen darüber, was als Fehltritt gesehen wird, sind relativ schnell und einfach zu bekommen. Die Handelskammern, Bücher, Reiseführer und das Internet bieten hier gute Unterstützung.

Wer also zum Beispiel erfährt, dass Schmatzen oder Schlürfen in einigen Ländern beim Essen dazugehört, muss das dort trotzdem nicht tun – meistens wissen die Geschäftspartner ohnehin recht gut, dass die Europäer das nicht so halten. Wer aber erfährt, dass zum Beispiel Naseputzen bei Tisch vor Ort ein absolutes Tabu ist, weil es als ekelhaft empfunden wird, der tut gut daran, sich zu diesem Zweck kurz vom Tisch zurückzuziehen und es draußen zu erledigen. Wer weiß, dass es in vielen arabischen Ländern unter männlichen Gesprächspartnern üblich ist, sich im Gespräch zu berühren oder auch einmal die Hand zu fassen, der wird nicht erschrecken oder dem anderen amouröse Avancen unterstellen, wenn ihm das widerfährt. Er muss es jedoch auch nicht selbst initiieren, sondern einfach nur mitmachen. Und wer weiß, dass es in den meisten asiatischen Ländern grob unhöflich ist, dem Gegenüber die Fußsohlen zu zeigen, der tut gut daran, eine allzu lässige Sitzhaltung zu vermeiden.

Wenn sich jemand nun allerdings denkt: »Wenn die Kunden zu uns kommen, dann sollen sie sich gefälligst auch unseren Sitten anpassen, wir tun es ja schließlich auch!«, der irrt erneut. Es geht hier nicht darum, übertrieben ausländerfreundlich zu sein oder mit zweierlei Maß zu messen. Wir sprechen hier weder über Zuwanderer noch über Touristen, sondern über Kunden. Kundenorientierung bedeutet nun einmal, sich am Kunden zu orientieren, an dessen Bedürfnissen und Wünschen. Wer internationale Geschäfte machen möchte, braucht eben noch mehr soziale Kompetenz als jemand, der nur hierzulande tätig ist. Der Wunsch, es dem anderen angenehm und leicht zu machen, die Fähigkeit, dies durch Beobachten und Erfühlen herauszubekommen, die Bereitschaft, sich auch auf Unbequemes einzustellen: Das müssen heute alle mitbringen, die langfristig erfolgreich sein wollen und Kunden nicht nur über den Preis an sich binden möchten.

Eine Reihe von Studien zeigt, dass das Image eines deutschen Unternehmens einer der am meisten unterschätzten Wettbewerbsfaktoren ist. Das gilt innerhalb Deutschlands, und bei weltweiten Geschäften kommt es umso mehr zum Tragen. Des Weiteren wird unterschätzt, wie sehr sich dieses Image nicht nur durch allgemeine Geschäftspolitik und Marketingkampagnen herausbildet, sondern auch durch das Auftreten von Führungskräften und Außendienstmitarbeitern.

Höflichkeit wird von anderen immer als Zeichen persönlicher Souveränität und Wertschätzung wahrgenommen. Dessen muss man sich bewusst sein, auch wenn man nicht immer alles logisch oder gar sympathisch findet, was im anderen Land als gutes Benehmen gewertet wird. Sobald ich mich in einem gewissen beruflichen Kontext befinde, ist es günstig für mich und mein weiteres berufliches Gedeihen, wenn ich mich so benehmen kann, dass es von anderen als stilvoll und höflich empfunden wird, egal, ob ich selbständig oder angestellt bin und ob ich im In- oder Ausland Geschäfte mache.

Um noch einmal zu verdeutlichen, was interkulturelle Missverständnisse sein können, was man in diesem Zusammenhang wissen muss und wann man sich wie gewohnt verhalten kann, stelle ich Ihnen im folgenden Punkt noch einen speziellen interkulturellen Benimmirrtum vor.

Interkultureller Irrtum

Irrtum:

Blickkontakt im Gespräch ist höflich, zeigt Interesse und Selbstbewusstsein.

Richtig ist:

Das ist nicht in allen Kulturen so.

Bei der Begegnung mit anderen Menschen spielen grundsätzliche Dinge wie Lächeln, die Hand geben, Blickkontakt halten, eine Visitenkarten reichen und vieles mehr eine wesentliche Rolle. Die Unterschiede bestehen in der Interpretation: Was genau bedeutet welches Verhalten in welcher Situation? Manche Dinge, die bei uns fest verankert sind, können in anderen Ländern etwas ganz anderes heißen.

Bei uns in Deutschland sowie in vielen anderen Ländern gilt etwa der Blickkontakt beim Grüßen und Begrüßen sowie im Gespräch als höflich und absolut üblich. Wir denken meist gar nicht darüber nach, sondern blicken unserem Gegenüber automatisch in die Augen. Dieses Verhalten ist uns mehr oder weniger in die Wiege gelegt worden, und selbst kleine Kinder bekommen bei uns schon von ihren Eltern zu hören: »Schau mich gefälligst an, wenn ich mit dir spreche!«

Wenn ein Blickkontakt nicht erwidert oder nicht auf-

genommen wird, werten wir das als Desinteresse, Unhöflichkeit oder Schüchternheit. In den meisten mittel- und
westeuropäischen Ländern sowie in den USA sieht man das
ebenfalls so. Nur bei der Länge des Blickkontakts ist man
hier unterschiedlicher Meinung. Ganz anders ist es jedoch
in den meisten asiatischen und in vielen afrikanischen Ländern. Hier gilt ein direkter Blickkontakt, insbesondere ein
längerer, als respektlos und anmaßend. Er wird dort nur von
höheren Hierarchieebenen gegenüber den Untergebenen als
Einschüchterungsmittel benutzt. Ebenso blicken nur die
Eltern ihre Kinder länger an, die Kinder selbst vermeiden
den intensiven Blickkontakt zu Eltern und Großeltern. Somit sind hier schon die ersten kulturellen Missverständnisse
vorprogrammiert. Wir als Geschäftspartner werden sehr
schnell als herrisch und respektlos eingeschätzt, wenn wir
den unbewusst eingesetzten Blickkontakt halten, und wir
wiederum haben oft den irrtümlichen Eindruck, der asiatische Geschäftspartner sei schüchtern oder desinteressiert.

Wie Blickkontakt bewertet wird, ist also sehr kulturabhän-
gig. Besonders wichtig ist es, immer in Erinnerung zu behalten, dass langer Augenkontakt in vielen Kulturen als Zeichen
mangelnden Respekts gilt – also das genaue Gegenteil von
dem, was uns vertraut ist.

Deshalb und wirklich nur deshalb vermeiden viele Asiaten, Lateinamerikaner, Kariben sowie auch eine größere
Anzahl von farbigen Amerikanern aus den Südstaaten beim
Gespräch den Blickkontakt. Von Jugendlichen in den modernen multikulturellen Großstädten weiß man, dass allein
dieser Unterschied zwischen den jungen Leuten aus verschiedenen Ethnien oft zu Missverständnissen und in der
Folge auch zu aggressiven Handlungen führt.

In den arabischen Ländern gibt es hingegen sogar mehr Blickkontakt als bei Amerikanern oder Europäern. Dort sieht man dem anderen – sofern er vom gleichen Geschlecht ist – auch eher direkt in die Augen. Japaner hingegen sehen eher auf den Hals als auf die Augen.

Blicksignale für sich allein genommen sind dennoch oft schwer zu interpretieren. Auch wenn mein Gegenüber aus der gleichen oder einer ähnlichen Kultur kommt wie ich, können verschiedene Beweggründe hinter seinem Blick stehen. Ganze Wissenschaftszweige widmen sich der Erforschung dieses Verhaltens und untersuchen genau, wie oft und wie lange jemand den anderen anschaut, je nachdem, ob er Sprecher oder Zuhörer ist, ob es sich um eine Flirtsituation, ein normales Gespräch oder eine Verhandlung handelt.

Auch wenn bei uns ein langer und stetiger Blickkontakt, der nur von kurzen Unterbrechungen geprägt ist, als höflich gilt, muss ein ausbleibender Blick in die Augen noch lange kein Zeichen von Unhöflichkeit, Desinteresse oder Schüchternheit sein, auch nicht innerhalb unserer Kultur. So befremdlich uns eine solche Situation auch erscheinen mag, das Vermeiden des direkten Blicks kann auch bedeuten, dass das Gesprächsthema für den Beteiligten gerade sehr intim oder schwierig ist oder dass die beiden Gesprächspartner sich mit einem sehr geringen räumlichen Abstand unterhalten. Dies ist eine der wenigen Situationen, in denen auch bei uns ein zurückhaltender Blickkontakt als angemessen gilt. Eine solche Situation haben Sie sicher auch schon erlebt: Man fährt gemeinsam in einem relativ kleinen Aufzug mehrere Stockwerke hinauf. Sind wir nicht gerade in der Begleitung von Familienangehörigen, so stehen wir hier näher zusammen, als wir es sonst tun würden. Um dieses »Zuviel« an Nähe aufzuheben, vermeiden wir unbewusst zu langen Blickkontakt, selbst wenn wir miteinander sprechen.

II
Kulinarisches

Testen Sie Ihr Wissen: Richtig oder falsch?

	Falsch	Richtig	Situationsabhängig richtig oder falsch
Zum Schneckenessen braucht man immer eine Schneckenzange.			
Bei einem Büffet sollte man das Vorlegebesteck nicht an den nächsten weiterreichen.			
Ein Teller, auf dem Speisen liegen, sollte immer direkt vor dem Esser in der Mitte seines Platzes stehen.			
Rotwein wird am besten in der vorherrschenden Zimmertemperatur serviert.			
Auch wenn jemand am Tisch um Salz bittet, reicht man ihm Salz und Pfeffer zusammen.			
Spargel wird wie jedes andere Gemüse mit Messer und Gabel gegessen.			
Risotto wird nur mit einem Löffel gegessen.			
Wein, der keinen echten Korkverschluss hat, verlangt auch nicht nach einem Probeschluck.			
Geschirr wird nie am Tisch übereinandergestapelt – egal, ob zu Hause oder im Restaurant.			
Lippenstiftränder am Glas wischt man nicht ab.			
Das Deko-Obst an einem Cocktailglas kann man immer komplett aufessen.			
Das Messer sollte man während des Essens oft abwischen, damit es immer ästhetisch aussieht.			
Ein höflicher Mensch bedankt sich beim Service, aber nicht für jede erbrachte Leistung.			

	Falsch	Richtig	Situationsabhängig richtig oder falsch
Die Anrede für Kellnerinnen ist mangels Alternativen immer noch »Fräulein«.			
Ein wirklicher Weinkenner hält sein Glas nicht am Stiel, sondern am Boden.			•
Ob man zuerst die Milch oder zuerst den Tee in die Tasse gibt, ist nicht nur eine Frage der Gewohnheit, sondern auch von Stil und Etikette.			
Spaghetti isst man nur mit der Gabel.			
Messerbänkchen am Tisch sind besonders vornehm.			
Zu Käse passt Weißwein viel häufiger als Rotwein.			
Der abgespreizte kleine Finger beim Halten der Tasse ist immer ein Signal für besondere Vornehmheit.			
Ein Löffel, der in einer Teetasse verbleibt, ist ein nonverbales Signal an den Gastgeber.			
Champagnerkorken sollten nicht knallen.			
Eine Kerze beim Dekantieren erfüllt keinen ästhetischen, sondern einen funktionalen Zweck.			
Es ist egal, ob man Wasser, Salz und anderes am Tisch zuerst nach links oder nach rechts reicht.			
Tee- oder Kaffeetassen hebt man immer ohne Untertasse an.			
Speisekarten ohne Preis, sogenannte Damenkarten, sind längst out.			
Bei Fast Food kann man sich von der Etikette erholen, denn hier gibt es keine Benimmregeln.			

	Falsch	Richtig	Situationsabhängig richtig oder falsch
Bei Sektgläsern entscheidet die Form ebenso mit über den Geschmack wie bei Weingläsern.			
Muscheln isst man nur in Monaten mit »r«.			

»Schlüpfrige Scheißerchen ...«

Irrtum:

Zum Schneckenessen braucht man eine Schneckenzange.

Richtig ist:

Es ist ein Unterschied, ob man Weinberg- oder Meeresschnecken vor sich hat.

»Schlüpfrige Scheißerchen«, so nennt Julia Roberts in *Pretty Woman* das, was sie auf ihrem Teller vorfindet, als sie Weinbergschnecken essen soll. Vielleicht liegt es an der Popularität des Films, dass heute fast jeder Schneckenessen erstens mit *Pretty Woman* und zweitens mit Weinbergschnecken in Verbindung bringt. Der Irrtum, dem auch viele Liebhaber exotischerer Gerichte aufsitzen, ist folglich, dass man zum Schneckenessen immer eine Schneckenzange bräuchte. Doch das ist nicht richtig. Es gibt heute eine Zubereitungsform von Weinbergschnecken, für die man diese Zange gar nicht mehr benötigt, und überdies sind Schnecken nicht gleich Weinbergschnecken. Manche Sorten eignen sich gar nicht dafür, mit einer Schneckenzange gegessen zu werden.

Doch zunächst zu den Weinbergschnecken. Die traditionelle Art, nach der auch Julia Roberts' Mahlzeit zubereitet wurde, nennt sich »Schnecken nach Burgunder Art« oder im Original »Escargots à la Bourguignonne«. Hier werden die Schnecken in einer Schneckenpfanne in ihrem Gehäuse serviert. In der Pfanne und im Gehäuse findet sich viel gewürzte Butter, in der die Schnecken gegart wurden. Vor uns als Gast steht ein leerer Teller, darüber, also mehr in Richtung Tischmitte platziert, das heiße Schneckenpfännchen, das Caquelon. Links vom Teller ist die Schneckenzange eingedeckt, rechts außen ein Löffel, rechts innen eine kleine zweizinkige Gabel. Der versierte Esser nimmt als erstes den Löffel und legt ihn in den Teller. Dann kommt die Schneckenzange in die linke Hand. Da die meisten Menschen Rechtshänder sind, erklärt sich auch, warum eine Szene, wie sie Julia Roberts spielt – die die Schnecke nicht richtig greifen kann und diese quer durch das Restaurant schießt –, durchaus realistisch ist. Wer die Schnecke so mit der Zange packt, dass die Zange das gesamte Gehäuse umschließt, ist auf der sicheren Seite. Jetzt nimmt man die kleine Gabel in die rechte Hand und holt damit die Schnecke aus ihrem Gehäuse. Man kann dann die Schnecke direkt von der kleinen Gabel essen. Anschließend gießt man etwas von der Butter auf den Löffel. Jetzt kommt eine große Ausnahme: Normalerweise stippt man an kultivierter Tafel nie mit dem Brot Soße auf – beim Schneckenessen gehört es dazu, denn anders könnte man die flüssige Butter nicht genießen. So kann man nun mit dem dazu servierten Weißbrot (kein Toast!) sowohl die Butter vom Löffel als auch aus dem Schälchen stippen und essen. Manche legen die ausgelöste Schnecke lieber ebenfalls auf den Löffel, gießen ein wenig Butter darüber und essen dann beides vom Löffel. Schnecken in dieser Form sind also kein

Fingerfood, da man die Schalen nicht mit den Händen berührt, sondern alles mit einem speziellen Besteck.

Es gab immer schon Zubereitungsarten, bei denen die
Schnecken bereits ohne Haus auf den Tisch kamen, doch
dann wurden sie meist in einer Soße oder überbacken serviert, also auch ohne die typische Schneckenpfanne. Heute
werden Schnecken zwar oft in der Schneckenpfanne, aber
ohne Haus angeboten. Hier wird die Schneckenpfanne ohne
weiteren Teller direkt vor den Gast gestellt. Logischerweise
gibt es dann keine Schneckenzange und auch keinen extra
Löffel. Man bekommt nur eine Gabel, und auch die ist meist
eine ganz gewöhnliche. So kann man einfach mit der Gabel
in die Vertiefungen des Pfännchens gehen, die Schnecken
aufpicken und mit dem Brot die Butter aus der Vertiefung
aufnehmen.

Ganz anders ist es mit Meeresschnecken. In Deutschland
werden sie ebenso wie in Österreich und der Schweiz nur
gelegentlich in einem italienischen oder französischen Restaurant angeboten, in den Mittelmeerländern selbst findet
man sie hingegen oft – auch in kleineren und rustikaleren
Restaurants.

Von der Größe sind einige dieser Schneckensorten eher
mit unseren klassischen Gartenschnecken vergleichbar, sie
haben aber eine feste, geradezu harte Schale. In einer würzigen Brühe gekocht, kommen sie meist als Teil eines Meeresfrüchtetellers auf den Tisch. Anders als die Weinbergschnecken
werden sie mit den Fingern gegessen. Als besonderes Besteck
gibt es nur eine Art Nadel oder einen Zahnstocher. Man
nimmt ein Gehäuse mit der linken Hand und holt mit Hilfe
der Nadel oder des Zahnstochers die Schnecke aus dem Gehäuse. Je nach Gusto isst man die Schnecke dann sofort oder

löst sich erst mehrere aus, um sie dann mit Messer und Gabel mit den Beilagen zu essen. Hier gibt es deshalb – anders als bei den Weinbergschnecken – auch eine Fingerschale.

Büffet – keine unbegrenzte Freiheit

Irrtum:
Ein höflicher Mensch reicht bei einem Büffet das Vorlege-
besteck an den nächsten weiter.
Richtig ist:
Das Besteck muss jeweils wieder abgelegt werden.

Nicht nur privat, auch bei Veranstaltungen im Beruf und in den Hotels der ganzen Welt werden Büffets immer beliebter. Es ist für viele ein einfacher Weg, die Gäste zufriedenzustellen. Wer im privaten Rahmen einlädt, kann das Essen besser vorbereiten und hat am Abend selbst mehr Zeit für die Gäste. Weniger Stress kommt auch deswegen auf, weil man nicht ängstlich darüber wachen muss, dass alle Speisen zum rechten Zeitpunkt den optimalen Garpunkt erreichen. Gäste, die als Nachzügler eintreffen, können besser integriert werden. Veranstalter für größere Gästemengen sparen bei einem Büffet Personal und haben ebenso wie private Gastgeber weniger Sorge, wie sie Vegetariern, Angehörigen bestimmter Glaubensrichtungen mit Speisevorschriften oder Allergikern gerecht werden. Viele Menschen lieben Büffets, weil sie hier besser ihren persönlichen Neigungen in Menge und Auswahl der Speisen nachgehen können. Andere wiederum bedauern, dass die Gespräche am Tisch oft darunter leiden, dass ein ständiges Kommen und Gehen herrscht.

Es gibt ein paar Grundregeln für Büffets, die zwar nicht

von allen, aber doch von den meisten beherzigt werden. Dazu gehören:

- Ein Büffet muss immer von Gastgeberin oder Gastgeber eröffnet werden. Einfach hinzugehen und sich zu bedienen ist ein grober Fauxpas. Auch ein zu neugieriges Betrachten der Speisen vor der Eröffnung wirkt ziemlich unverschämt und gierig.

- Essen oder Trinken am Büffet oder im Gehen sind tabu. Es ist unschön, führt leicht zum Bekleckern und hat mit Genuss nicht mehr viel zu tun.

- Benutzte Teller sowie das Besteck bleiben auf dem Tisch zurück. Mit benutztem Geschirr sollte man nicht umherlaufen, auch wenn man sich nur einen Nachschlag vom gleichen Gericht holen möchte. Anders kann das durchaus sein, wenn Sie zu einer informellen Party bei Freunden eingeladen sind, denn nicht jeder hat genügend Geschirr, dass sich alle 30 Gäste sechs saubere Teller am Abend holen können. Dann sollten Sie die Gastgeber nicht damit in Verlegenheit bringen, dass Sie Ihr Geschirr immer auf dem Tisch stehen lassen und sich neues holen. Außerdem gibt es hier nur selten hilfreichen Service, der den stehengelassenen Teller abräumt.

- Auf jeden Teller gehören nur die Dinge, die auch wirklich zueinander passen, die wir also so oder so ähnlich auch serviert bekämen. Wer sich hier alles zusammen auf den Teller packt, zeigt nicht nur, dass er ein Banause ist, sondern offenbart auch Unverschämtheit und Faulheit. Denn wer schon zu bequem ist, um noch ein zweites oder drittes Mal zum Büffet zu laufen, von dem ist wohl auch anderweitig nicht viel Engagement zu erwarten.

- Die übliche Speisefolge sollte im Großen und Ganzen ein-
gehalten werden. Das ist keine Versklavung des Indivi-
duums, sondern folgt einfach der Logik. Speisen folgen
bei einem Menü – auch einem Menü in Büffetform – bestimmten Regeln. Die einzelnen Gerichte sollen sich steigern, aufeinander aufbauen und in sich zusammenpassen.
Wer mit dem Schokoladentraum beginnt, für den kann
der Salat mit Entenbrust danach kein großer Genuss sein.
Das mag jeder für sich allein entscheiden – wenn er eben
auch allein isst. Wer jedoch eingeladen ist, sollte sich als
höflicher Gast verhalten und dem Gastgeber zeigen, dass
er dessen Mühe zu schätzen weiß. Auch anderen Gästen
gegenüber sollte Rücksicht gezeigt werden. Der Tischnachbar ist vermutlich nicht begeistert, wenn ihn bei Sorbet
und Käseplatte, bei Dessert und Espresso mit Pralinen der
Duft einer Hummercremesuppe umweht.
- Große Dekorationsobjekte wie etwa eine ganze Wasser-
melone, die unaufgeschnitten und ohne Messer auf dem
Büffet thront, bleiben immer dort stehen, auch wenn sie
sehr appetitlich aussehen. Schließlich wollen auch andere
Gästen diesen Anblick noch genießen.

Das sind also die Grundregeln. Doch auch diejenigen, die sie
kennen und beherzigen, machen beim »Höflich-sein-Wol-
len« Dinge falsch. Ein halbwegs kultivierter Esser ist sich im
Klaren darüber, dass er nichts mit den Fingern nehmen darf,
sondern die dafür vorgesehenen Vorlegebestecke benutzen
muss. Es ist beruhigend zu sehen, dass auch der Gast vor uns
weder eigene Finger noch mitgebrachtes Besteck verwendet.
Ärgerlich jedoch wird es, wenn er uns das Vorlegebesteck
dann mit einem freundlichen Lächeln in die Hand drücken

will. Jeder, der das schon einmal erlebt hat, kennt diesen Moment der Peinlichkeit. Ja, wir möchten auch von dem Meeresfrüchtesalat. Wir versuchen die freundliche Absicht des anderen zu honorieren, aber wir haben den bereits halb gefüllten Teller und ein Stück Baguette in der Hand, und es ist schlicht unmöglich, die beiden Besteckteile aus der Hand unseres Vorgängers mit Leichtigkeit zu übernehmen, ohne dass wir in die Zinken fassen oder etwas herunterfällt. Ein umständliches Hantieren geht also los, das vermeidbar wäre. Wer hingegen eine Wärmehaube am Büffet hochhebt und vor dem Verschließen den nächsten fragt: »Möchten Sie auch von den Karotten?«, handelt zuvorkommend und macht es dem anderen leichter. Doch das Besteck bleibt immer auf dem Büffet, an oder in der Speise liegen und wird nicht weitergereicht.

Die linke Seite

Irrtum:
Mein Teller steht immer schön ordentlich vor mir.
Richtig ist:
Der Beilagenteller bleibt links stehen.

Es gibt ein Grundprinzip bei Tisch, das viele Regeln erklärt: die Symmetrie der Tafel. Jeder schön gedeckte Tisch ist so gerichtet, dass das Arrangement von Geschirr, Besteck und Gläsern für jeden Gast exakt gleich ist. Auch die Tischdekoration sowie Butterschalen oder anderes sind punktgenau gesetzt. Wer modern und kreativ bis ausgefallen dekorieren will, der kann seine Dekoration natürlich anders gestalten und deren Schwerpunkt zum Beispiel an eines der Tisch-

enden setzen, so dass sie dann zum anderen Ende hin aus-
läuft. Wie bei jeder Regel gilt auch hier, dass man sie durchaus brechen kann, wenn man sie nur genau kennt und ihr
Woher und Wozu versteht.

Auch bei asymmetrischer Dekoration wird dennoch bei
jedem Gast genau gleich eingedeckt. Je hochwertiger die
Gastronomie, desto präziser ist alles ausgerichtet. Jedes Messer am Tisch hat dann den exakt gleichen Abstand zum
nächsten Messer und zur Tischkante, jedes Gedeck ist auf
den Millimeter genau gleich weit vom nächsten entfernt.
Nicht nur bei den Abschlussprüfungen der Berufsschulen
und IHKs wird diese Kunst verlangt, es gibt sogar Weltmeis-
terschaften in diesem Fach.

Jeder Gast, der sich nun entscheidet, sein Wasserglas
näher zu sich zu ziehen, weil es ihm so bequemer ist, zerstört
nicht nur diese Arbeit, er stört auch die Symmetrie und damit den Anblick der festlich gedeckten Tafel – den Anblick,
der schließlich für alle gedacht ist …

Wer im Restaurant am Tisch Platz nimmt, findet je nach
Geschmack des Hauses bereits mehr oder weniger Besteck
vor. Selbst wenn »alles« eingedeckt ist, kann es maximal so
aussehen: Rechts des Tellers liegen höchstens vier, links des
Tellers maximal drei Besteckteile. Rechts die Messer und
vielleicht ein Löffel, links die Gabeln. Über dem Teller liegen
heute meist nur die beiden Bestecke, Löffel und Gabel, für
das Dessert. Bei mehr Gängen wird das Besteck vor jedem
neuen Gang nachgedeckt. Lediglich Sonderbestecke werden
manchmal zusätzlich eingedeckt und dann oft schräg ange-
legt. Zusätzlich dazu stehen rechts die Gläser, und links steht
der Brotteller. Ergänzend können eine Fingerschale, ein Grä-
tenteller und ein Brot- oder Salatteller dazukommen.

Es ist nicht nur für die Zusammenstellung eines Menüs, sondern auch für das Arrangement des Platzes und für die Arbeit der Servicekräfte von Bedeutung, ob ein Salat als Beilage oder als eigenständiger Gang, zum Beispiel als Vorspeise, gereicht wird. Ein Salat, der als Beilage gedacht ist, wird auf einem etwas kleineren Teller serviert und links vom Gast, also neben seine Gabeln, gestellt. Meist wird zuerst der Salat gebracht, dann der dazugehörige Gang. Das ist nur logisch, denn der Salat kann ja, anders als der Hauptgang, nicht kalt werden. Wer jetzt einfach seinen Beilagenteller nimmt und ihn vor sich in die Mitte stellt, der zerstört nicht nur das Arrangement der Tafel, er erweist sich auch als Banause und nervt den Service. Der wird nämlich im nächsten Moment mit schweren und heißen Tellern kommen, die möglichst zügig und allen Gästen zugleich serviert werden sollen. Wer dann fröhlich mampfend den Platz für diesen Teller blockiert und vielleicht noch mit dem Nachbarn flirtet, fällt äußerst unangenehm auf. Salat, der als Beilage gereicht wird, ist in keiner Weise dazu bestimmt, vor dem Hauptgang verzehrt zu werden. Salat als Vorspeise wird nämlich direkt vor einen gestellt und dann wieder entfernt, wenn der Hauptgang kommt.

Alles ist relativ

Irrtum:

Rotwein wird am besten bei Zimmertemperatur serviert.

Richtig ist:

Erstens kommt es auf die Art des Rotweins an, zweitens ist die heutige Zimmertemperatur fast immer zu warm.

»Zimmertemperatur«: Bei dieser oft verwendeten Bezeichnungen für die optimale Trinktemperatur von Rotwein entsteht oft Verwirrung. Auch in Zeiten des Energiesparens
liegen die Zimmertemperaturen real gemessen je nach Vorliebe zwischen 17 und 24 Grad Celsius. In Deutschland gibt
es auch dafür Normen: Die mit der sogenannten Raum-Soll-
temperatur verbundenen Werte liegen für Wohngebäude bei
17 bis 18 Grad Celsius, bei Bürogebäuden und Schulen liegt
sie hingegen bei 22 Grad. Klimatechniker und Architekten
ziehen für die Berechnungen der benötigten Heizleistung
in Wohnräumen meist eine Raumtemperatur von 20 bis
21 Grad heran.

Bei Wein ist mit »Zimmertemperatur« die Temperatur
gemeint, die früher in Wohnräumen üblich war: rund 17,
maximal 18 Grad. Alles, was darüber liegt, lässt den Wein
sofort an Qualität verlieren. Unter »Kellertemperatur« hingegen versteht man circa 12 Grad, und »Kühlschranktempe-
ratur« bedeutet etwa 7 Grad Celsius.

Die richtige Temperatur ist neben der Lagerung und der
Kombination mit der richtigen Speise ein entscheidender
Faktor für den Geschmack des Weines. Weine schmecken
langweilig, fad und flach, wenn sie zu warm sind. Jeder Rotwein verliert seinen Geschmack mitsamt allen Nuancen,
wenn er zu warm serviert wird. Wenn Sie zu Hause Wein
trinken, dann sollten Sie darauf achten, dass der Wein lieber
eine Idee zu kühl ist. In den mit Menschen gefüllten Wohnräumen und in der Nähe des Essens erwärmt er sich unweigerlich sehr schnell. Gerade wenn Sie Gäste eingeladen
haben und eine größere Runde im kleinen Esszimmer sind,
sollten nicht alle Weinflaschen, die Sie für das Essen vorgesehen haben, schon neben dem Tisch stehen, sondern mehr-

heitlich lieber in einem Nebenraum, der etwas kühler ist, gelagert sein.

Die folgenden Temperaturangaben können nur als ungefähre Orientierung dienen. In jedem Buch über Wein und von jedem Sommelier werden Sie Meinungen bekommen, die von den anderen jeweils leicht abweichen.

Die besten, gereiften Rotweine	17° bis 18°
Tanninbetonte, körperreiche Rotweine	17° bis 18°
Leichte, fruchtige Rotweine	12° bis 14°
Körperreiche Weißweine mit Holznoten	14° bis 16°
Süßweine	12° bis 16°
Exotische, aromatisch-würzige Weißweine	8° bis 10°
Lambrusco	8° bis 10°
Champagner	7° bis 10°
Leichte, säuerliche Weißweine	6° bis 8°
Rosé	6° bis 8°
Novello, Primeur	6° bis 8°
Schaumweine	4° bis 7°

Kommt Ihr Wein etwas zu kühl auf den Tisch, egal, ob Rot oder Weiß, so lassen Sie ihn einfach einen Augenblick stehen, er wärmt sich meist schnell auf.

Ist ein Weißwein zu warm – vielleicht haben Sie vergessen ihn zu kühlen, oder die Gäste kamen spontan –, so geht es am schnellsten, wenn Sie ihn frappieren, also die Flasche in eine Schale mit einem Kilo gecrashtem Eis, 300 Gramm Salz und einem Liter Wasser stellen. Wissenschaftliche Versuche haben ergeben, dass der Wein auf diese Weise bis zu fünfmal so schnell um einige Grade gekühlt werden kann, als wenn Sie ihn nur auf Eis legen. Weinkenner warnen immer wieder davor, den Wein mit der Methode »15 Minuten in den Tiefkühlkschrank« zu kühlen, da die Qualität hier mehr leidet.

Salz und Pfeffer im Duett

Irrtum:
Fragt jemand nach Salz, bekommt er nur dieses, auch wenn Salz und Pfeffer auf dem Tisch stehen.
Richtig ist:
Salz und Pfeffer werden immer gemeinsam über den Tisch gereicht.

Ob Gewürze auf einem Tisch stehen und welche das sind, ist je nach Restaurant oft sehr unterschiedlich. Manch ein gutes Restaurant bietet zwei oder drei verschiedene Salzsorten an, die immer auf dem Tisch stehen und vom Gast je nach Belieben genommen werden können. In Spitzenrestaurants ist es immer wieder zu erleben, dass gar kein Salz auf dem Tisch steht und die Bitte, dieses doch zu bringen, den Service dazu bringt, die Augenbrauen hochzuziehen und zu kommentieren: »Unser Sternekoch, Herr X, hat diese Speise ganz persönlich abgeschmeckt!« In manch einfacher Gaststätte wiederum kommt niemand und fragt freundlich – wie es oft »beim Italiener um die Ecke« der Fall ist –, ob man noch ein wenig frisch gemahlenen Pfeffer auf das Essen wünscht, sondern dem Gast präsentieren sich Ketchup, Maggi und Senf neben Salz und Pfeffer, und manchmal stehen sogar Zahnstocher in der Menage.

Wenn sich nun Gewürze auf dem Tisch, aber außer Reichweite befinden, dann weiß der kultivierte Esser, dass er sich nicht über den Tisch lehnt oder gar legt, um sich das Gewünschte mit einem Griff über den Teller des Nachbarn zu angeln. Und wenn man nicht gerade inmitten einer lärmenden Truppe in einer Jugendherberge sitzt, wird wohl auch niemand aufstehen, um den Tisch herumgehen und sich das Gewürz an den Platz holen. Eine freundliche Frage an den Nachbarn: »Reichen Sie mir bitte einmal das Salz herüber?« sollte das Problem auf elegantere Weise lösen.

Der Angesprochene zeigt dann, ob er ebenso kultiviert reagiert. Sicher, naheliegend ist, dass man »Gerne!« oder etwas Ähnliches antwortet und einen Griff in Richtung des Gewünschten tut. Doch sofern Pfeffer und Salz zusammen auf dem Tisch sind, sollte auch bei einer Bitte um Salz niemals nur dieses, sondern immer auch der Pfeffer gereicht werden. Beides gehört zusammen, es wird gemeinsam auf den Tisch gestellt.

Im Restaurant geschieht das normalerweise in zwei Gefäßen, die eindeutig zusammengehören, manchmal auch in einer Menage. Wer die Symmetrie der Tafel verstanden hat, der weiß, dass schon aus diesem Grund die beiden Gewürze zusammenbleiben sollten. Doch das ist nicht der einzige Grund. Der erste Tischnachbar könnte nach dem Salzen doch noch das Bedürfnis nach Pfeffer verspüren und müsste dann erneut jemanden ansprechen. Ein anderer Gast in der Runde möchte vielleicht ganz bewusst mit Salz und Pfeffer würzen. Steht dann beides getrennt, so muss er zwei unterschiedliche Esser, die vielleicht beide gerade im Gespräch vertieft sind, stören und seine Bitte zweifach formulieren.

Königlich?

Irrtum:
Spargel darf als König des Gemüses nicht geschnitten werden.
Richtig ist:
Spargel wird heute wie jedes andere Gemüse behandelt.

Angeblich ist Spargel eine sehr alte Gemüsesorte. Es gibt Autoren, die behaupten, dass es bereits im alten Ägypten vor rund 5000 Jahren Spargel gegeben habe. Sie beziehen sich auf Abbildungen, die dies wohl vermuten lassen. Er sei damals als Aphrodisiakum gepriesen worden – wie es auch heute manche noch tun. Doch da Klima und Boden eher ungünstig für Spargel sind, ist das alte Ägypten sicher nicht dessen Ursprungsland – auch wenn der Pharao Echnaton und Nofrete den Spargel in den Rang einer »Götterspeise« erhoben haben. Gesichert ist jedenfalls, dass der Spargel schon vor rund 4000 Jahren in China bekannt war. Dort gibt es auch die meisten unterschiedlichen Spargelsorten innerhalb eines Landes. So wird sich das Gemüse vermutlich seinen Weg durch ganz Asien über Afrika zu uns gebahnt haben. Doch hier in Europa sind ebenfalls frühe Formen des heutigen Kulturspargels bekannt. Der sogenannte Dornenspargel wurde gesammelt und hauptsächlich aus medizinischen Gründen verzehrt. Hippokrates schreibt bereits rund 400 vor Christus darüber. Auch im alten Rom war der Spargel bekannt, hier wurde er sogar schon angebaut und war bei wohlhabenden Römern sehr beliebt. Cato schrieb in seinem Buch *De agricultura* über seine Anbaumethoden, Ernte, Lagerung und Verarbeitung. Es wird vermutet, dass der

Spargel dann über die Kreuzfahrer ins mittlere Europa kam – also sehr viel später. Im 13. Jahrhundert noch meist als Arzneimittel wegen seiner harntreibenden Wirkung eingesetzt, entstanden erst Anfang des 17. Jahrhunderts erste Spargelanbaugebiete im Bereich des heutigen Deutschland. In Frankreich war dies schon deutlich früher der Fall. Doch bis ins 19. Jahrhundert hinein überwog bei uns die Nutzung für Heilzwecke. Spargel war sogar im amtlichen Arzneibuch vermerkt und musste somit in allen Apotheken vorrätig sein.

Wir kennen bei uns heute meist grünen und weißen Spargel und unterscheiden sonst nur nach der Dicke und dem Anbaugebiet. Doch es gibt über hundert Spargelsorten. Das, was bei uns auf den Tellern liegt, nennen der Fachmann und der Besserwisser »Asparagus officinalis«.

Vielleicht hat auch heute noch der eine oder andere Esser seine Gesundheit oder die angeblich aphrodisierende Wirkung im Sinn, wenn er im Mai und Juni Spargel auf heimischen Märkten und Höfen einkauft. Die meisten werden es jedoch aus reinem Genuss tun. Neben allen Arten von neuen Rezepten, die jedes Jahr pünktlich zur Erntesaison erscheinen, bietet so gut wie jedes Restaurant die klassischen Varianten an, die auch bei vielen Hobbyköchen ungebrochen hoch im Kurs stehen: Spargel mit Kartoffeln, zerlassener Butter und Schinken, alternativ auch mit Räucherlachs oder Schnitzel, sind sehr beliebt in Deutschland.

Pünktlich zur Erntezeit tauchen jedes Jahr auch wieder die Fragen und Behauptungen auf, wie denn der Spargel zu essen sei »Spargel darf man nicht schneiden« wird dann immer wieder behauptet, und als Begründung heißt es, er sei schließlich der »König des Gemüses«. Viel revolutionärer Geist steckt in den Deutschen bekanntlich nicht, und einem

König den Kopf abzuschneiden, mag da manchem in der Tat befremdlich vorkommen. Warum es dann aber sittsamer sein soll, ihm den Kopf abzubeißen, bleibt schleierhaft. Vermutlich verbirgt sich dahinter wieder die Idee, dass ein kultivierter Esser generell das Messer so wenig wie möglich zum Schneiden benutzt – nur dann, wenn es unbedingt nötig ist. In allen anderen Fällen dient es zur Stütze. Essen auf dem Teller zu zerkleinern galt tatsächlich in Europa lange Zeit als bäuerische Sitte und barbarisch. Es gibt jedoch kaum eine Möglichkeit, Spargelstangen, die mit flüssiger Butter oder Sauce Hollandaise gereicht werden, auf ästhetische und kleckerfreie Art zu essen, wenn man kein Besteck benutzt. Wer trotzdem gerne mit den Fingern essen möchte, der soll dann aber auch bitte eine Fingerschale zur Verfügung haben. Buttrige Fingerabdrücke auf dem Weinglas haben mit Ästhetik nichts zu tun.

Spargel wird heute ganz normal mit Messer und Gabel zerkleinert. In jedem guten Restaurant wird der Spargel so serviert, dass die Köpfe nach links zeigen. Wer bei ganz klassischer Etikette bleiben will, der isst auch von links nach rechts. Das bedeutet, man fängt mit dem Kopf an und arbeitet sich dann bis zum dickeren Ende des Spargels durch. Die meisten Esser finden das heute jedoch eher befremdlich. Jeder Gourmet und Gourmand weiß, dass sowohl Speise als auch Wein sich steigern sollen. Wäre es umgekehrt, so würde selbst gute Qualität im Vergleich zu der noch besseren, gerade genossenen ja geschmälert werden. Das ist bei Spargel ebenso. Wer mit der aromatischen und zarten Spitze beginnt und dann erst den Rest isst, hat exakt diesen Effekt.

Aus diesem Grund verfahren die meisten Esser heute genau andersherum, sie sparen sich den zarten Kopf bis zum

Schluss auf, ganz nach dem Motto: Das Beste zum Schluss. Auch wenn das nicht streng nach klassischer Etikette ist, kann ich mir nicht vorstellen, dass irgendjemand heute noch Anstoß daran nehmen könnte. Im Zweifelsfall sollte unser Respekt immer dem Koch und dem Essen gelten.

Nach deutscher Art?

Irrtum:
Risotto wird nur mit dem Löffel gegessen.
Richtig ist:
In Deutschland ist es auch korrekt, das Risotto mit einer Gabel zu essen.

Das Risotto (oder auch *der* Risotto) kommt aus Norditalien und wird dort ebenso wie hier in zahllosen Variationen angeboten. Allen Gerichten gemein ist, dass ein spezieller Rundkornreis mit Fett und Zwiebeln angebraten und dann mit unterschiedlichen Flüssigkeiten wie Wein und Brühe abgelöscht wird. Mit Zutaten nach Wahl köchelt das Ganze so lange vor sich hin, bis der Reis noch bissfest ist, aber eine sämige Konsistenz hat. »Rühren, rühren, rühren«, das ist die wichtigste Anweisung in allen Risotto-Rezepten. Die Mailänder sagen, dass Risotto Lebensfreude schaffe und gut sei gegen Kummer jeglicher Art. In jedem italienischen Restaurant kann man Risotto bestellen, in Berlin gibt es sogar ein Restaurant, in dem nur Risotto serviert wird, laut Betreiber das einzige seiner Art in ganz Deutschland.

Nur Banausen machen ein Risotto mit normalem Reis oder Milchreis. Kenner hingegen streiten darüber, ob man eher die Reissorte Arborio, Vialone oder doch unbedingt

Carnaroli nehmen muss. Alle drei Sorten haben die Eigenschaft, dass sie einen harten Kern in einer weichen Schale besitzen. So gelingt es, dass der Reis beim Kochen vom Geschmack des Suds durchtränkt wird, aber dennoch bissfest bleiben kann – anders also als bei normalem Kochreis.

»Risotto alla Milanese« ist eines der bekanntesten Rezepte und wird mit Safran gewürzt und gefärbt. Es gibt einige Legenden darüber, wie dieses Gericht im 15. Jahrhundert entstand. Nicht nur die Rezepte zum Risotto haben sich verändert, auch Nachfolger oder Abwandlungen wie das »Gerstotto« sind entstanden. Beim Gerstotto wird Gerste über acht Stunden lang eingeweicht und dann genauso verarbeitet wie der Reis beim Risotto. Verändert hat sich auch, wie Risotto im Verlauf eines Menüs behandelt wird. Ursprünglich war es ein eigener Gang und konnte sowohl als Vorspeise als auch als Hauptgericht serviert werden. In Italien wird zum Beispiel noch heute das Festmahl der Dogen am Tag des Heiligen Markus am 25. April mit dem »Risi e Bisi«, einer speziellen Risottovariante mit frischen grünen Erbsen, eröffnet. Doch dieser Tage finden wir ein Risotto auch oft als Beilage zu Fisch oder Fleisch.

Mit all diesen Veränderungen – wechselnde Zutaten und andere regionale Anpassungen, eine verschobene Stellung im Menü – hat sich auch gewandelt, wie wir das Risotto essen. Traditionell wird es in Italien mit einem Löffel serviert. Das liegt daran, dass die meisten italienischen Gerichte einen sehr bissfesten Reis aufweisen, der aber in viel sämiger, soßenartiger Konsistenz zubereitet wird. Hierzulande, also in Deutschland und auch in Österreich, wird Risotto jedoch meist nicht in so »flüssiger« Form angeboten. Wer mag, kann es dennoch weiterhin mit dem Löffel essen – es ist schließlich die traditionelle Form. Für viele Deutsche ist jedoch ein Hauptgericht, das kein Eintopf ist, aber mit dem Löffel gegessen wird, befremdlich und gewöhnungsbedürftig. So finden wir auch oft eine Gabel als Besteck dazu. Das ist völlig korrekt und ruft ganz zu Unrecht die Besserwisser auf den Plan, die dann behaupten, das sei »falsch«. Besonders deutlich wird es, wenn Risotto als Beilage serviert wird. Diese Variante ist in Italien unüblich, zwingt uns aber geradezu, mit Messer und Gabel zu hantieren, die wir schließlich für die anderen Bestandteile des Tellers wie Fisch, Fleisch und Gemüse benötigen.

Probieren geht über studieren

Irrtum:
Wein ohne Korkverschluss braucht keinen Probeschluck.
Richtig ist:
Auch ein Wein ohne Korken kann verdorben sein.

Wer in ein Restaurant geht und sich zum Essen nicht nur »ein Viertel vom Hauswein«, sondern eine Flasche bestellt, der erlebt überall ähnliche Rituale, die sich nur in Details unterscheiden. So gehört zum korrekten Servieren, dass der Kellner dem Gast die Flasche zunächst zeigt, um Missverständnisse auszuschließen. Ist es wirklich der Wein, der gewünscht wurde? Dann wird die Flasche am Tisch geöffnet, und dem Gast wird ein Probeschluck eingegossen. Bei einer größeren Runde verkostet der Gastgeber den Wein. Dabei geht es darum, auszuschließen, dass die Flasche einen Mangel hat, beispielsweise durch Kork. Auch ein anderer Weinfehler kann vorliegen, oder die Temperatur weicht von dem ab, was der Gast wünscht. Nicht gedacht ist die Probe als Geschmackstest, um besser auswählen und entscheiden zu können, ob der Wein einem schmeckt oder nicht. Das sollte bereits durch die Auswahl aus der Weinkarte und das Beratungsgespräch geklärt worden sein.

Um es noch einmal deutlich für alle Zweifler zu sagen: Es geht nicht darum, einen Wein zu verkosten, um ihn auszuwählen. Die Entscheidung für einen Wein wird vor dem Öffnen der Flasche getroffen. Man ordert sich ja auch nicht von verschiedenen Gerichten ein Probehäppchen, um dann erst zu bestellen, sondern man studiert die Karte, lässt sich beraten und entscheidet. Natürlich wird ein gutes Restaurant einen gekosteten und dennoch nicht für passend erachteten Wein ohne Wimpernzucken zurücknehmen. Dies gilt aber nur, solange es ein Wein ist, der anderweitig, also auch offen, verkauft werden kann. Sucht sich jemand eine besonders exklusive und teure Flasche aus und lässt sie zurückgehen, dann wird es problematisch. Ebenso schwindet der gute Wille des Kellners, wenn der Gast auch nach der fünften Flasche das Gefühl äußert: »Irgendwie habe ich mir etwas anderes vorgestellt.«

Auch wenn nur in seltenen Fällen tatsächlich Mängel vorliegen, verkosten sollte man den Wein durchaus – das gilt auch, wenn man zu Hause Gäste erwartet. Wer nun eine Flasche öffnen möchte und feststellt, dass diese keinen Korkverschluss hat, muss weder das Gefühl haben, er hätte einen schlechten Wein in der Hand, noch sollte er darauf verzichten, diesen zu verkosten, bevor die Gäste kommen. Hier kann natürlich jeder so viele Flaschen öffnen, wie er möchte, und diese auf Qualität und Geschmack hin so lange überprüfen, bis er die richtige für die Gäste und das Essen gefunden hat. Aufpassen sollte man dann nur, dass man vor lauter Zweifeln und Verkosten nicht schon in weinseligem Zustand ist, wenn die Gäste eintreffen ...

Beim Verkosten im Restaurant geht es im Wesentlichen um zwei Fragen:

- Weist der Wein irgendeinen Qualitätsmangel auf?
- Ist die Temperatur so in Ordnung für mich?

Diese beiden Kriterien sind immer relevant, egal, welchen Verschluss die Flasche hat. Insofern ist es ein Zeichen von mangelnder Kenntnis, ein Verkosten abzulehnen und vielleicht sogar den Kellner darauf hinzuweisen, dass ja gar kein echter Korken in der Flasche sei.

Es gibt heute eine Reihe von Flaschenverschlüssen für Wein: Schraubverschlüsse, Kunststoffpfropfen, Glaskorken oder Stainless Caps, eine Art »Edel-Kronkorken«. Selbst unter Experten wird lebhaft diskutiert, was die beste Lösung sei und welche Art von Verschluss man für Weine nehmen sollte, die noch eine ganze Reihe von Jahren lagern. Wer hier fünf Winzer und fünf Sommeliers fragt, der wird wohl zehn verschiedene Meinungen hören. Eine Behauptung jedoch ist auf jeden Fall falsch: »Nur ein schlechter Wein hat einen Schraubverschluss.« Diese Aussage ist auf keinen Fall richtig, es kann sich durchaus um einen guten Wein handeln. Es wird nur sicher keiner der Spitzenweine sein, deren Flaschen weit über fünfzig Euro kosten können.

Wenn wir nun aber nicht im Restaurant oder zu Hause einen Wein zum Essen wählen, sondern an einer richtigen Weinprobe teilnehmen – sei es bei einem Winzer, im Rahmen eines Seminars oder an einem anderen Ort –, dann gibt es noch eine ganze Reihe weiterer Dinge, die man beachten sollte. Hier geht es nicht nur darum, den unmittelbaren Genuss zu ermöglichen, sondern vielmehr um ein genaues Erschmecken aller Details.

Bei einer Weinprobe sollten die folgenden Bedingungen gegeben sein:

• Möglichst kein Parfüm, Rasierwasser etc. benutzen. Man stört damit nicht nur das eigene Erleben, sondern auch das der anderen.
• Frauen sollten auf Lippenstift verzichten.
• Der Raum muss gut gelüftet sein, damit keine anderen Gerüche stören.
• Die Tische sollten weiße Tischdecken haben, damit sich die Farbe des Weins besser beurteilen lässt.
• Die Gläser sind ohne Schliff und Dekor. Nur so kann der Wein optisch korrekt beurteilt werden.
• Jeder hat ein Spuckgefäß, denn wirkliche Profis speien den Probeschluck aus. Nur so kann auch der letzte Wein der Probe noch objektiv beurteilt werden und wird nicht durch Weinseligkeit »schön getrunken«.
• Die Raumtemperatur darf nicht zu hoch sein, sonst erwärmen sich die Weine zu schnell.

Zuerst geht es an die optische Begutachtung: Das Glas wird schräg vom Körper weg gegen einen weißen Hintergrund gehalten. Das kann die Zimmerwand oder eben die Tischdecke sein. Jetzt wird die Farbe des Weins und sein Fließverhalten im Glas beurteilt.

Der zweite Schritt ist die olfaktorische Begutachtung: Das Glas wird dazu zunächst etwas geschwenkt, damit die

Aromen leichter freigegeben werden. Wirkliche Experten riechen dann aus verschiedenen Entfernungen und auch in der Mitte oder am Rand des Glases verschiedene Duftkomponenten.

Jetzt erst kommt der Probeschluck: Ein Schluck Wein wird in den Mund genommen und langsam über die Zunge geleitet. Der Wein wird ausgespuckt, und nun geht der Profi oder Weinfreund den einzelnen Aromen nach.

Doch wieder zurück zu unserem Probeschluck im Restaurant oder zu Hause. Nicht nur Winzer, auch Sommeliers und selbst Hochschulen streiten darüber, wie groß die Probleme durch Kork in den letzten Jahrzehnten tatsächlich waren und inwieweit Fehltöne im Wein mit anderen Verschlüssen vermieden werden können. Dieser Korkton oder Korkgeschmack, der viele Flaschen ruiniert, wird auch oft »Korkschmecker« genannt. In Österreich hört man auch den Begriff »Stoppler«, und die Schweizer sagen umgangssprachlich »Zapfen«. Doch es gibt noch viele andere Fehler, die ein Wein aufweisen kann, egal, auf welche Weise er verschlossen wurde.

So weiß man, dass ein Fehlton, der an lösungsmittelhaltige Stoffe wie Kleber erinnert, des öfteren in jungen Süßweinen vorkommt. Dieser kann entstehen, wenn die Trauben nach der Lese nicht sorgfältig sortiert werden. Trauben, die schon am Stock verletzt und mit Essigsäurebakterien behaftet waren, haben hier im Zuge der Vergärung mit dem entstehenden Alkohol reagiert. Es gibt aber auch einen Essigton, das sogenannte »Mäuseln«, weiterhin einen Schimmelton, einen Erdton, den Geranienton, Bitterton, Butterton, Schwefelton und noch einige mehr. Von der Lese über den ganzen Verarbeitungsprozess bis hin zur Lagerung können eben Fehler entstehen, die sich dann mehr oder weniger deutlich im Endprodukt bemerkbar machen.

Wenn Sie gerade unsicher werden, ob Sie selbst diese Unvollkommenheiten korrekt erkennen würden, dann sollten Sie wissen: Um wirklich etwas von Wein zu verstehen, braucht man sehr lange. Man muss sich intensiv mit Anbaugebieten, Rebsorten und Ausbaumethoden beschäftigen. Erst dann schmeckt man die verschiedenen Fehltöne sofort heraus. Manch ein Weintrinker, der sich nicht ganz so ausführlich mit dem Thema beschäftigt hat, verdächtigt hin und wieder einen Wein, der einfach eine besondere Note hat, des Fehlers.

Fragt man Kenner, wie man das alles am besten lernt, so hört man den Rat: »Trinken!« Gemeint ist hier sehr wohl das Trinken mit Genuss – aber auch mit Verstand. Das bedeutet, eine bewusste Praxis des Verkostens anzuwenden, die eben gelernt sein will. Sie hat nichts mit dem augenverdehenden Schmatzen zu tun, mit dem man sich bei einer Weinprobe allenfalls als Möchtegern-Kenner erweist.

Sollten Sie sich intensiver mit dem Thema auseinandersetzen, so trumpfen Sie nicht zu schnell mit Ihrem neu erworbenen Wissen auf. Für Kenner ist nichts schlimmer als ein Weintrinker, der sich als Experte ausgibt, aber keine Ahnung hat. Scheuen Sie sich also auch hier nicht, Wissenslücken zuzugeben und sich vom Service oder den Mitarbeitern eines Weinladens professionell beraten zu lassen. Vertreten Sie eine gehörte Theorie über Wein oder Verschlüsse nicht zu selbstsicher – Sie werden garantiert schnell einen Experten finden, der eine gegensätzliche Ansicht vertritt und Sie in Grund und Boden argumentiert. Überdies sollten Sie nicht vergessen, dass man einen Weinkenner nicht mehr so leicht wie früher bei einer bestimmten Personengruppe vermuten kann. Die attraktive Sexbombe, die Sie vielleicht an der Hotelbar ansprechen möchten, könnte sich als wahre Expertin entpuppen!

Wer anfangen möchte, sein Wissen zu erweitern, sollte sich auf jeden Fall mit dem Vokabular vertraut machen. Viele versuchen, einfach nur mit Hilfe der Terminologie schnellen Eindruck zu schinden, was wohl kaum jemals gelingen dürfte. Das Vokabular sollte vielmehr eine Hilfe dabei sein, immer besser zu verstehen, was genau auf den Flaschen steht, und präziser zu erfassen, was über Wein geschrieben und gesagt wird.

Abgang	Nachgeschmack, Nachwirken von Aromen
Adstringierend	Pelziges Gefühl im Mundraum; wird durch Tannine verursacht.
Assemblage	Verschnitt hochwertiger Weine
Ausbau	Beschreibt die Art und Weise, wie der Traubensaft durch unterschiedliche Techniken von der Gärung bis zur Abfüllung zu diesem Wein gemacht wurde.
Auslese	Je nach Land unterschiedlich definierte Bezeichnung für Weine aus vollreifen bis edelfaulen Trauben
Barrique	Fass aus Eichenholz; der Wein wird dadurch etwas kräftiger und erhält einen typischen Vanilleton, oft auch einen rauchigen Geschmack.
Blind-verkostung	Weinprobe, bei der die Namen der Weine in den Flaschen nicht zu erkennen sind.
Blume	Geruch des Weins

Bukett	Fülle der Duftstoffe
Chambré	Temperiert; damit ist meist zimmerwarm gemeint.
Chambrieren	Erwärmen des Weins, meist eines Rotweins, auf Zimmertemperatur (16 bis 18 Grad)
Crémant	(1) Schaumwein, der stärker schäumt als Pétillant, jedoch weniger als Mousseux.
	(2) Französischer Schaumwein, der durch traditionelle Flaschengärung hergestellt wurde, aber nicht aus der Champagne stammt.
Cru	Weinberg, Lage
Cuve close	Verfahren zur Herstellung von Schaumwein in Edelstahltanks
Cuvée	Mischung verschiedener Rebsorten oder Weine, um einen bestimmten Geschmack zu erreichen.
Dégustation	Verkostung, Probieren
Dekantieren	Wein von der Flasche in eine Karaffe umfüllen
Depot	Ablagerung im Wein, Bodensatz
Domaine	Weingut
Dosage	Mischung aus Wein und Zucker oder auch Most, die Schaumweinen zugesetzt wird.
Eiswein	Wein, der aus Trauben hergestellt wird, die am Rebstock gefroren waren; hohe Restsüße.
Erzeuger-abfüllung	Weine, deren Trauben nur aus dem Besitz des angegebenen Weinguts stammen.
Flaschengärung	Methode der Schaumweinherstellung, bei

	der die zweite Gärung in der Flasche statt-findet; auch »Méthode champenoise« ge-nannt.
Frizzante	Italienischer Perlwein, dem künstlich Koh-lensäure zugesetzt wurde.
Frappieren	Wein sehr schnell kühlen; die Flasche wird auf eine Mischung von zerstoßenem Eis, Wasser und Salz gelegt.
Grand Cru	Berühmte Lage eines Weinbergs
Heuriger	Österreichischer Wein des aktuellen Jahr-gangs
Körper	Substanz eines Weines, die durch das Zu-sammenwirken von Frucht, Gerbstoffen und Alkohol empfunden wird.
Méthode tradi-tionelle; Métho-de champenoise	Verfahren der Flaschengärung
Mostgewicht	Bestimmt den Reifegrad der Beeren; wird in Deutschland und der Schweiz in Oechs-le angegeben.
Moussieren	Perlen
Nase	Allgemeiner Geruchseindruck eines Wei-nes
Novello	Italienischer Wein des aktuellen Jahrgan-ges
Oechsle	Messeinheit in Deutschland und der Schweiz für das Mostgewicht des Weins, benannt nach Ferdinand Oechsle.
Önologie	Weinkunde
Oxidation	Chemische Reaktion, bei der ein Wein zu viel Sauerstoffkontakt hat.

Pétillant	Leicht schäumend
Primeur	Jungwein, meistens aus dem Beaujolais, der sechs Wochen nach der Lese schon im Handel ist.
Restsüße	Zuckerrest, der nach abgeschlossener Gärung im Wein bleibt.
Spätlese	Wein mit höherer Restsüße
Spumante	Italienischer Schaumwein
Tannin	Gerbstoff, Gerbsäure
Terroir	Das Zusammenspiel von Klima, Landschaft, Böden und Umgebung eines Weinbergs
Trockenbeeren-auslese	Wein aus edelfaulen Beeren
Verschnitt	Mischung von Weinen verschiedener Sorten
Weinstein	Kristalle, die sich auf dem Boden einer Flasche absetzen können.

Kein schöner Abschluss

Irrtum:
Ist man privat eingeladen, so wartet man mit dem Übereinanderstellen des eigenen Geschirrs, bis alle anderen fertig sind.
Richtig ist:
Geschirr am Tisch zu stapeln, ist immer unappetitlich.

Im ersten *Lexikon der Benimmirrtümer* habe ich ausführlich erläutert, warum man im Restaurant dem Service nicht helfen sollte und warum es für die Mitarbeiter dort keine Hilfe,

sondern eher störend ist, wenn ein Gast seinen Teller an-
reicht, und wann man von dieser Regel eine Ausnahme
machen muss. Dort hieß es auch, ein Fauxpas sei es, das
schmutzige Geschirr im Restaurant auf dem Tisch übereinanderzustapeln. Wenn Sie die Servicekräfte beobachten,
finden Sie das leicht bestätigt. Haben diese mehrere Teller
zu entfernen, stapeln sie sie niemals auf dem Tisch vor den
Augen der Gäste. Sie nehmen die Teller hoch und stellen sie
dann maximal auf dem eigenen Arm oder der Hand über-
einander.

Wenn Sie jedoch schon einmal in einer Jugendherberge
oder einfacheren Gruppenunterkunft waren, haben Sie vielleicht dort im Speisesaal ein Hinweisschild bemerkt mit der
Aufschrift: »Bitte das Geschirr nach dem Essen stapeln.«
Man kann also leicht auf die Idee kommen, die hier gewünschte Praxis wenn schon nicht auf das Restaurant, so
doch auf die private Einladung bei Freunden oder Bekannten zu übertragen. In der besten Absicht, sich hilfsbereit zu
zeigen, beginnt man also, nach dem Essen in der Mitte der
Tafel munter klappernd Türmchen zu bauen.

Dass man einen privaten Gastgeber bei einem Essen fragt,
ob man helfen dürfe, ist durchaus höflich. Doch egal, ob
man dem Gastgeber zur Hand geht oder ob man den eigenen
Tisch für die Familie oder die Gäste abdecken möchte: Geschirr am Tisch übereinanderzustapeln ist nie eine gute Idee,
weil es einfach nicht gut aussieht, weil es unappetitlich ist
und weil es klappert.

Der empörte Kommentar, dass es unhöflich sei, mit dem
Stapeln zu beginnen, wenn andere noch essen, zeigt also,
dass die betreffende Person verstanden hat, dass eine Tischrunde immer auf den letzten wartet. Mehr aber auch nicht.

Kein Kussmund

Irrtum:
Lippenstift-Ränder am Weinglas wischt man dezent ab.
Richtig ist:
Hat man sie erst einmal verursacht, muss man sie hin-
nehmen.

Die meisten Regeln bei Tisch geben Orientierung, wie man sich verhalten muss, damit sich die Gemeinschaft bei Tisch möglichst störungsfrei gestaltet. Es gibt klare Spielregeln für das Zusammentreffen von Gast und Gastgeber, für den Besucher eines Restaurants und das Personal dort. Weiterhin sorgen die Regeln dafür, dass alles am Tisch möglichst ästhetisch ist – und zwar für alle Beteiligten. Jeder, der zum Beispiel durch das Restaurant zu seinem Platz geht und an anderen Tischen vorbeikommt, sollte nichts erleben müssen, was ihm den Appetit auf das bevorstehende Menü verdirbt. Jeder, der in einer Runde von Mitessern an einem Tisch sitzt, darf in dieser Runde nicht von den anderen in seinem Genuss und seiner Freude beeinträchtigt werden. Idealerweise sollten also die Gespräche bei Tisch eher positiv und nicht problembelastet oder polarisierend sein, und der Blick ins Gesicht oder zum Platz des Tischnachbarn sollte möglichst nicht irritieren.

So wird ein kultivierter Esser vor jedem Schluck – egal, ob aus dem Wasser- oder dem Weinglas – jedes Mal seinen Mund abtupfen. Nicht nur für andere, auch für einen selbst ist es kein erfreulicher Anblick, wenn sich beim Dessert am Wasserglasrand die Spuren des siebengängigen Menüs abzeichnen.

Bei Frauen kann es vorkommen, dass sie trotz dieser stil-

sicheren Geste eine Spur ihres Lippenstiftes am Glas wieder-
finden. Wer von den Damen nun weiß, dass das nicht nur
unästhetisch, sondern auch den anderen gegenüber rücksichtslos ist, der kommt in Versuchung, die eigene Spur wieder zu verwischen. Ich werde immer wieder gefragt, wie
man das diskret erledigen könne. Doch wer schon Abdrücke
hinterlassen hat, sollte es nicht noch schlimmer machen. Ein
Herumwischen mit den Fingern oder gar mit einer Serviette,
die dann vom Schoß über den Tisch gezogen wird, lenkt nur
noch mehr Aufmerksamkeit auf den Fauxpas. Hier gilt es
also, die Sache souverän durchzustehen und die Dinge so zu
lassen, wie sie sind. Klug ist es, das Glas dann immer an der
gleichen Stelle zum Mund zu führen. So wird wenigstens
nicht der ganze Rand »verziert«.

Schmackhafte Dekoration

Irrtum:
Bei Deko-Obst am Glas gilt ebenso wie bei Tellern:
Man darf alles essen.
Richtig ist:
Das ist meist weder appetitlich noch ästhetisch
ansprechend.

Die Regel, dass ein Teller heute komplett leer gegessen werden darf und es keinen Anstandsrest mehr gibt, dass alle
dekorativen Elemente wie Blüten auf dem Wildkräutersalat
oder geflochtene Körbchen aus Zucchini-Streifen sowie
kunstvolle Figuren und Gitter aus Zuckerguss durchaus zum
Verzehr gedacht sind, hat sich mittlerweile fast überall
herumgesprochen.

Falsch ist es jedoch, diese Regel von Tellern eins zu eins auf Gläser zu übertragen. Bei vielen Cocktails und manchmal auch bei einem Aperitif finden sich einfache Elemente am Glasrand wie ein Stück aufgesteckte Ananas oder eine Orangenscheibe ebenso wie kunstvolle Obstdekorationen. Viele, die so ein verziertes Glas im Rahmen eines Festes oder eines Empfangs bekommen, fragen sich zu Recht, wie man daraus trinken kann und ob man die köstlich aussehenden Objekte verzehren darf. Mit einem Strohhalm ist das Trinken relativ einfach. Gibt es jedoch keinen solchen, so kann es durchaus passieren, dass die kunstvoll aufgetürmte Kreation mit der Nase kollidiert oder gar ins Auge pikt. Manch ein Barkeeper meint es eben besonders gut. Vielleicht wollte er etwas ganz besonders Schönes schaffen und hat sich keine Gedanken darüber gemacht, dass es hier nicht um das Prinzip »L'art pour l'art« geht, bei dem die Kunst um ihrer selbst willen geschaffen wird und von jeder Nützlichkeit oder Anwendbarkeit befreit ist. Es geht vielmehr um etwas, das konsumiert werden soll, also nicht nur das Auge erfreuen darf, sondern auch benutzbar sein muss.

Der Gast hat hier oft keine andere Wahl: Das Kunstwerk ist mehr als vergänglich, um zu trinken, muss er einen Teil davon entfernen. Wer das Getränk zur Hälfte stehen lässt, da er sonst den Verlust des Augenlichtes fürchtet, tut weder sich noch dem Gastgeber oder dem Barkeeper einen Gefallen. Bitten Sie also um eine kleine Serviette oder einen kleinen Teller, falls es versäumt wurde, dies ohnehin bereitzustellen, und legen Sie ab, was beim Trinken hinderlich ist. Hier geht es nicht darum, die gesamte Deko herunterzureißen, sondern nur das vom Glas zu entfernen, was wirklich stört. Natürlich kann man auch etwas davon essen, wenngleich es nicht der eigentliche Zweck ist. Wer jedoch die halbe Kiwi-scheibe aus der Haut herausknabbert oder eine Orangen-scheibe auslutscht, tut vielleicht seinem Vitaminhaushalt etwas Gutes, den Gästen um ihn herum jedoch sicher nicht. Unklug ist auch, wer von seiner Orangenscheibe oder dem Stück Ananas abbeißt, dann einen wichtigen Gesprächs-partner vor sich sieht und sich ein freundliches Lächeln ver-kneifen muss, da die Obstfasern nun fest zwischen den Frontzähnen stecken. Im Zweifelsfall ist also eher Verzicht angesagt.

Sauber ist nicht immer ästhetisch

Irrtum:
Das Messer soll immer sauber aussehen.
Richtig ist:
Das Messer ständig abzuwischen ist in jedem Fall eine
schlechte Angewohnheit.

Nein, wir sprechen hier nicht über die Kandidaten, die ihr Messer zum Mund führen, um es abzulecken, auch wenn mir immer wieder berichtet wird, dass dies selbst in guten Restaurants zu beobachten ist. Wir sprechen auch nicht über Menschen, die die gruselige Angewohnheit haben, ihr Mes-ser einmal linksherum, einmal rechtsherum am Tellerrand abzustreifen. Vielmehr handelt es sich hier um einen Irrtum, dem viele sonst durchaus kultivierte Esser unterliegen. Man kann häufig beobachten, dass Menschen während des Essens permanent ihr Messer abwischen. Ganz schlimm ist es, wenn dies seitlich an den Zinken der Gabel erfolgt. Doch es ist ein Irrtum, zu glauben, nur dies sei falsch, weil ein unschönes Geräusch entstehen und das Besteck verkratzt werden kann. Auch das Messer am aufgespießten Bissen abzuwischen, ist schlichtweg nicht korrekt.

Die Angewohnheit, das Messer am Tisch säubern zu wollen, kommt aus einer Zeit, als die meisten Menschen es nicht gewohnt waren, sich an einen gedeckten Tisch zu setzen, sondern ihr eigenes Besteck immer mit sich führten. Daher kommt übrigens der Name »Besteck«: von »beistecken«.

Interessant ist, dass im Frankreich des ausgehenden Mittelalters eine ganze Reihe von Messern bei Tisch üblich waren, so zum Beispiel:

- »Le couteau parepain«: zum Abschneiden der Brotrinde; das Brot diente meist als Unterlage, also als Tellerersatz.
- »Le couteau pour le maigre«: um mageres Fleisch zu schneiden.
- »Le couteau pour le gras«: um das Fett zu entfernen.

Auch ein Austernmesser gab es damals schon, und diese Besonderheit hat sich bis heute erhalten und ist international üblich.

In den früheren Manierenbüchern, zum Beispiel in der *Tischzucht* von Dedekind aus dem 16. Jahrhundert, finden sich Zeilen wie: »Auch wenn dir, wo du g'rade bist, was in den Zähnen stecken blieben ist, so zück dein Messer, stich und grübel, so fest du kannst, das ist nicht übel.« Es gab zwar durchaus Zahnstocher, aber den meisten Menschen hierzulande erschienen sie zu affektiert, teilweise auch »verdächtig fremdländisch«. In Frankreich waren Zahnstocher üblich, besonders weit verbreitet aber waren sie schon lange in Teilen Asiens und in allen islamischen Gebieten. Angeblich soll der Prophet Mohammed sogar noch in seiner Sterbestunde danach verlangt haben. Erst im ausgehenden 16. Jahrhundert wurde der Zahnstocher auch bei uns gebräuchlicher, und vornehme Familien besaßen besonders wertvolle und reichverzierte Stücke. Heute ist er wieder »out«, wie man so sagt – doch das bedeutet nicht, dass die Reinigung der Zahnzwischenräume wieder mit dem Messer vorgenommen wird. Heute gilt für alle Tätigkeiten des Reinigens und Pflegens, dass sie fernab der Blicke anderer im stillen Kämmerlein vollzogen werden.

Ob all jene, die gerne ihr Messer bei Tisch reinigen – ob nun mit der Zunge oder der Gabel –, dadurch ihre Affinität zu einer bestimmten Epoche zeigen, ist zu bezweifeln. Die Möglichkeit, das Messer in den Mund zu stecken, sollte jedenfalls nur bei Mittelalterfesten überhaupt in Erwägung gezogen werden, und auch dort bleibt es sicherlich eine ziemlich gefährliche Sache. Wer sein Messer hingegen an der Gabel »wetzt«, zeigt immer schlechtes Benehmen, da dies bei schönem Besteck schlichtweg ein Jammer ist und auch einfachem Besteck nicht gerade gut tut. Die Geste an sich jedenfalls kommt aus einer Zeit, in der das Messer nach Gebrauch entweder an einen anderen Esser weitergereicht oder wieder in ein Etui eingesteckt und dann mitgenommen wurde. Beides ist heute nicht mehr üblich, und damit hat sich auch die Geste erübrigt. Dass ein wenig Soße oder ein paar Krümel von Kartoffeln am Schneidegerät haften bleiben, darf nicht stören, da der Anblick beim nächsten Schneiden oder Zurechtlegen eines Bissens ohnehin wieder anders aussieht.

So wahnsinnig dankbar!

Irrtum:
Ein höflicher Mensch bedankt sich jedes Mal beim
Service.
Richtig ist:
Nicht jedes Abräumen oder Nachschenken wird
kommentiert.

Danken – sicherlich eine der vielen kleinen Gesten, die heute leider zu oft in Vergessenheit geraten. Viele Menschen beklagen sich, dass es schon fast eine verlorene Idee ist, sich für kleinere Dinge zu bedanken, und auch bei größeren bleibt der Dank leider immer häufiger aus. Das fängt beim wildfremden Menschen an, der uns beim Betreten eines Kaufhauses die Tür eben nicht ins Gesicht schmettert, sondern diese für uns aufhält, und geht bis zum Dienstleister, der uns das erbetene Angebot zuschickt. Auch wenn wir uns dagegen entscheiden, ist ein kurzer Dank und eine Nachricht, dass wir es nicht annehmen, eigentlich normal. Eigentlich – denn dieses Verhalten ist auffällig selten geworden.

Geht es um den Service im Restaurant, so erhalten wir im Laufe eines Abends, bei dem es vielleicht ein mehrgängiges Menü gibt und verschiedene Getränke dazu, viele kleine Gesten. Vielleicht wird uns ein schöner Tisch empfohlen, wir werden dorthin begleitet, bekommen den Stuhl gerückt, es gibt eine gute und ausführliche Beratung zu Aperitif und Wein, und der Service geht oft herum, um Wasser und Wein nachzuschenken, Teller abzuräumen und neue Speisen zu bringen. Vielleicht gibt es auch für eine ganze Tischrunde jeweils eine Ankündigung des nächsten Ganges, und wir dürfen ein diskretes und dennoch herzliches Verhalten erleben.

So manch einer fragt sich dann: Wie oft muss ich mich denn bedanken? Jedes Mal? Das scheint die Höflichkeit zu gebieten. Andererseits ist man als Gast ja in Gespräche vertieft, und es wäre ebenfalls unhöflich, diese häufig zu unterbrechen. Es gibt Stimmen, die darauf verweisen, dass man sich gar nicht beim Service bedankt – maximal einmal nach Beendigung des Essens, denn »Personal nimmt man gar nicht wahr«. Das halte ich für eine veraltete Begründung. Bis zum Beginn des 20. Jahrhunderts war es tatsächlich in den meisten Haushalten mit Personal so üblich, dass man die Bediensteten weitgehend übersah und sie ihren Dienst als stille gute Geister verrichteten. Doch auch in dieser Zeit sind wahrhaft feine Menschen immer höflich mit ihnen umgegangen und haben sie nicht wie eine Art vormodernen Roboter völlig ignoriert.

Heute leben wir in ganz anderen Zeiten. Unsere Gesellschaft ist eine der Dienstleistung geworden, in der fast jeder anderen zu Diensten ist.

Richtig ist durchaus, dass gerade guter Service sich bemüht, so diskret wie möglich aufzutreten. Er stört also die Gäste nicht zur unpassenden Zeit mit Geschichten zur Herkunft des Weines, sondern spürt ganz genau, wann sein Fachwissen und sein Kommentar gefragt sind und wann er sich besser zurückhalten sollte. Er versteht sich tatsächlich als Dienstleister, der seinen Dienst tut, indem dass er dafür sorgt, dass die Gäste einen schönen Abend haben und sich rundum verwöhnt finden. Er heischt dabei auch nicht um Anerkennung und Dank, sondern tut es, weil es seiner Arbeitsauffassung und beruflichen Ethik entspricht. Entsprechend

leise tritt er auf, wenn er um den Tisch geht, um nachzuschenken. Er fragt nicht ständig jeden Gast, ob er das Mineralwasser mit Kohlensäure oder ohne bestellt hatte, sondern
merkt es sich und schenkt entsprechend nach. Genauso wird
er ganz selbstverständlich ein sich leerendes Weinglas erneut
auffüllen, wenn er vom Gast kein Signal bekommen hat,
dass dieser keinen Alkohol mehr trinken möchte.

Gerade wenn man also einen so guten Service bekommen
hat, ist es schön zu zeigen, dass man das auch zu schätzen
weiß. Hier wäre es aber aus den oben genannten Gründen
völlig falsch, sich bei jeder kleinen Geste zu bedanken, also
bei jedem Schluck Wasser, der nachgeschenkt wird. Der
Kellner kann sonst den Eindruck bekommen, er sei nicht
diskret genug, sondern habe eher gestört. De facto träte ja
auch eine Störung ein, da der Gast allein wegen des Wassers
viele Male seine Konversation unterbrechen müsste, um sich
zu bedanken.

Schön ist es also, sich weder wie ein Dienstherr des
19. Jahrhunderts zu betragen noch vor Dankbarkeit zu zer-
fließen und dadurch den Abend nicht mehr für den eigent-
lichen Zweck zu nutzen. Bedanken Sie sich bei einer guten
Empfehlung, wenn Sie einen neuen Gang serviert bekommen oder einfach einmal zwischendurch. Das gilt für jeden
am Tisch, und damit reicht es auch. Der Gastgeber sollte
sich auf jeden Fall am Ende des Abends für den guten Service bedanken. Ein gutes Trinkgeld für guten Service gehört
dann selbstverständlich dazu, es ist ja ebenfalls eine Form
der Anerkennung. Wortlos allerdings sollte man es nicht
überreichen. Auch wir freuen uns ja, wenn Kunden nach er-
brachter Dienstleistung ein positives Wort für uns haben
und nicht einfach nur pünktlich bezahlen.

Bedienung!

Irrtum:

Die Anrede für weibliche Kellner ist »Fräulein«.

Richtig ist:

Nicht nur in der Anrede von Damen, auch bei der Adressierung von Personal ist diese Form überholt.

Die meisten Besucher von Restaurants kennen das: Man geht essen, gibt beim Service die Bestellung auf und wartet dann, bis der- oder diejenige wiederkommt und das Gewünschte bringt. Doch wehe, man befindet sich nicht in einem dieser Spitzenlokale, in denen einem jeder Wunsch von den Augen abgelesen wird. Dort muss man sich nicht um den Service kümmern, da immer jemand diskret im Hintergrund ist, ein Auge auf Tisch und Gäste hat und bereitwillig herbeieilt und das Gewünschte ahnt, bevor es ausgesprochen wurde. Hier ist es nicht notwendig, den Service anzusprechen. Doch die meisten von uns kennen eher den Fall, dass man den Service zu sich bitten muss, sei es, weil man noch etwas bestellen möchte oder weil man um die Rechnung bitten will. Wer nun unsicher ist, wie ein Mann angesprochen werden sollte, und völlig ratlos, wie es bei einer weiblichen Servicekraft ist, dem geht es wie fast allen Menschen. Das Problem ist, dass es keine festen Begriffe und keine einheitliche Regelung für die Ansprache mehr gibt. So vermeiden viele die direkte Anrede aus lauter Sorge, es könne falsch und peinlich sein. In den Vereinigten Staaten hätten wir es leichter. Hier ist es in fast allen Restaurants üblich, dass die Servicekraft an den Tisch kommt, die Gäste begrüßt, sich mit dem Namen vorstellt und sagt, dass sie an diesem Abend für die Gäste zuständig sein wird.

Es gibt eine Reihe von guten Restaurants, die das bei uns schon genauso handhaben. In vielen ist es zumindest üblich, dass die Mitarbeiter des Hauses ein Namensschild tragen. Dann ist man als Gast natürlich aus dem Schneider, und wie jeder höfliche Mensch wird man den anderen mit seinem Namen ansprechen. Kennt man den Namen der Servicekraft jedoch nicht, bleibt die Frage nach der korrekten Anrede bestehen.

Lassen Sie uns zunächst einen Blick auf die Frauen werfen. »Fräulein« war tatsächlich lange Zeit in Deutschland die übliche Anrede, gilt heute jedoch als völlig veraltet. Das hat damit zu tun, dass der Begriff an sich heute kaum mehr verwendet wird. Diente der Begriff früher der Unterscheidung von verheirateten und unverheirateten weiblichen Personen, so verfügte bereits 1955 das Bundesinnenministerium, dass in amtlichen Schreiben jede weibliche Person, die das wünsche, mit »Frau« angesprochen werden müsse, und im Jahr 1972 folgte vom selben Ministerium der Erlass, dass der Gebrauch des Wortes »Fräulein« in Bundesbehörden grundsätzlich zu unterlassen sei.

Das kam zur rechten Zeit, denn die Frauenbewegung kritisierte bereits seit einigen Jahren die Verwendung der Verkleinerungsform, in der sich gesellschaftliche Werte und Ideen niederschlügen, die diskriminierend seien. Schon das Neutrum »das Fräulein« wecke die Assoziation, dass unverheiratete weibliche Personen keine Menschen, sondern Sachen seien. Zudem wurde darauf hingewiesen, dass die verschiedenen Bezeichnungen vor und nach der Heirat, die es ja für Männer nicht gibt, den Eindruck erweckt, eine Frau sei erst dann richtig erwachsen, wenn sie verheiratet sei.

Andere Länder und Sprachen schließen sich dieser Argumentation zunehmend an. So ist die Bezeichnung »Mademoiselle« seit 2011 in Frankreich ebenfalls aus amtlichen Dokumenten verbannt. Interessant ist, dass in der DDR der Gebrauch von »Fräulein« für unverheiratete Frauen bis zur Wende üblich war.

Merkwürdig finde ich, dass laut einer repräsentativen Umfrage des Instituts für Demoskopie Allensbach von 2008 nur sieben Prozent aller Deutschen den Begriff »ärgerlich oder abstoßend« finden und fast die Hälfte aller Befragten aussagte, sie verwendeten ihn selbst. Ich kann nur vermuten, dass dies wohl meist im Zusammenhang mit weiblichen Servicekräften geschieht. In diesem Rahmen wird die Anrede irrtümlicherweise noch gebraucht. Eigentlich wird »Fräulein« heute nur noch verwendet, wenn eine weibliche Person das explizit wünscht. Manchmal bestehen ältere Damen darauf, bei der ihnen von klein auf vertrauten Anrede zu bleiben. Sonst ist das Wort nur noch korrekt, wenn es in einem historischen Kontext verwendet wird, also zum Beispiel bei Romantiteln wie *Das Fräulein von Scuderi* von E. T. A. Hoffmann (1819/21) oder auch *Fräulein Smillas Gespür für Schnee* von Peter Høeg (1992), genauso wie bei dem Film aus den fünfziger Jahren *Das Fräulein vom Amt.*

Die Argumentation der Frauenbewegung aus den siebziger Jahren und die Erlasse des Bundesinnenministeriums sollten Grund genug sein, den Begriff nicht mehr zu verwenden und die heute meist sehr gut ausgebildeten Servicekräfte nicht abwertend anzusprechen. Die Mitarbeiterin des Hauses, die uns bedient, hat vermutlich mindestens eine Ausbildung als Restaurantfachkraft oder Hotelfachkraft absolviert und in vielen Häusern noch eine Reihe von Zusatzausbildungen und Weiterbildungen hinter sich. Wer sich die Hierarchie und die verschiedenen Bezeichnungen für die Mitarbeiter im Restaurant ansieht, der kann erkennen, dass ein ganzes System verschiedener Aufgabenbereiche und Zuständigkeiten existiert. Es gibt unter anderem einen Serviceleiter, einen Bankettleiter, einen Restaurantleiter, einen Ersten Oberkellner, einen Stationskellner, einen Jungkellner und einen Sommelier. Wenn es jedoch viel zu tun gibt, muss jeder mit anpacken, und in vielen Häusern muss auch ein Sommelier oder eine Sommelière täglich wie alle anderen die Teller vom Tisch holen – zusätzlich zur Beratung zum Thema Wein.

Doch egal, ob wir eine topausgebildete Fachkraft oder eine Aushilfe vor uns haben – höflich oder auch nur angemessen ist »Fräulein« niemals. Die Anrede mit Namen ist jedoch, wie wir gesehen haben, nur in manchen Fällen möglich. Hin und wieder hört man, dass man »Frau Ober« sagen könne, doch dies hat sich erstens nicht durchgesetzt, und zweitens gilt auch »Herr Ober« inzwischen als veraltet. »Frau Oberin« wiederum ist einfach falsch, denn die steht einem Nonnenkloster vor und bedient nicht im Restaurant.

Die unauffälligste Art, den Service – egal, ob Frau oder Mann – zu sich an den Tisch zu rufen, ist schlicht und einfach zu versuchen, Blickkontakt aufzubauen. Meistens versteht derjenige dann schon, dass seine Anwesenheit gefragt ist. Funktioniert das nicht, so kann man auch einmal kurz den Arm heben – nicht wie in der Schule, wenn man sich meldet, sondern eher in einer Geste, bei der die Hand auf Kopfhöhe ist. Will oder muss ich jemanden ansprechen, so sagt man heute meist direkt, was man will: »Können Sie uns bitte noch eine Flasche von dem Riesling bringen?« oder: »Wir würden dann gerne bezahlen.« Rennen die Mitarbeiter sehr geschäftig durch die Gegend und man muss sich tat-

sächlich durch ein Rufen bemerkbar machen, so eignet sich
ein etwas lauteres »Entschuldigung« am besten. Wenn ich
dies im Seminar sage, empören sich immer wieder einige
Teilnehmer darüber. Man müsse schließlich nicht um Verzeihung bitten, wenn man im Restaurant einen Wunsch
habe oder gar die Rechnung bezahlen wolle. Der Einwand ist
berechtigt – und trotzdem ist es einfach eine Art, auf sich
aufmerksam zu machen, die recht gut funktioniert. Denn
schließlich gilt »Bedienung!« als absolut grob, und fast alle
Servicemitarbeiter hassen es regelrecht, wenn sie mit »Hal-
lo!« gerufen werden.

Ein echter Kenner?

Irrtum:
*Wahre Weinkenner erkennt man daran, dass sie das
Weinglas nicht am Stiel, sondern am Boden festhalten.*
Richtig ist:
Nur bei Weinproben hält man das Glas am Boden.

Auf der Suche nach Orientierung beobachten viele Menschen andere, die sie für Profis halten, ganz genau und versuchen, deren Verhalten nachzuahmen. Das Problem dabei
ist, dass gutes Benehmen wie auch Stil generell – sei es nun
der allgemeine Lebenswandel, die Einrichtung, die Kleidung,
die Sprache oder anderes – nicht einfach aus wilden Versatz-
stücken zusammengebastelt werden kann. Zu echtem Stil
gehört schon ein wenig mehr. Peinlich wird es besonders
dann, wenn sich jemand hier und da etwas abschaut und
dann mit seinem Halbwissen beginnt, andere zu belehren.
So hört man immer wieder, dass die Regel, Stielgläser immer

am Stiel zu halten, gar nicht richtig sei, denn schließlich könne man sowohl Winzer als auch Sommeliers dabei beobachten, wie sie das Glas unten am Fuß anfassen.

Es entspricht der Wahrheit, dass sie das oft tun, und richtig ist auch, dass wir es ihnen durchaus manchmal gleichtun können. Deshalb ist es aber noch lange keine allgemeingültige Regel. Die Idee, ein Glas am Stiel festzuhalten, gilt ja nicht nur für Weingläser, sondern auch für Sekt- oder Wassergläser. Auf diese Weise möchte man vor allem bei alkoholischen Getränken vermeiden, dass sie sich zu schnell erwärmen, wie es der Fall wäre, wenn wir das Glas oben am Kelch fassen würden. Bei besonders hochwertigen Weinen kommt hinzu, dass die Hand beim Trinken möglichst weit von Nase und Mund entfernt sein sollte. So wird gewährleistet, dass Geruchsstoffe von Seife, Parfüm oder Handcreme den Duft und Geschmack des Weines möglichst wenig beeinflussen. Fasst man ein Glas am Stiel, entstehen zudem keine unschönen Fingerabdrücke am Glas. Gerade bei Wein können sie den schönen Anblick seiner Farbe im Glas empfindlich trüben.

Sicher kann all dies auch dadurch erreicht werden, dass wir das Glas unten am Fuß anfassen. Doch abgesehen davon, dass das ziemlich merkwürdig aussieht, ist es bei Tisch schlichtweg unpraktisch. Möchte man das Glas nach jedem Schluck wieder auf den Tisch stellen, ist die eigene Hand im Weg.

Der Grund, warum wir diese Haltung bei manchen Weinproben sehen, liegt ganz einfach darin, dass es bei einer wirklichen Verkostung nicht nur um Duft und Geschmack geht, sondern auch darum, die Farbe des Weines und sein Fließverhalten im Glas zu beurteilen. Dazu hält man das Glas oft ein Stück weit von sich weg, so dass ein weißer Hintergrund und ein optimales Licht zur Beurteilung gegeben

sind. Dieses Hochheben, Drehen und Wenden des Glases
geht sehr gut, wenn dieses nicht am Stiel, sondern unten am
Fuß angefasst wird. Wer solch ein Schauspiel einmal aufmerksam beobachtet, wird aber auch feststellen, dass der
Wein hier gar nicht in ein normales Weinglas kommt, sondern in ein sogenanntes Verkostungsglas.

Heute ist diese Haltung also bestimmten und definierten
Situationen vorbehalten. Doch das war nicht immer so. In
der Mitte des 17. Jahrhunderts wurden Männer von vorneh-
mem Stand, die gute Manieren hatten und dies auch zeigen
wollten, des Öfteren mit einem Glas in der Hand gezeigt, das
unten am Fuß gehalten wurde. So etwa beim »Bildnis eines
Mannes mit Weinglas« von Jan Baptis Weenix (zu sehen in
der Gemäldegalerie der Staatlichen Museen zu Berlin).

Für uns gilt die Regel, ein Stielglas auch tatsächlich am
Stiel zu fassen. Wer darüber hinaus ganz genau sein möchte,
der kann einwenden, dass es trotz allem eine Einschränkung
dieser Regel gibt: Cognacschwenker, die einen kurzen Stiel
haben, werden meist um den Kelch herum gefasst, und auch
ein Pilsglas mit seinem kurzen Stiel kann man kaum präzise
nur dort nehmen. In diesen Fällen beschränkt man sich
meist wie bei Bechergläsern darauf, das Glas im unteren
Drittel in die Hand zu nehmen.

Mif oder Tif?

Irrtum:
Erst kommt die Milch in die Tasse, dann der Tee.
Richtig ist:
*Engländer nennen das »Mif« – »Milk in first« –
und gruseln sich.*

Es soll hierzulande Menschen geben, die ihren Tee ausschließlich in Form von Beuteltee konsumieren. Doch die meisten Teetrinker verstehen sich als Genießer und verwenden losen Tee, der mit gefiltertem Wasser korrekt aufgebrüht wird. Darüber hinaus haben sie verschiedene Kannen für Schwarztee, Früchtetee und Kräutertee im Gebrauch, und viele beschäftigen sich mit der Geschichte und Kultur des Tees.

Ursprünglich kam der Tee wohl aus China. Soweit man weiß, wurde er dort schon vor knapp 5000 Jahren getrunken. Später wurde er in anderen asiatischen Ländern bekannt, und erst über den Umweg Europa, wo die erste Ladung Tee 1610 in Form von grünem Tee landete, kamen die Blätter über die Kolonialmacht England dann nach Indien.

Die Briten entwickelten rasch eine ausdifferenzierte Teekultur, die sich zügig über ganz Europa bis hin nach Russland ausbreitete. Noch heute wird Teetrinken als »typisch britisch« angesehen, dabei liegt das Vereinigte Königreich mit einem jährlichen Konsum von 2,27 Kilogramm Tee pro Kopf weltweit nur auf Platz 9. Angeblich werden dort täglich 196 Millionen Tassen getrunken – vom »Early Morning Tea«, der vor dem Frühstück oft noch im Bett genossen wird, über den wohl bekanntesten »Afternoon Tea« bis zum »High Tea«, einer Mahlzeit, die Nachmittagstee und Abendessen verbindet. Neben diesen auch bei uns bekannten Zeremonien kennen die Engländer noch einige weitere:

- »Low Tea« wird der Afternoon Tea genannt, wenn er nicht wie sonst traditionell üblich am Esstisch, sondern im Salon an einem niedrigen Teetisch eingenommen wird.
- »Cream Tea«: Während der klassische Afternoon Tea drei

Gänge hat, werden bei seiner schlichteren Variante, dem sogenannten Cream Tea, nur Scones, Clotted Cream und Marmelade gereicht.

- »Light Tea« hingegen ist ein Nachmittagstee, zu dem nur einfache Scones oder Gebäck gereicht werden.
- »Royal Tea« ist, wie der Name schon vermuten lässt, eine Luxusvariante des Afternoon Tea, bei dem zusätzlich Champagner oder auch Sherry serviert wird.
- Zu einem Stehempfang kann in England statt Sekt ebenfalls Tee gereicht werden. Man nennt ihn dann »Reception Tea« oder auch »Formal Tea«.

Nur wenige Jahre nachdem die erste Ladung Tee Europa erreicht hatte begann England mit dem Import aus China. Doch der Tee war so teuer, dass er nur für die Oberschicht in Frage kam, und galt schnell als Statussymbol. Queen Anne (1665–1714) soll die Popularität des Teetrinkens gefördert haben, indem sie zum Frühstück statt des üblichen Warmbieres lieber Tee zu sich nahm und freimütig darüber berichtete. Damals wie heute ließen sich viele Menschen vom Beispiel der »Promis« inspirieren und ahmten das Verhalten der Queen nach.

Ursprünglich wurde der Tee in den rund 500 englischen Kaffeehäusern serviert, erst nach 1750 wurden die ersten Teegärten eröffnet, in denen man den Tee im Freien genoß. Interessanterweise durften Frauen die Kaffeehäuser nicht betreten, die Teegärten hingegen standen ihnen offen. So kam eins zum anderen: Orchester spielten, es wurde getanzt, kleine Speisen wurden dazu gereicht, und schon war die Tradition des Tanztees begründet, der allerdings auch zunächst der Oberschicht vorbehalten war. Erst als einige Jahre später die immens hohen Teesteuern gesenkt wurden, schloss sich die Mittelschicht der Sitte des Teetrinkens an. Wiederum einige Zeit später konnten sich auch Arbeiterfamilien dieses Getränk leisten.

Die Geschichte des Tees in Großbritannien, der sich vom Statussymbol zum Massengetränk entwickelt hat, sowie die ausdifferenzierten Zeremonien, Gerätschaften, Geschirrteile und Begrifflichkeiten, die man bis heute kennt, zeigen, dass die Rituale noch immer eine große Rolle spielen. Ganze Handbücher weisen den interessierten Teetrinker auf die richtige Art des Servierens, Einschenkens und Deckens hin. Doch auch weniger an feiner Lebensart interessierte Briten diskutieren immer wieder eine grundsätzliche Frage: »Mif« oder »Tif«? Die Frage, ob man die Milch zuerst in die Tasse gießt und dann den Tee – »Milk in first« (Mif) – oder eben den Tee zuerst, dann die Milch – »Tea in first« (Tif) –, wurde schon in den letzten Jahrhunderten diskutiert und findet sich bis heute nicht nur in den englischen Benimmfibeln, sondern auch in Zeitschriften und Internetforen.

In *Miss Manners' Guide to Excruciatingly Correct Behavior* (2005) schreibt Judith Martin, der Satz »She's rather milk-in-first, dear« beziehe sich auf die Tatsache, dass dieses Verfahren offenbar charakteristisch für das »Personal« war. Die Hausangestellten bestanden wohl schon immer darauf, die Milch vor dem Tee in die Tasse zu geben. Dies stand im Gegensatz zu deren Arbeitgebern, die es geradezu als Upper-class-Signal verstanden, erst den Tee und dann erst Milch in die Tasse zu geben. Auch heute noch wird immer wieder darauf verwiesen, dass die Queen ihren Tee als »Tif« trinke.

Auch wenn das Klassenbewusstsein in England viel höher sein mag als in Deutschland und Unterschiede in der sozialen Herkunft dort deutlicher wahrgenommen und kommentiert werden, bedeutet das im Umkehrschluss nicht, dass bei uns die feinen Unterschiede keine Rolle spielten. Hier wird nur weniger darüber gesprochen. Wenn wir uns über Umgangsformen unterhalten, verwenden wir eher Begriffe wie »passend«, »respektvoll« oder auch »stilvoll« und »elegant«.

Dazu schreibt die englische Benimm-Plattform *www.eti quettescholar.com* »Milch wird nach dem Tee in die Tasse gegeben. Vielleicht haben Sie irgendwo gehört oder gelesen, dass die Milch zuerst kommt, aber bitte, bitte, werte Teeliebhaber, begehen Sie diesen Fauxpas nicht (ein weiterer Grund, in die ›Tea Drinkers' Hall of Shame‹ verbannt zu werden).« Als Begründung wird zunächst auf logische Argumente verwiesen: »Gießen Sie die Milch nicht vor dem Tee in die Tasse, denn dann können Sie die Stärke des Tees nicht mehr anhand seiner Farbe beurteilen.« Doch der Verweis auf ein Klassenmerkmal fehlt auch hier nicht: »Weiterhin müssen Sie sich keine versnobt-kühle Bemerkung anhören wie ›Oh, sie ist also eine von diesen Milk-in-first-Personen‹«.

Dass die Tatsache, dass es einen Unterschied in der Reihenfolge des Eingießens gibt, hierzulande vielen unbekannt ist, mag wohl daran liegen, dass viele Deutsche den Tee eher als »ToM« trinken: Tee ohne Milch. Das hat wohl damit zu tun, dass man hier eher milde Teesorten mag, während die meisten Engländer starke Teesorten wie Assam oder English Breakfast bevorzugen. Die Ostfriesen allerdings trinken gerne starke Sorten und servieren diese mit flüssiger Sahne. Sie wird ebenfalls nach dem Tee vorsichtig in die Tasse gegeben, damit sie möglichst oben bleibt. Wer hier die Sahne zuerst nimmt, outet sich in dieser norddeutschen Region ganz klar als Banause.

Was bleibt, ist die Frage, seit wann dieser Unterschied gemacht wird und warum er überhaupt so bedeutsam ist. Die Erklärung liefert uns Samuel Twining, dessen Namen heute selbst diejenigen kennen, die ihren Tee im Supermarkt kaufen. Er ist einer der Nachfahren von Thomas Twining (1675–1741), der mit der R. Twining & Co. Limited ein Unternehmen gründete, das vom Beginn der europäischen Teekultur bis heute zu den bekanntesten Teeherstellern zählt. Twining erklärte im 19. Jahrhundert den Unterschied beim Eingießen mit der Beschaffenheit des Porzellans. Einfaches Porzellan, wie es einfachere und ärmere Menschen benutzten, war bruchanfälliger. So kam es in den wenig beheizten Räumen wohl durchaus vor, dass eine Teetasse zersprang, wenn frischer, heißer Tee in die kühle Tasse gegossen wurde. Geschirr der Oberschicht war qualitativ besser und hielt mehr aus, und die Räume waren zwar kühler als heute, dennoch aber besser beheizt als die der ärmeren Menschen.

Ob Sie sich nun eher an einem »Upperclass-Signal« oder an einer logischen Argumentation orientieren: Der Tee kommt immer zuerst in die Tasse.

Grobmotorisch

Irrtum:

Spaghetti isst man mit Löffel und Gabel.

Richtig ist:

Spaghetti mit Hilfe eines Löffels zu essen ist immer ein wenig unkultiviert.

Häufig sprechen wir von »Pasta«, wenn wir Nudelgerichte meinen. Nicht nur die Bezeichnung, auch die Formen-, Größen- und Farbenvielfalt der Nudeln haben wir von den Italienern übernommen. Von schwarzen Nudeln, die mit der Tinte des Tintenfischs eingefärbt sind, über rote, die ihre Farbe von Tomaten haben, grüne, die mit Rucola oder Spinat gefärbt wurden, bis hin zu gelben Nudeln, die Safran enthalten, gibt es alle möglichen Spielarten. Die Vielfalt der Formen ist ebenso groß. Bei Jung und Alt besonders beliebt ist – hier wie dort – die Form der Spaghetti. Doch für die Italiener ist das nur eine Bezeichnung für lange bis extralange Nudeln, die zahlreiche weitere Differenzierungen kennt. »Spaghetti alla Chitarra« haben eine viereckige Form, »Spaghetti Rigati« sind geriffelt, »Spaghetti Tagliati« werden für die Suppe gebraucht, »Spaghettini« sind sehr dünne Nudeln, und »Spaghettoni« sind das Gegenteil, sie sind nämlich besonders dick.

Doch egal, welche Art von Spaghetti ein Italiener isst, und ganz gleichgültig, ob er sie nur mit Öl und Knoblauch oder einer raffinierten, üppigen Sauce mit vielen Zutaten genießt: Er würde die Spaghetti niemals zerschneiden, wie man es in deutschen Restaurants immer wieder beobachten kann. Wahrscheinlich läuft bei diesem Anblick nicht nur jedem Italiener, sondern auch jedem Italienfreund und vermutlich jedem Anhänger guten und schönen Essens ein unangenehmer Schauer den Rücken hinunter.

Das Zerschneiden ist die schlimmste Sünde beim Spaghetti-Essen. Fast genauso schlimm jedoch ist das Einsaugen der manchmal aus dem Mund herabhängenden Nudeln. Das Geräusch und die damit verbundenen Spritzer sind eine Zumutung für jeden weiteren Esser am Tisch.

Ganz besonders schlaue Zeitgenossen verweisen darauf, dass sie wegen dieser Spritzer die Serviette in den Hemdkragen stecken oder zumindest die Krawatte nach hinten über die Schulter legen. Man kann sich allerdings auch gleich ein großes Schild um den Hals hängen, auf dem steht: »Ich kann nicht ordentlich essen.« Der weithin sichtbare Effekt wäre derselbe.

Doch selbst wer keine schlechten Tischmanieren hat, begeht leicht einen Fehler. Kennern der Tischkultur vermag dieser oft kaum mehr als ein Seufzen zu entlocken, so weit ist er verbreitet: Es ist unkultiviert, Spaghetti mit Löffel und Gabel zu essen. Das gilt im Ursprungsland der Speise als Kennzeichen für einen Grobmotoriker, der es einfach anders nicht kann. Spaghetti werden nur mit der Gabel gegessen. Man dreht einige Nudeln auf der Gabel, indem man diese am Tellerrand wie eine Art Schraubenzieher bewegt – fertig. Das ist weder besonders schwierig noch besonders anstrengend, es gibt keinen Grund, einen Löffel zu benutzen. Ein typischer Pastateller hat zudem einen etwas höheren Rand, der das Aufrollen zusätzlich erleichtert, doch auch mit einem normalen, eher flachen Essteller klappt es.

Ich werde oft gefragt, warum man denn selbst in italienischen Restaurants einen Löffel zur Gabel gelegt bekommt. Die Antwort ist ganz einfach: Der Service will sich erstens den Vorwurf und zweitens die Arbeit ersparen, dass der (deutsche!) Gast, der anfängt zu essen und seinen Löffel vermisst, sich beschwert und ein solches Instrument verlangt. Werden Sie von einem Italiener bedient, so können Sie ganz sicher davon ausgehen, dass er selbst seine Pasta niemals so essen würde. Wenn Sie das nächste Mal Urlaub in Italien machen, dann achten Sie ruhig einmal unauffällig darauf, wie italienische und deutsche Gäste in einem Restaurant ihre Spaghetti verzehren. Anders als bei Risotto, das bei uns, wie im Kapitel »Nach deutscher Art?« beschrieben, ja oft ganz anders zubereitet wird als in Italien, gibt es bei Spaghetti keine vernünftigen Grund, sie anders zu essen, als es im Herkunftsland Tradition und auch bei uns gute Sitte ist.

Wer in einem Restaurant, wo beides eingedeckt ist, auch beides benutzt, begeht sicher keinen schweren Fehltritt, aber stilsicher und schön ist es nicht. Wenn Sie darauf bestehen, trotz besseren Wissens Ihre Nudeln mit Löffel und Gabel zu essen, dann benutzen Sie bitte den Löffel nur als Hilfe beim Aufdrehen, auf keinen Fall zum Essen. Dass manch einer seine langen Nudeln sorgfältig mit der Gabel aufrollt, das kleine Häufchen dann auf den Löffel drapiert und diesen in den Mund schiebt, ist eine zusätzliche Verschärfung der Unsitte.

Familienstücke

Irrtum:
Messerbänkchen sind besonders vornehm.
Richtig ist:
Messerbänkchen sind ein Relikt aus Zeiten, in denen
Besteck oft Mangelware war.

Nur um Missverständnissen vorzubeugen: Wir sprechen hier nicht über das Hashioki, das in Japan zur Ablage der Stäbchen verwendet wird, auch nicht über ein meist hölzernes Instrument aus der Küche zur sicheren und griffnahen Aufbewahrung der Küchenmesser. Hier geht es um die kleinen Accessoires, die oft wie eine Hürde im Reitparcours in Miniaturformat aussehen und die man immer wieder auf einer meist privaten Tafel findet.

Messerbänkchen sind neuerdings wieder in Mode. Manch einer holt die alten Erbstücke aus dem Schrank hervor, ein anderer kauft sie auf dem Trödel oder beim Antiquitätenhändler, der nächste lässt sich durch das moderne und oft witzige Design eines aktuellen Exemplars im Laden zum Kauf verleiten. Bis vor ein paar Jahren bekam man kaum ein Messerbänkchen zu sehen, allenfalls eingefleischte Sammler oder Familien, in denen dies schon lange Tradition war, benutzen sie. In diesen Tagen begegnet man ihnen wieder auf Schritt und Tritt. Falls Sie selbst schon damit geliebäugelt haben: Überlegen Sie gut, ob Sie so etwas tatsächlich auf Ihrem Tisch haben möchten und zu welchem Zweck Sie es anschaffen.

Ursprünglich sollte das Messerbänkchen nicht – wie oft vermutet wird – dazu dienen, das Besteck während eines Ganges abzulegen. Man benutzte es, um das Besteck bis zum nächsten Gang aufzubewahren, also dann, wenn der Teller eines Gerichtes abgedeckt war und der Gast auf den nächsten Gang wartete, für den es kein frisches Besteck gab. Ohne Messerbänkchen hätte man minutenlang mit dem Besteck in der Hand bei Tisch verharren müssen.

Diese Situation kennen wir heute aber kaum noch. Anders als früher, als Besteck wie alle anderen Gebrauchsgegenstände sehr teuer war und meist länger als eine Generation genutzt wurde, ist es heute zum saisonalen Objekt geworden, das nach Mode, Laune und Geschmack bei großen Ketten gekauft wird. Wenige Menschen sammeln sorgfältig Stück für Stück hochwertiges Geschirr und Besteck und nehmen in Kauf, dass es lange dauern kann, bis ein Set für 12 oder gar 24 Personen komplett ist. Jeder, der heute ein großes Fest veranstaltet, hat die Möglichkeit, sich dafür ein günstiges Be-

steck für die 50 zu erwartenden Gäste bei einem schwedi-
schen Möbelhaus zu kaufen oder gar Plastikbesteck zu erstehen (auch wenn das in puncto Tischkultur eine sehr gruselige Vorstellung ist). Das war früher anders. Selbst wenn
eine bürgerliche Familie, die Wert auf Tischkultur legte, ein
komplettes Set für ein vielgängiges Menü besaß und dieses
sogar für 12 Personen reichte, so gab es doch Familienfeste,
bei denen vielleicht 20 Personen zu Tisch kamen. Für solche
Anlässe wurden dann Messerbänkchen ausgegeben. Möchte
man also ausschließlich sein Lieblingsbesteck für die Gäste
nutzen und reicht dieses nicht für mehrere Gänge, dann
kann man es natürlich ebenso halten.

Liebhaber von Antiquitäten oder Sammler von Messerbänkchen hingegen stellen sie gerne auf den Tisch, weil sie
es schade finden, dass die wundervollen Stücke immer nur
im Schrank oder der Vitrine ruhen. Kommen Sie also an einen Tisch, bei dem die Menükarte ein mehrgängiges Menü
zeigt, auf dem Sie aber vielleicht nur ein oder zwei Messer
rechts von Ihrem Teller sehen, darüber aber ein Messerbänkchen platziert finden, können Sie davon ausgehen, dass
Sie das Besteck mehrfach benutzen müssen. Liegen hingegen mehrere Messer auf dem Tisch, die der Anzahl der Gänge entsprechen, dann können Sie als Gast davon ausgehen,
dass die Bänkchen reine Zierde sind und keinen praktischen
Zweck verfolgen.

Wer noch keine Messerbänkchen hat und sich darin nun
bestätigt fühlt, ist gut beraten, über eine langlebige und für
viele Zwecke sinnvolle Besteckgarnitur nachzudenken. Für
große Runden reicht oft eine entsprechende Anzahl von Löffeln, Messern und Gabeln als Basisausstattung. Nur wenige
brauchen Hummerbesteck oder Gourmetlöffel für 24 Per-

sonen. Dennoch sollten Sie darauf achten, dass das Besteck die Möglichkeit bietet, im Laufe der Zeit im gleichen Design auch Sonderformen anzuschaffen. Viele Sonderformen jedoch gibt es selbst bei den besten Besteckherstellern nicht immer im gleichen Design. So ist es hilfreich, wenn man zumindest ein Besteck hat, das sich gut kombinieren lässt. Je schlichter es ist, desto einfacher gelingt das meist.

Bei den Löffeln gibt es neben den Standardvarianten Tee- und/oder Kaffeelöffel, Dessert- und/oder Kompottlöffel, Suppenlöffel, manchmal auch Suppentassenlöffel, die eine etwas andere Form bieten. Eierlöffel sind meist aus anderem Material, weiterhin gibt es besonders kleine Löffel für Mokka oder Espresso, Löffel mit langem Stiel für Eis oder Latte Macchiato und ein variantenreiches Angebot an Vorlege- besteck: Soßenlöffel, Salatlöffel, Gemüselöffel, Zuckerlöffel und anderes mehr.

Bei den Messern gehört nur das Tranchiermesser zum Vorlegebesteck. Zum Essen haben wir ein kleineres und ein größeres Tafelmesser, eventuell ein spitzes Steakmesser mit Säge, ein Obstmesser und ein Fischmesser, das keine einge- setzte Klinge sowie eine stumpfe Schneide hat.

Gabeln weisen anders als Messer eine große Breite an Vor- legebestecken in verschiedenen Größen und mit einer unter- schiedlichen Anzahl von Zinken auf. Auf dem Tisch finden sich neben den Tafelgabeln in unterschiedlicher Größe Kuchengabeln, manchmal auch besondere Dessertgabeln und natürlich passend zum Fischmesser die Fischgabel, die gegenüber einer normalen Gabel ein kürzeres und breiteres Vorderteil hat.

Wer gerne isst und ebenso gern Gäste dazu einlädt, der braucht auch eine Reihe von Spezial- und Hilfsbestecken:

Kaviarmesser, Kaviarlöffel, Hummergabel, Hummerzange,
Schneckengabel, Schneckenzange, Gourmetlöffel, Fondue-
gabel, Krebsmesser, Austerngabel.

Diese Bestecke kann man natürlich nicht für mehrere
Gänge benutzen. Wer hiervon nicht genug hat, dem hilft
auch ein Messerbänkchen nicht. Die einzigen Optionen:
Nachkaufen oder Ausleihen.

Richtig kombinieren

Irrtum:
Zu Käse trinkt man immer Rotwein.
Richtig ist:
Weißweine passen meist besser, Rotweine eher selten.

Bevor man sich überhaupt dem richtigen Öffnen einer Flasche, der perfekten Temperatur, der angemessenen Art des
Verkostens und der elegantesten Art, ein Glas zu halten,
widmen kann, spielt ein Thema eine Rolle, das die erste zu
nehmende Hürde darstellt: die Auswahl des passenden Weines. Das lässt sich natürlich nicht auf ein paar wenigen Seiten abhandeln. Nicht umsonst erfordert eine Ausbildung
zum Sommelier viel Zeit und Erfahrung, und auch ein privater Genießer arbeitet sein Leben lang, probiert, liest, wer-
tet Erfahrungen aus.

Bei der Auswahl eines Weines geht es immer um die Fra-
ge, wozu er passen soll. Dass die oft erwähnte Idee, weißen
Wein zu weißem Fleisch und Fisch und roten Wein zu rotem
Fleisch zu reichen, so nicht stimmt, habe ich schon im ersten
Lexikon der Benimmirrtümer ausführlich erklärt. So ver-
schieden die Geschmäcker auch sind, so unterschiedlich die

Philosophien auch sein mögen, die wir in Weinseminaren oder von verschiedenen Sommeliers präsentiert bekommen, ein paar Grundregeln gelten immer. So wünscht man sich bei einem mehrgängigen Menü, dass sich Speisen und Wein immer mehr steigern. Ein Wein der Mittelklasse wird nicht mehr munden, wenn vor ihm ein Spitzenwein an der Reihe gewesen ist. Ebenso versucht man zu erreichen, dass sich Wein und Speise ergänzen. Keine der beiden Komponenten darf die andere überdecken, und im Idealfall wird durch die Harmonie und die spezifische Kombination von Speise und Wein geschmacklich etwas Besonderes erzeugt, das mehr ist als die Summe seiner Teile.

Es ist ein weit verbreiteter Irrglaube, dass Rotwein ganz hervorragend zu Käse passt. Er passt manchmal tatsächlich recht gut, die Betonung liegt aber auf »manchmal«. Feine Rotweine werden durch kräftige Käsesorten erschlagen, die kräftigeren Rotweine hingegen lassen zarten und jungen Käse geradezu verblassen.

Dennoch erweist sich das Klischee »zu Käse immer Rotwein« selbst bei vielen Weinfreunden als fast unausrottbar. Wie bei anderen Speisen gilt auch hier, dass ein Wein, der aus derselben Region wie die Käsesorten stammt, eigentlich immer passend ist, egal, ob Rot oder Weiß. Die identischen klimatischen und geografischen Gegebenheiten sorgen dafür, dass die Kombination stimmig ist und harmonisch wirkt. Zudem kann man ein ganzes Stück weit darauf vertrauen, dass das, was sich bei den Menschen dieser Gegend teilweise seit Jahrhunderten bewährt hat, auch funktioniert. Doch in den seltensten Fällen werden wir wohl eine Käseplatte nach einer Region zusammenstellen – meist finden sich ja doch neben heimischen Käsen solche aus Frankreich, Italien, oft auch Griechenland oder den Niederlanden, hin und wieder auch aus England. Bei einer solchen Käseplatte gilt es zu bedenken, dass der Wein sich immer am kräftigsten Käse orientieren muss.

Generell kann man sich an folgende Faustregeln halten:

- Zu einem milden Käse gehört immer ein milder und eher leichter Wein.
- Zu jungem, frischem Käse passt am besten ein spritziger, fruchtiger Tropfen.
- Zu einem säuerlichen Käse lieber einen eher halbtrockenen bis edelsüßen Wein wählen.
- Zu einem vollmundig-würzigen Käse gehört ein vollmundiger, aber tanninarmer Wein.
- Zu Käse, der pikant, fast scharf und gleichzeitig sehr salzig ist, passt nur ein edelsüßer Wein.
- Zu sehr salzigem Käse, der aber nicht zu pikant ist, kann es ein edelsüßer Wein oder ein Wein mit kräftiger Säure sein.
- Je härter der Käse, desto mehr Tannin darf im Wein sein.
- Säurebetonte Weine passen fast nie zu Käse, denn der Käse schmeckt dadurch oft bitter. Nur bei Käsesorten, die sehr cremig und sehr salzig sind, kann auch ein etwas säurehaltigerer Wein passend sein.

Verständlich, dass eine bunte Käseplatte für den Abend mit Freunden nicht zu wild gemixt sein darf – sonst ist es unmöglich, einen Wein zu finden, der wirklich zu allen Sorten passt.

Wer Abwechslung sucht oder für einen spontan veranstalteten Abend nicht das Passende im Keller hat, der kann natürlich auch etwas anderes wählen. Es gibt einige sehr schöne Kombinationen, zum Beispiel Apfelcidre mit weißen Edelpilzkäsen und Käsesorten mit gewaschener Rinde. Kräftiges Pils oder auch ein Altbier kann hervorragend zu Rotschimmelkäse schmecken. Auch bei den etwas hochprozentigeren Kombinationsmöglichkeiten kann man wieder innerhalb einer Region bleiben. So kann ein Calvados zu Käse aus der Normandie ganz köstlich sein.

Gespreizt

Irrtum:
Der abgespreizte Finger an einer Tasse ist Zeichen besonderer Vornehmheit.
Richtig ist:
Das galt im 18. Jahrhundert.

Kaffee ist heute bei den meisten Menschen allgegenwärtig: vom morgendlichen Ritual, der Kaffeetasse neben dem Computer im Büro, dem »Coffee to go« unterwegs im Pappbecher bis hin zum Espresso nach dem Dinner. Man trifft sich mit Freunden irgendwo in der Stadt zu einem Kaffee, der dann meist ein Latte Macchiato oder ein Cappuccino ist, oft versehen mit allen möglichen Geschmackszusätzen. Auch die sonntägliche Kaffeerunde mit der Verwandtschaft gehört bei vielen zu einem ständig wiederkehrenden Ritual.

Den größten Kaffeekonsum der Welt haben die Finnen, gefolgt von Norwegern und den Schweden. So verbraucht jeder Einwohner Finnlands durchschnittlich knapp 8,5 Kilo Kaffee pro Jahr, was insgesamt 1305 Tassen jährlich beziehungsweise 3,6 Tassen pro Tag und Person entspricht. Doch auch bei uns in Deutschland werden im Jahr rund fünf Kilo Kaffee konsumiert, das entspricht knapp zwei Tassen Kaffee am Tag pro Person.

Nur wirkliche Fans des Getränks haben die spannenden Hintergründe und die interessante Geschichte unseres Alltagsbegleiters im Kopf. Das, was uns heute so selbstverständlich erscheint, gibt es noch gar nicht so lange bei uns – zumindest nicht für die Allgemeinheit.

Mehrere Quellen belegen, dass Kaffee bereits Mitte des 15. Jahrhunderts auf der arabischen Halbinsel getrunken wurde. Anscheinend stieg seine Beliebtheit schnell, die anregende Wirkung war willkommen, und anders als alkoholische Getränke war Kaffee für Muslime nicht tabu. Im Schlepptau der Pilger nach Mekka und Medina breitete sich die Bekanntheit des Kaffees schnell über die islamische Welt aus. Doch vermutlich ist der große Durchbruch des Getränks den Türken geschuldet, die im 16. Jahrhundert viele Gebiete eroberten und dann auch 1554 das erste Kaffeehaus in Konstantinopel, dem heutigen Istanbul, ins Leben riefen. 1645 folgte dann Venedig, kurz darauf Oxford, London, Marseille, Amsterdam, Den Haag und schließlich 1672 Paris. In Deutschland wurde in Bremen 1673 das erste Kaffeehaus eröffnet, erst vier Jahre später gab es auch eines in Hamburg. Obwohl heute Wien gerne als »Stadt der Kaffeehäuser« gesehen wird, wurden erst 1685 im ersten Wiener Kaffeehaus Gäste bewirtet.

Zuerst war Kaffee ein Luxusgetränk für die Reichen; Friedrich der Große stellte den Kaffeegenuss im 18. Jahrhundert sogar eine Zeitlang unter Strafe. Erst zur Mitte des 19. Jahrhunderts wurde der Kaffee ein Getränk für breite Schichten. Für die ganz Armen war er auch kein Getränk, sondern wurde als Suppe verwendet, in die man Brotbrocken gab.

Auf verschiedenen Abbildungen aus der Frühzeit des Kaffees in Europa sieht man Adlige und Angehörige des gehobenen Bürgertums beim Kaffeetrinken – quasi als Statussymbol und Erkennungsmerkmal der Zugehörigkeit zur gehobenen Schicht. Auf all diesen Abbildungen kann man sehen, dass die trinkenden Damen und Herren ihren kleinen Finger ein wenig gekrümmt abspreizen.

Auch wenn es hin und wieder so behauptet wird: Das Abspreizen des Fingers kommt nicht daher, dass die Tassen früher so filigran waren und der Henkel so tief angesetzt war, dass man eine solche Tasse gar nicht anders hätte greifen können. Die ersten Kaffeetassen, die mit dem Genuss von Kaffee ja überhaupt erst aufkamen, hatten gar keine Henkel. Die Schichten, die den Kaffee zuerst kannten und durch Geld und Kontakte auch an ihn herankommen konnten, haben ihn aus einer henkellosen Tasse mit tiefer Untertasse getrunken. Im 18. Jahrhundert wurde der Kaffee in die Untertasse gegossen, damit er dort abkühlte, dann wurde aus der Untertasse getrunken. Diese Praxis behielt man nicht lange bei, denn schon im 19. Jahrhundert gab es zunehmend Henkeltassen, die Untertassen wurden flacher, und der Kaffee wurde direkt aus der Tasse getrunken. Nur Menschen niederen Standes und Provinzler, die keinen Zugang zur aktuellen Mode hatten, versuchten immer noch, die früheren Sitten des Adels nachzuahmen – ohne zu ahnen, dass sie sich bei ihrem »vornehmen Verhalten« lächerlich machten.

Die Beschaffenheit der Tasse liefert also keine Begründung für das Abspreizen des Fingers. Es gibt aber verschiedene Theorien, die es zu erklären versuchen. Die eine besagt, dass man eine heiße Tasse ohne Henkel einfach nicht mit allen Fingern anfassen wollte, was sicher eine logische Berechtigung haben mag. Doch es gibt auch die Theorie, dass es unter vornehmen Leuten eine Zeit lang üblich war, den Nagel des kleinen Fingers wachsen zu lassen, um zu zeigen, dass man es nicht nötig hatte, mit den Händen zu arbeiten. Wieder andere weisen darauf hin, dass der kleine Finger mit dem langen Nagel gerne zum Kratzen benutzt wurde, denn für das Waschen konnte man sich damals ja nicht sonderlich begeistern. Welche Theorie auch immer stimmen mag – nichts davon hat heute mehr Bestand. Schon im 19. Jahrhundert galt diese Geste als veraltet. Heute ist sie nicht nur das, sie wird eindeutig als maniriert und peinlich empfunden.

Regionalkultur

Irrtum:
Nach Hinzugabe von Milch oder Zucker in Kaffee oder Tee bleibt der Löffel in der Tasse.
Richtig ist:
Das ist allenfalls eine regionale Besonderheit zum Ende des Tees.

»Warum haben die Ostfriesen immer ein blaues Auge? Weil sie vergessen, den Löffel aus der Tasse zu nehmen.« Ich vermute, dass die echten Ostfriesen über diesen Witz nur müde lächeln können, zeigt er doch, dass der Erzähler nichts verstanden hat. Ostfriesen vergessen den Löffel nicht in der Tasse, sondern legen ihn bewusst in die Tasse zurück, wenn sie signalisieren, dass sie nicht mehr daraus trinken möchten. Vorher würde weder ein Ostfriese noch ein Teefreund, der die ostfriesische Art des Teetrinkens schätzt, einen Löffel in die Tasse geben – das gilt vielmehr geradezu als Todsünde.

Vielleicht stammt die Vorliebe der Ostfriesen für heißen, süßen Tee daher, dass es so oft nass und kalt im deutschen Norden ist. Jedenfalls trinken sie rund zwölfmal so viel Tee, insgesamt knapp 300 Liter pro Jahr, wie der durchschnittliche Bundesbürger.

Doch Tee wird dort nicht nur oft getrunken, er wird auch traditionell stark zubereitet. Von einer kräftigen Sorte wird pro Tasse ein Löffel Teeblätter verwendet, ein weiterer Löffel wird »für die Kanne« hinzugefügt. Nach dem Ziehen in einer Servierkanne wird der Tee zu den Gästen gebracht; diese warten, bis die Gastgeberin – so will es dort der Brauch – einschenkt. Drei Tassen müssen getrunken werden, weniger gilt als unhöflich. (»Drei ist Ostfriesenrecht«, sagt man.) Ein Stück Kandis kommt zuerst in die Tasse, der Kenner genießt dann das Knistern, wenn der heiße Tee darübergegossen wird. Dann wird mit einem speziellen Löffel flüssige Sahne über den Tee gegeben. Auch hier spielt unter den Genießern nicht nur der Geschmack, sondern auch das optische Erlebnis eine Rolle, wenn sich die Sahne in kleinen Wölkchen ausbreitet und mit dem Tee vermischt.

Umrühren ist banausenhaft, denn der Ostfriesentee will in drei Stufen genossen werden: erst die sanfte und sahnige Oberfläche, dann die herbere mittlere Schicht und schließlich der süße Schluss, den manche den »Ostfriesenkuss« nennen.

Die Teezeiten, die Zubereitung und der Genuss sind also stark ritualisiert und gehören zur Identität und zum Kulturgut dieser Region. Das musste auch Friedrich der Große lernen, der 1777 auch den Teegenuss verbot und schon zwei Jahre später durch die bis heute sprichwörtliche Sturheit der Ostfriesen gezwungen wurde, diesen Erlass wieder aufzuheben.

Wer also seine drei oder mehr Tassen getrunken hat, der nimmt nun seinen eigenen Löffel – den er vorher ja nicht unbedingt gebraucht hat, denn Kandis hat sein eigenes Besteck, ebenso wie die Sahne – und stellt ihn in die Tasse. Wer das nicht tut, der signalisiert damit nonverbal, dass er noch mehr trinken möchte. Nachdem das Eingießen des Tees als »Hoheitsrecht der ostfriesischen Frau« gilt, würde der Gast es ja niemals selbst tun. Wer also zu Besuch dort oben ist, der sollte diese Sitte kennen, sonst gibt es Tee, Tee und noch mehr Tee …

Doch diese Sitte ist erstens nur in Ostfriesland üblich, und zweitens hat sie nichts mit der Unsitte zu tun, den Kaffee oder Tee umzurühren, den Löffel dann in der Tasse zu lassen und zu trinken. Grundsätzlich gilt: Ein Löffel wird nie in einer Tasse oder einem anderen Gefäß gelassen, auch nicht in einem Eisbecher oder in einer Suppentasse – weder während des Essens oder Trinkens noch wenn man eine kurze Pause einlegt oder danach. Denn sonst würde es wohl tatsächlich manch ein blaues Auge geben, und zudem besteht immer die Gefahr, dass man gegen das herausragende Löffelende stößt und damit die Tasse oder den Becher umkippt.

Übrigens: Den Löffel in einem Eisbecher oder einer Suppentasse stecken zu lassen gilt auch in Ostfriesland als unfein.

Plopp oder Peng?

Irrtum:

Champagnerkorken müssen knallen.

Richtig ist:

Das ist schade um den guten Tropfen ...

Die Redewendung »die Korken knallen lassen« ist zwar ein Synonym für ausgelassenes Feiern, dennoch ist das tatsächliche Knallenlassen beim Öffnen einer Flasche Schaumwein eine eher neureiche Angewohnheit. Natürlich sehen wir eine sehr ausgeprägte Version dieses Verhaltens bei der Siegerehrung von Formel-1-Fahrern oder auch bei Schiffstaufen. Doch der Unterschied zu normalen Anlässen besteht darin, dass der Champagner oder Sekt weder bei der Formel 1 noch bei einer Schiffstaufe tatsächlich getrunken wird. Möchte man den Korken richtig knallen lassen und einen Menschen, ein Schiff oder was auch immer damit duschen, dann schüttelt man die Flasche vorher, damit es besonders schön knallt und das Getränk nicht nur leicht aus der Flasche schäumt, sondern sich in einer schaumigen Fontäne ergießt.

Wer den Inhalt der Flasche aber trinken will, dem ist damit nicht gedient. Die Winzer geben sich viel Mühe, dass das Getränk nicht nur perlt, sondern fein moussiert. Ein halb schäumender Sekt steht deshalb auch nur unter einem Druck von 4,5 bar, ein normaler Sekt steht unter 5 bar, und sogenannte Grands Mousseux zeigen starke 5,5 bar. Wer also genießen will, sollte seine Flasche lieber mit Umsicht öffnen, damit erstens kein Tropfen verloren geht und zweitens der Geschmack erhalten bleibt.

Was ist der Unterschied zwischen »alkoholischem Spru-

del« und Champagner, Crémant oder Cava? Champagner
darf sich ein Schaumwein nur nennen, wenn er tatsächlich
aus dem Anbaugebiet Champagne kommt – egal, wie gut
oder schlecht der Tropfen ist. Champagner wird ebenso wie
Crémant oder Cava und auch deutscher Sekt, der den Aufdruck »Flaschengärung« trägt, nach der gleichen Methode
hergestellt. Sie wird auch »Méthode champenoise«, »Méthode traditionnelle« oder »Champagnermethode« genannt.
Hier findet die zweite Gärung in der Sektflasche selbst statt.
Dieses Verfahren ist für die Herstellung von Champagner,
Crémant und Cava zwingend vorgeschrieben.

Dafür wird der Sektgrundwein mit der sogenannten
Tirage (Zucker und Hefe) versetzt und dann in die Sektflasche gefüllt, die zunächst noch mit einem Kronkorken
verschlossen wird. Bei der dann einsetzenden Gärung wird
der Zucker durch die Hefen in Kohlensäure und Alkohol
umgesetzt. Nach einer bestimmten Lagerzeit muss die Hefe
in Richtung des Flaschenhalses gebracht und dort gesammelt werden. Dazu gibt es spezielle Rüttelpulte, lange Bretter
mit Löchern. Die Flaschen werden dort mit dem Hals schräg
nach unten hineingesteckt und entweder per Hand oder
maschinell gerüttelt. Anschließend muss der Hefepfropfen
entfernt werden – natürlich möglichst so, dass die ganze
Hefe, aber nichts vom Getränk die Flasche verlässt. Dieses
sogenannte Degorgieren wird meist mit Kälte gemacht: Der
Flaschenhals wird wieder entweder von Hand oder maschinell durch eine Art Eisbad geführt, dann wird der feste
Pfropfen entfernt. Doch die Arbeit ist noch nicht zu Ende.
Durch die fehlende Hefe fehlt ja nun auch etwas Volumen in
der Flasche, das aufgefüllt werden muss. Dafür nimmt man
eine Mischung aus Wein und Zuckersirup, und auch dafür

gibt es einen entsprechenden französischen Namen: die Dosage. Mit dieser wird dann auch letztendlich der Süße- grad bestimmt. Nur eine Aufschrift wie »Brut Nature« be- sagt, dass nichts hinzugefügt wurde.

Je nach Restzuckergehalt pro Liter gibt es verschiedene Bezeichnungen für die Süße des Schaumweins:

Bis max. 3 g	Ultra Brut, Brut Nature
Bis max. 6 g	Extra Brut
Bis max. 15 g	Brut
12 bis 20 g	Extra Sec
17 bis 35 g	Sec
35 bis 50 g	Demi Sec
Mehr als 50 g	Doux

Sie sehen: Es sind viele Arbeitsschritte und viel Wissen nötig, damit aus dem Traubensaft Champagner wird, vor allem, wenn dies nicht maschinell, sondern noch von Hand ge- macht wird. Und diese viele Mühe, diese Kunst und Könner- schaft sollen dann durch einen Korkenknall entsorgt werden? Wundern Sie sich nicht, wenn das nicht jeder »cool« findet. Wer eher den Genuss als die Show sucht, wird so eine Flasche mit Liebe und Sorgfalt in zehn Schritten wie folgt öffnen:

1. Die Flasche sollte gut gekühlt sein, so vermeidet man, dass der Korken sich selbständig macht. Wer keine ge- kühlte Flasche vorrätig hat, weil sich vielleicht spontaner Besuch oder ein überraschender Grund zum Feiern ein- stellt, kann mit ein wenig Zeitvorlauf die Flasche in eine Kühlmanschette oder in einen Flaschenkühler geben. Wenn es noch schneller gehen muss, kann man auch die

Methode des sogenannten Frappierens anwenden (vgl. »Alles ist relativ«, S. 146 f.). Champagnerflaschen, die über Stunden hinweg in einer Eis-Wasser-Suppe schwimmen, verlieren wieder an Qualität.

2. Nehmen Sie die Flasche aus der Kühlung und trocken Sie sie vorsichtig ab. Wer dies vor den Augen der Gäste tut, wird dafür nicht ein altes Küchenhandtuch, sondern eine weiße Serviette nehmen. Mit dieser können Sie dann auch die Flasche während des gesamten Öffnungsvorgangs festhalten. Wir sprechen hier über Champagner – den sollte man von Anfang bis Ende zelebrieren.

3. Achten Sie darauf, dass Sie die Flasche immer so halten, dass der Korken nicht nur von Ihnen, sondern auch von allen Gästen, der Glasvitrine oder dem teuren Bild an der Wand wegzeigt.

4. Halten Sie die Flasche am besten leicht schräg.

5. Entfernen Sie die Stanniolkapsel, die alles umhüllt. Nehmen Sie nur so viel weg wie unbedingt nötig.

6. Öffnen Sie den Drahtkorb durch Abdrehen der Schlinge und weiten Sie den Draht ein wenig. Den Daumen sollten Sie zur Sicherung des Korkens immer obenauf ruhen lassen.

7. Ist der Drahtkorb offen, belassen Sie ihn noch vor Ort. Manche entfernen den Drahtkorb zuerst und drehen dann den Korken heraus. Profis schwören aber darauf, dass sich der Korken leichter fassen lässt, wenn der Draht noch lose darumgelegt ist.

8. Fassen Sie mit der linken Hand den Korken und drehen mit der von der Serviette geschützten rechten Hand die Flasche. Der Korken löst sich nun und kommt mit einem sanften »Plopp« aus der Flasche.

9. Auch bei Sekt, Champagner und Prosecco ist wichtig: lieber wenig eingießen und mehrmals nachschenken. Nur so bleibt das Getränk in einem optimalen Zustand.

10. Achtung: Beim Einschenken schäumt das Getränk erst schnell auf. Deshalb wartet man kurz ab, bis der Schaum sich gesetzt hat, und füllt dann das Glas langsam zu zwei Dritteln des Glasvolumens auf. Man kann auch in jedes Glas erst einen Schluck geben und dann im zweiten Durchgang die gesamte Gläserreihe auffüllen.

Man kann natürlich eine Champagnerflasche auch mit einem Säbel öffnen – das spart den Umgang mit dem Korken; es gibt tatsächlich Menschen, die das beherrschen. Wer angeben will, der spricht dann auch noch von »sabrieren« und nicht von »köpfen«. Ich empfehle es ausdrücklich nicht zur Nachahmung.

Übrigens: Champagnerflaschen werden gelegentlich in verschiedenen Flaschengrößen angeboten. Bei Wein gibt es diese große Auswahl nicht. Champagnerflaschen gibt es als:

Piccolo	0,2 Liter
Demi/Filette	0,375 Liter
Imperial	0,75 Liter
Magnum	1,5 Liter
Jeroboam (Doppelmagnum)	3,0 Liter
Rehoboam	4,5 Liter
Methusalem	6,0 Liter
Salmanazar	9,0 Liter
Balthazar	12,0 Liter
Nebukadnezar	15,0 Liter
Melchior	18,0 Liter

| Souverain | 26,25 Liter |
| Primat | 27 Liter |

Da die Herstellung mit ansteigender Flaschengröße auf-
wendiger und somit immer teurer wird, steigt der Preis nicht
nur zur proportional zum Inhalt. Je größer die oben aufge-
führten Flaschen, desto seltener sind sie deshalb auch zu finden.

Umso wichtiger ist also auch das perfekte Öffnen. Zum
Üben, ob mit oder ohne Säbel, sollte es freilich vielleicht
lieber doch ein normaler Sekt in Standardgröße sein.

Licht ins Dunkel bringen

Irrtum:
Die Kerze beim Dekantieren ist nur Show.
Richtig ist:
*Man braucht sie nur selten, doch dann erfüllt sie einen
Zweck.*

Weinexperten streiten sich heute über vieles, und legt ein
Experte eine neue Publikation vor, so verweisen andere
gleich auf Untersuchungen, die genau das Gegenteil bewei-
sen. Einer der umstrittensten Punkte unter ausgewiesenen
Weinexperten ist das Dekantieren, um den Wein zu belüf-
ten. Noch kontroverser als dieses Thema werden wohl nur
die diversen Instrumente diskutiert, die für den Flaschenhals
gedacht sind und das Dekantieren zur Sauerstoffanreiche-
rung überflüssig machen sollen.

Dennoch, viele Menschen, die gerne Wein trinken, haben
zu Hause auch eine Karaffe. Manch einer nutzt sie einfach,

weil es schöner aussieht, wenn der Wein nicht in einer Flasche auf dem Tisch steht. Doch die meisten nutzen sie für ihren ursprünglichen Zweck und dekantieren den Wein, damit er sich mit Sauerstoff anreichert. Hin und wieder will auch ein Genießer, dass sich das Depot am Boden der Flasche absetzt, also der Satz, der bei manchen Weinsorten, vor allem aber bei sehr alten Weinen zu finden ist.

Über die unterschiedlichen Arten, das sogenannte »Sturzdekantieren« und das vorsichtige Dekantieren, habe ich bereits im ersten *Lexikon der Benimmirrtümer* geschrieben. Einen weiteren Punkt höre ich in diesem Zusammenhang relativ häufig: Weinfreunde erzählen mir immer wieder spöttisch von einem Dekantieren im Rahmen einer privaten Einladung oder im Restaurant, bei dem die Kerze hinter der Flasche eine immense Bedeutung zu haben scheint. Zu Hause gelinge das Dekantieren doch auch wunderbar ohne Kerze, erzählen sie mir, und die Kerze steht schnell in dem Ruf, nur der Show zu dienen. Diese wiederum erlaube einem Restaurant wohl, die Preise noch ein wenig höher anzusetzen.

Wenngleich es sicher vereinzelt Menschen gibt, die irgendwelche Handgriffe oder Techniken nur deshalb einsetzen, weil es gut aussieht und weil sie andere beeindrucken möchten, so gibt es doch gerade beim Dekantieren mit der Kerze gute Gründe, genau so zu verfahren. Ob es nur eine Show ist oder ob hier jemand mit Sachverstand am Werk ist, lässt sich schnell erkennen.

Wer Wein dekantieren will, damit dieser »atmen« kann, braucht keine Kerze, sondern wird den Wein möglichst flächig in die Karaffe laufen lassen. Nur wer eine sehr alte und kostbare Flasche aus dem Keller holt, wird einige Schritte

mehr unternehmen. Gerade alte Burgunder neigen zum Beispiel dazu, ein Depot, einen feinpulvrigen Satz, zu entwickeln. Möchte man einen solchen Wein genießen, gehört
dazu auch, ihn schon eine ganze Weile vor dem Öffnen von
der waagrechten Lagerung in eine senkrechte zu bringen,
damit das Depot Zeit hat, sich am Boden abzusetzen. Der
Wein muss danach in ein Dekantierkörbchen gelegt werden,
wo er leicht schräg ruht. Beim Öffnen muss man es schaffen,
den Korken sehr vorsichtig zu entfernen, so dass die Flasche
dabei auf keine Fall gedreht und auch sonst wenig bewegt
wird. Schließlich soll der Satz nicht wieder aufgewirbelt werden. Dann wird der Wein langsam und vorsichtig ausgegos-
sen. Eine Lichtquelle hinter der Flasche hilft einfach nur,
deutlich zu erkennen, wann das Depot anfängt, die Flasche
mit dem Wein zu verlassen. Da eine solche Flasche Wein oft
nicht nur sehr teuer, sondern eben auch sehr selten ist,
möchte man natürlich so viel wie möglich vom Wein genießen – jeder Tropfen zählt also.

Um den Bodensatz zu erkennen, könnte man auch eine
Taschenlampe hinter die Flasche halten oder sich mit der
Flasche vor die Scheinwerfer des Autos setzen. Doch eine
Kerze passt natürlich besser in den Rahmen des Abends, an
dem so eine Flasche geöffnet wird. Aufpassen muss man nur,
dass man den Wein durch die Kerze nicht versehentlich erwärmt.

Wer bei seinen Gastgebern all diese Vorbereitungen und
die entsprechende Sorgfalt wahrnimmt, der weiß nicht nur,
dass die Kerze nicht als Showeffekt dient, sondern auch, dass
er sich auf einen wunderbaren Tropfen freuen kann.

Immer im Uhrzeigersinn?

Irrtum:

Ob ich Wasser, Salz und anderes bei Tisch erst nach links oder rechts reiche, ist egal.

Richtig ist:

Gerade bei größeren Tischrunden ist die Regel »Rechts zuerst« sehr sinnvoll.

Wer des Öfteren in größeren Runden ist, kennt die Momente peinlichen Zögerns vielleicht: Man möchte sich von dem Wasser nachschenken, das auf dem Tisch steht, das Salz oder auch Brot nehmen. Muss man immer den Nachbarn zuerst bedenken, bevor man sich selbst etwas nimmt? Gilt das für einen oder beide Tischnachbarn? Sollte man auf eine Reihenfolge achten?

Ein guter Gastgeber wird immer zuerst an seine Gäste denken und sich selbst erst etwas nehmen, wenn alle anderen versorgt sind, auch wenn das bedeutet, dass der Brotkorb dann fast leer ist. Immerhin kann er in seiner Rolle als Gastgeber den Service um Ergänzung bitten.

Auch wer als Gast an einer Tafel sitzt, wird sich als aufmerksamer Zeitgenosse nicht zuerst nehmen. Hier gilt dieselbe Regel wie bei vielen anderen Situationen im Leben: Links schützt rechts. Wir wissen, dass in formellen Situationen ein Gast oder eine höhergestellte Person auf der rechten Seite geht, dass der Ehrengast in den meisten Sitzordnungen rechts vom Gastgeber oder dessen Partner oder Partnerin sitzt und auch, dass die Tischdame immer rechts vom Herrn platziert ist.

Insofern ist es nur logisch, dass der Blick, ob einer der

Nachbarn auch etwas braucht, immer zunächst auf die rechte Seite geht. Sitzen beide Nachbarn links und rechts ohne Wasser da, so wird der rechte Nachbar zuerst gefragt, dann der linke, dann schenkt man sich selbst ein. Anschließend kann man in die Runde fragen: »Möchte sonst noch jemand Mineralwasser haben?«

Ich erlebe es immer wieder, dass Teilnehmer in meinen Seminaren skeptisch fragen, ob man die Regel in diesem Zusammenhang wirklich wissen und beherzigen müsse. Natürlich ist es schön, wenn man sich den anderen gegenüber aufmerksam verhält und mitbekommt, wenn jemand zwei Plätze weiter einen Wunsch hat. Doch das funktioniert in der Realität nur bei kleineren Tischrunden. Wer häufig in großem Rahmen speist, kennt sicher die Erfahrung, dass manch ein aufmerksamer Gast erst allen anderen Brot oder Wasser gibt und dann selbst leer ausgeht, während einige Plätze weiter jemand sitzt, der lediglich an einen seiner Nachbarn denkt und fröhlich und ungestört weiterisst.

Die tatsächlich schon sehr alten Ideen über die Einhaltung der Reihenfolge wollen genau solche Ungleichheiten verhindern. Kümmert sich jeder zunächst um seinen rechten Nachbarn, schaut dann kurz nach links, ob auch dort alles in Ordnung ist, und versorgt sich anschließend selbst, so haben auch an einer langen Tafel alle fast gleichzeitig das, was sie brauchen. Das ist nicht nur dem allgemeinen Wohlbefinden und der Stimmung zuträglich, es sorgt auch dafür, dass ein gleichzeitiger Start und ein gemeinsames Tempo beim Essen leichter gelingt.

Mit oder ohne?

Irrtum:
Eine Tasse nimmt man immer ohne Untertasse.
Richtig ist:
Sitzt man an einer niedrigen Kaffeetafel, ist das anders.

Wer an einem normalen Esstisch sitzt, wird im Regelfall seine Kaffee- oder Teetasse ohne Untertasse anheben, um daraus zu trinken. Diesen Anblick sind wir alle gewohnt, es ist hierzulande nicht nur üblich, sondern gilt als gute Sitte. In England wird es teilweise anders gehandhabt: Hier sieht man, dass manch einer auch an einer normal hohen Tafel die Untertasse mit anhebt. Nötig ist es nicht, denn die Untertasse dient ja eigentlich nur dazu, Flecken auf dem Tisch zu vermeiden und die Kleckergefahr zu verringern.

Als unhöflich gilt jedoch überall, nur die Tasse anzureichen, wenn nachgeschenkt wird. Wer in Hotel und Restaurant den Service aufmerksam beobachtet, der kann feststellen, dass auch hier die Tasse mit Untertasse vom Tisch genommen wird. Wenn ich – egal, ob in einem Meeting oder bei einer privaten Einladung nach Hause – dem Gastgeber meine Tasse reichen möchte, so hat dieser es leichter und ist es einfach sicherer, wenn dies mit Untertasse geschieht. So weit also zur normal hohen Tafel und zum Nachschenken.

Anders ist es, wenn wir – wie es privat ja oft der Fall ist – an einem niedrigeren Wohnzimmertisch sitzen. Hier nimmt man die Tasse immer mit Untertasse vom Tisch zu sich, trinkt aus der Tasse, stellt sie wieder auf der Untertasse ab, dann geht das Ganze zurück auf den Tisch. Der »Transportweg« ist hier viel weiter als bei einer normalen Tafel. So erklärt sich, weshalb hier ein anderes Verhalten angemessen ist als am hohen Esstisch.

Es ist völlig egal, ob sich dabei in der Tasse Tee, Kaffee, Espresso, Cappuccino, Kakao oder ein anderes heißes Getränk befindet – die Logik, den Tisch, den Teppich, auch Sofa und Kleidung vor Flecken zu schützen, bleibt dieselbe, und damit gilt auch immer dieselbe Regel.

Wer noch nie darüber nachgedacht hat, dass es auch abseits eines festlichen Dinners bei einer einfachen Einladung zu Tee und Kaffee bestimmte Regeln für gute Umgangsformen gibt, der kann prüfen, ob er vielleicht in folgende Fettnäpfe tappt:

- Geräuschvolles Rühren in der Tasse
- So lange rühren, bis das Getränk abgekühlt ist
- Heiße Getränke schlürfen
- Auf das Getränk pusten
- Den Löffel ablecken

Wer all das vermeidet und außerhalb auch bei Kaffee oder Tee daran denkt, eine Serviette auf den Schoß zu legen, der kann nicht mehr viel falsch machen.

Von der Dame zum Gast

Irrtum:
Damenkarten sind out.

Richtig ist:
Der Begriff wird nicht mehr verwendet, die Karte ohne Preise hingegen schon.

Manch einer mag sich verwirrt fragen, was sich nur hinter dem Begriff »Damenkarte« verbirgt. Früher war sie fast überall üblich, heute jedoch findet man sie selten und in Zeiten der Gleichberechtigung meist unter anderem Namen.

Eine Damenkarte ist eine Speisekarte, die keine Preise aufweist. Ich höre zuweilen von verblüfften Seminarteilnehmern, sie hätten eine solche Karte gereicht bekommen und zunächst gemeint, sie würden betrogen oder es handle sich um einen Druckfehler. Eine solche Karte deshalb zu beanstanden wäre natürlich peinlich.

Der Gedanke, der ursprünglich hinter einer Damenkarte stand, war, dass eine Dame, die von einem Herrn zum Essen ausgeführt wurde, sich auf diese Weise leichter für ein Gericht oder ein Getränk entscheiden konnte. Man setzte voraus, dass sie sich bewusst nicht für teurere Gerichte oder Getränke entscheiden würde, wenn sie wüsste, was diese kosten, denn so könnte sie leicht unverschämt wirken oder den Herrn in Verlegenheit bringen, wenn ihre Wahl seine Möglichkeiten überstiege. Bevor die Damenkarte eingeführt wurde, hatten sich wohl aus diesen Gründen viele Frauen für besonders preisgünstige Gerichte entschieden – was den Gastronomen natürlich nicht gefiel. Ob das Prinzip der Damenkarte aufging, weiß ich nicht, denn jeder kann sich ja selbst herleiten, dass ein Jahrgangschampagner vermutlich um einiges teurer sein wird als ein Champagner der Hausmarke, der wiederum teurer sein dürfte als ein Glas Sekt.

Über viele Jahre hinweg hat man solche Karten nicht mehr oder zumindest nur selten gesehen. Nicht nur, weil gerade in Restaurants, deren Menüs saisonal wechseln, der Druck und die Bindung von jeweils unterschiedlichen Karten aufwendig und teurer ist – ebenso haben im Laufe der Zeit viele

Frauen empört reagiert, weil sie entweder die Rechnung für
die männliche Begleitung übernehmen wollten oder es gewohnt waren, die Rechnung zu teilen. Damenkarten wirkten
also wie ein frauenfeindlicher Anachronismus.

Wer heute als Gastronom auch Speisekarten ohne Preise
ausgibt, ist aber weder ein Frauenfeind noch zeigt er sich nur
am Umsatz orientiert. Eine Reihe von Restaurants macht es
einfach aus nostalgischen Gründen – selten, wenn einfach
nur ein Mann und eine Frau am Tisch sitzen, sondern eher,
wenn eine Feier ansteht oder wenn ein Mann einen Tisch
explizit für ein Candle-Light-Dinner reserviert hat und
dann in Begleitung kommt. Bei einer Feier bekommt jeder
der Eingeladenen eine solche Karte in die Hand, egal, ob
Mann oder Frau. In manchen Haus heißt sie noch »Damenkarte«, bei anderen wird sie lieber »Gästekarte« genannt.

Mir haben einige Gastronomen berichtet, sie selbst hätten
die Tradition der Gästekarten gern weitergeführt, doch
schlechte Erfahrungen mit Kunden, patzige Kommentaren
einiger Frauen und Beschwerden hätten sie wieder davon ab-
kommen lassen. Von rechtlicher Seite bekommen solche
Gäste sogar noch Rückenwind, denn die sogenannte »Preis-
angabenverordnung« schreibt in Paragraph 7 vor, dass der
Gastwirt Preisverzeichnisse offen zu präsentieren habe. Diese
sind, so heißt es wörtlich, »entweder auf Tischen aufzulegen
oder jedem Gast vor Entgegennahme von Bestellungen und
auf Verlangen bei Abrechnung vorzulegen oder gut lesbar an-
zubringen«. Dieses Preisverzeichnis ist übrigens deshalb auch
ein kaufmännisches Dokument und unterliegt einer sechs-
jährigen Aufbewahrungspflicht. Wer hier mit Kultur, Tradition und Etikette argumentieren möchte, hat schlechte Karten. Manch ein Gastronom scheut dann das Risiko einer

Beschwerde und verzichtet lieber auf eine Gästekarte. Die Juristen des DEHOGA, des Deutschen Hotel- und Gaststättenverbands, verweisen allerdings darauf, dass man sich als Gastronom trotzdem nicht davon abhalten lassen solle, da ja mindestens eine Person in einer Runde – der Zahlende – eine Karte mit Preisen vorliegen und zudem jedes Restaurant ein Verzeichnis der Preise am Eingang hängen habe. Somit müsse man keine Klagen fürchten. Außerdem, so die Begründung weiter, könne jeder Gast die Preise jederzeit erfragen.

Marktforscher haben übrigens klar nachgewiesen, dass durch die Damen- oder Gästekarte die Wahl zwischen zwei Gerichten zwar etwas freier ausfällt, dass sich aber heute niemand mehr insgesamt täuschen lässt, sondern in Gedanken die ungefähren Preise hinzufügt. So ist es abhängig vom Eingeladenen, ob er eher bescheidene Varianten oder Hochpreisiges wie etwa Hummer bestellt. Eine Umsatzsteigerung für den Gastronomen ist jedenfalls nicht mehr zu erwarten.

Ob man sie nun als schöne Geste der Gastfreundschaft oder als überholtes Relikt betrachtet, es gibt die Gästekarten noch, und sie werden zunehmend wieder eingesetzt.

Hauptsache schnell?

Irrtum:
Bei Fast Food gibt es keine Benimmregeln.
Richtig ist:
Auch Döner, Burger & Co. kann man appetitlich oder unappetitlich essen.

Wenn ich von Kunden oder Seminarteilnehmern mitunter höre, dass ein paar Inhalte zum Thema Tischkultur über-

flüssig seien, da man ja sowieso mit den Kunden nur gelegentlich und nur mittags eine Kleinigkeit esse – eine bestell-
te Pizza, einen Hamburger der Fast-Food-Kette von nebenan
oder vielleicht etwas aus der hauseigenen Cafeteria –, dann
ärgert mich das schon ein wenig. Zu sehr wird hier nämlich
der Gedanke offenbar, gutes Benehmen sei etwas für ganz
besondere Gelegenheiten und ausschließlich in einem bestimmten Rahmen und bei besonders hochwertigen Gerichten notwendig.

Doch gerade das widerspricht dem Geist von Stil und
gutem Benehmen, von Eleganz und Haltung. Ein wirklich
kultivierter Mensch wird nicht mit der Wimper zucken,
wenn der Auftraggeber mittags fröhlich verkündet, dass
man nun wie üblich zur Dönerbude um die Ecke gehe. Selbst
wenn er selbst noch nie an einem vergleichbaren Ort gewesen ist, wird er entspannt und vielleicht auch mit einer Art
ethnologischer Neugier alles mitmachen.

Ein wirklich feiner Mensch lässt andere nicht spüren,
wenn sie etwas tun, was er selbst für stil- oder niveaulos hält.
Wen das dort angebotene Essen schlicht und ergreifend
ekelt, der muss sehen, was für eine Kleinigkeit er wählen
kann, die für ihn dennoch akzeptabel ist.

Bei Freunden kann man sicher klar sagen: »Da bringen
mich keine zehn Pferde hin« – als persönliche Haltung ohne
Abwertung der anderen ist das völlig in Ordnung. Vielleicht
kommen die Bekannten umgekehrt auch niemals zu einer
Weinprobe mit. Doch wer es bei Kunden oder Geschäfts-
partnern nicht versteht, unkompliziert dabei zu sein, auch
wenn es dem eigenen Geschmack nicht entspricht, der sollte wissen, dass er dadurch als distanziert eingestuft wird –
im besten Fall. In allen anderen Fällen hat er schnell einen

Ruf als »Etepetete-Fuzzi«, »Schnösel« oder »englischer Lord« weg.

Generell gilt: Auch wer sonst seine Mahlzeiten nie aus dem Papier und nicht im Stehen einnimmt – ob jemand gutes Benehmen hat oder nicht, erkennt man auch im Schnellimbiss. Es geht schließlich immer darum, dass eine Situation so ästhetisch wie möglich gehandhabt wird und dass man achtsam und wertschätzend mit Menschen, Nahrung und Dingen umgeht.

Wer also bei Fast Food mit offenem Mund vor sich hin mampft, während des Sprechens das Gegenüber am Mundinhalt teilhaben lässt, überall Krümel und Flecken verteilt, sich mit aufgestützten Ellenbogen schon den nächsten Bissen nachschiebt, während die Zähne noch arbeiten, und auf eine der kleinen fadenscheinigen Papierservietten lieber gleich ganz verzichtet, zwischendurch vielleicht den Softdrink laut schlürfend aus dem Strohhalm zieht und sich am Ende noch zu fein ist, die Reste des Essens auf die dafür vorgesehenen Bänder oder Ständer zu bringen, der hat einfach gar nichts verstanden.

Es ist grundsätzlich ein großer Irrtum zu glauben, man können so etwas Elementares wie Tischmanieren an- und ausschalten. Wer nur bei besonderen Gelegenheiten seine Manieren quasi anknipsen will, der wird sich immer darauf konzentrieren müssen. Damit geht unweigerlich ein Stück Aufmerksamkeit verloren, die eigentlich der Situation und vor allem dem Gegenüber als Gesprächspartner gewidmet sein sollte. Wer immer gerade am Tisch sitzt, appetitlich isst und die Serviette auch noch im Halbschlaf an den Mund führt, wird dies auch dann mit lässiger Eleganz tun, wenn die Situation mehr als informell ist oder wenn aufgrund der

Konstellation am Tisch oder sich anhäufender Pannen oder
einer knallharten Verhandlung, die während des Essens weitergeführt wird, viel Stress herrscht.

Sprudelnder Genuss

Irrtum:
Sektglas ist gleich Sektglas.
Richtig ist:
Es gibt frei verkäufliche Exemplare, die nur ein Banause
benutzt.

Man muss keinen Schrank haben, in dem unzählige Varianten von Weißwein-, Rotwein, Sekt- und Champagnergläsern
sowie von Gläsern für Saft, Wasser und Bier für jeweils
12 Personen stehen. Doch jeder, der sich etwas intensiver
mit Getränken beschäftigt, weiß, dass die Form und das
Material des Trinkgefäßes den Geschmack maßgeblich beeinflussen. Wer also Wert auf Trinkgenuss und Trinkkultur
legt, der sollte nicht nur über die Getränke und deren Kombination mit dem Essen nachdenken, sondern auch mit
Sorgfalt das passende Gefäß dafür wählen.

Bei Weingläsern sind die meisten Genießer noch recht gut
ausgestattet, doch bei Schaumwein sieht es oft mager aus.
Vielleicht liegt es daran, dass wir öfter zum Essen ein Glas
Wein trinken als eine Flasche Sekt, Champagner oder Prosecco zu öffnen, die in vielen Fällen besonderen Gelegenheiten vorbehalten bleiben. Wie schade, wenn dann gerade
bei diesen Anlässen der Trinkgenuss durch ein unpassendes
Glas geschmälert wird, und wie peinlich, wenn dann Omas
Sektschalen zum Vorschein kommen. Schlimmer kann man

es dann nur noch machen, wenn man den Gästen einen Sektquirl zum Umrührend des edlen Getränks anbietet. Dieses Accessoire behauptet sich anscheinend hier und da hartnäckig. Manche sprechen – horribile dictu – gar von einem »Champagnerquirl«.

Ohne hochwertige und zu Wein oder Sekt passende Gläser sinkt die Qualität des Getränks automatisch um einiges ab. Wer selbst gerne einen guten Tropfen genießt und auch immer wieder Gäste hat, muss sich einfach Set für Set *gute* Gläser zulegen. Wichtig ist dabei vor allem: Kaufen Sie kein Pressglas, sondern Kristallglas. Sparen Sie nicht am falschen Platz, kaufen Sie bei Ihren Gläsern nur ein Markenprodukt. Wählen Sie lieber keine auslaufenden Serien und idealerweise auch keine Sonderserie, sonst haben Sie keine Möglichkeit, ein Glas zu ersetzen, und können die neuen Gläser nicht mehr für Gäste verwenden, wenn eines fehlt. Auch wenn Sie von Ihrer Großmutter noch 24 Römer im Schrank stehen haben sollten, diese sind für Wein ebenso tabu, wie es die Sektschalen für Schaumwein sind.

Hochwertige Gläser dürfen nur von Hand mit wenig Spülmittel und viel heißem Wasser gereinigt werden. Polieren darf man sie nur mit einem frischen Geschirrtuch, denn Studien haben nachgewiesen, dass Gläser den Geruch der Pflegeutensilien annehmen und diesen wiederum bei der nächsten Benutzung an die Getränke abgeben können.

Leider haben manche Schränke einen eigenen Geruch, den sie auf die Gläser übertragen. Entweder »muffeln« sie ein wenig, da sie vielleicht selten geöffnet werden, oder es wurden Holzöle oder ähnliches zur Pflege verwendet. Standen die Gläser also lange im Schrank, so ist es durchaus sinnvoll, sie alle noch einmal zu spülen und nicht nur zu polieren.

Stellen Sie Ihre Gläser auch nie mit dem Kelch nach unten in den Schrank. Auf diese Weise schließen Sie unter dem Kelch Luft ein, die im Laufe der Zeit abgestanden wird und ebenfalls für unangenehmen Geschmack sorgen kann.

Es gibt Hersteller hochwertiger Gläser, die heute auch einige Sonderformen für Champagner und Ähnliches anbieten, doch im klassischen Verständnis bekannt sind vier verschiedene Glasformen für Schaumwein:

1. *Die Flöte*

Sie hat einen geraden, langen Kelch, der auf einem langen Stiel sitzt. Dies ist die Variante, die heute am häufigsten angeboten wird, und eine gute Lösung, wenn Sie oft für eine größere Schar Menschen ganz unterschiedliche Arten von Schaumwein öffnen.

2. *Die Tulpe*

Die Form erinnert tatsächlich an eine Tulpe. Oft werden diese Gläser fälschlicherweise für Weingläser gehalten. Der Kelch ist lang, ebenso der Stiel. Der Kelch selbst ist etwas breiter als bei der Flöte und verjüngt sich dann oben wieder. Deshalb sind diese Gläser besonders gut geeignet, wenn man hochwertige Schaumweine oder Champagner trinkt. Das Bukett entfaltet sich im breiteren Kelch und konzentriert sich dann aufgrund der schmaleren Öffnung wieder. Diese Glasform gilt heute als ideal.

3. *Die Schale*

Schaumweinschalen sind viel niedriger als die beiden erstgenannten. Flache Kelche mit großem Durchmesser und geringer Höhe sitzen auf einem kurzen Stiel. Allein schon durch den kurzen Stiel ist das Glas eigentlich völlig ungeeignet. Die Hand ist viel zu nah am Kelch und erwärmt das

Getränke sehr schnell. Zudem verliert jeglicher Schaumwein aufgrund der großen Oberfläche rasch die Kohlensäure, und das Bukett verfliegt leicht. Ein Jammer! Diese Schalen wurden angeblich nach der Brust Marie Antoinettes geformt. Das mag verführerisch klingen, dennoch sollten Sie diese Gläser besser für ein Dessert oder eine kleine Blumendekoration verwenden.

4. Der Kelch

Der Kelch ist bei dieser Form hochgezogen und am Rand leicht nach außen gestülpt. Die Gläser sind sehr hoch, haben einen langen Stiel und einen langen Kelch. Sie waren lange Zeit sehr beliebt, denn durch den hohen Kelch kann man das perlende Getränk sehr schön ansehen und sich daran erfreuen. Diese Gläser sind ein wenig aus der Mode gekommen. Erstens sind sie aufgrund der nach unten spitz zulaufenden Form schwer zu reinigen, zweitens ist die nach oben breiter werdende Form nachteilig, da hier sowohl Aroma als auch Kohlensäure schnell verfliegen.

Die beiden Bezeichnungen »Flöte« und »Kelch« werden oft genau umgekehrt für die beiden oben beschriebenen Glasformen verwendet – selbst in Fachbüchern für die Gastronomie, was zu einiger Verwirrung führen kann.

Wenn auch nicht allen, so doch vielen Schaumweingläsern ist im Gegensatz zu Wein- oder Wassergläsern gemein, dass sie einen sogenannten Moussierpunkt besitzen. Damit bezeichnet man eine kleine Stelle ganz unten im Glas, in die bewusst eine Rauheit eingearbeitet wurde. Dadurch steigen von diesem Punkt aus in gerader Linie feine Bläschen nach oben.

Gekauft und gesammelt

Irrtum:

Muscheln isst man nur in Monaten mir »r«.

Richtig ist:

Sofern man sie nicht selbst sammelt, stimmt das nicht.

Es gibt verschiedene Erklärungen dafür, woher dieser Satz stammt. Logisch ist, dass früher die Muscheln in den warmen Monaten schneller verdarben – die Kühlkette konnte nicht so leicht durchgehalten werden wie heute. Jeder weiß, dass man nach dem Verzehr von verdorbenen Schalen- und Krustentieren sehr krank werden kann. Das könnte ein Grund dafür gewesen sein, den Genuss der Tiere nur im Winterhalbjahr zu empfehlen. Dieses Argument wäre heute, da es strenge Überwachung und moderne Kühltechnik gibt, bedeutungslos.

Andere weisen darauf hin, dass es früher durch Überfischung zu einer Verknappung des Bestands kam und Ernte und Handel von Muscheln deshalb auf wenige Monate beschränkt wurden. Auch dies ist nicht mehr gültig, da die meisten Exemplare, die heute im Handel auftauchen, aus Zuchten stammen.

Das dritte Argument für die Regel hingegen ist auch dieser Tage noch stichhaltig und hat eine gewisse Gültigkeit. So weiß man, dass die Muscheln vor allem von Juni bis August laichen. Im Anschluss daran fehlen ihnen die dafür benötigten Geschlechtszellen. Das macht sich im Geschmack bemerkbar: Die Muscheln sind dann nicht so aromatisch. Doch das bezieht sich wiederum nicht auf alle Monate mit »r«; je nach Ernteregion sind Muscheln im Mai und auch oft noch im Juni von wunderbarer Qualität.

Es gibt ein weiteres Argument gegen Muscheln in Sommer, doch auch dieses gilt nur noch bedingt. Um es zu verstehen, muss man wissen, wie Muscheln sich ernähren. Der Organismus funktioniert wie bei einer Filteranlage: Die Muschel saugt pro Minute mehrere Liter Wasser in sich hinein und filtert dabei feinste Nahrungsbestandteile heraus. Doch leider bleibt es nicht dabei. Schadstoffe im Meer und Gifte werden genauso von der Muschel herausgefiltert und dann im Muschelfleisch gespeichert. Bei der heutigen Umweltvergiftung ist das grundsätzlich ein Problem, doch im Sommer kommt noch ein weiterer Faktor hinzu: In den Sommermonaten bildet das Meer vermehrt Algen. Einige davon produzieren einen besonderen Giftstoff, ein Nervengift. Dieses wird von den Muscheln gespeichert. Experten nennen diesen Prozess »Shellfish poisoning«. Im Laufe eines Muscheldaseins können sehr hohe Konzentrationen entstehen, die der Muschel selbst nicht schaden, für den Verbraucher allerdings ernste Konsequenzen haben können. Bei geringen Konzentrationen spürt man allenfalls ein leichtes Prickeln auf der Lippe, hat man jedoch viel davon zu sich genommen, kann es zu Erbrechen, Gedächtnisproblemen und Lähmungserscheinungen kommen, die sogar bis hin zu Atemlähmungen und letztendlich zum Tod führen können.

Auch wenn das äußerst besorgniserregend klingt, von den gekauften Muscheln heute geht das ganze Jahr über keine Gefahr mehr aus. Denn in den kritischen Monaten kommen die Muscheln für zwei Wochen zunächst in algenfreies Wasser und erst dann in den Handel. Für Muscheln aus Zuchten ist dies nicht nötig. Sie lagern in Becken, und die Züchter achten ohnehin immer darauf, welche Nährstoffe zugeführt werden. Am Ende folgt dann noch die sogenannte »nasse

Lagerung«. Hier verbleiben die Muscheln rund zwei Wochen in einem Frischwasserbecken. So soll dafür gesorgt werden, dass nicht nur Schadstoffe, sondern auch Sand und anderes aus den Muscheln herausgespült wird.

Selbst gesammelte Muscheln sind nicht mehr unbedenklich zu verzehren, die im Handel auftauchenden Exemplare hingegen gehören zu den am besten überwachten Lebensmitteln. Wer selbst sammelt, kann nicht genau wissen, welche Qualität Wasser und Muscheln haben. Wenn man es sich trotzdem nicht nehmen lassen möchte, dann gilt, dies nicht in den Sommermonaten zu tun – also gerade dann nicht, wenn man vielleicht im Urlaub am Meer ist …

III
Äußeres

Testen Sie Ihr Wissen: Richtig oder falsch?

	Falsch	Richtig	Situationsabhängig richtig oder falsch
Das Markenschild auf einem Jackett-ärmel hat die gleiche Funktion wie ein Logo auf einer Jacke.			
Die Taschen von Jackett und Hose bleiben zugenäht wie beim Kauf.			
Kellner im Frack kann man leicht mit den Gästen in großer Abend-garderobe verwechseln.			
Bei Herren darf die Anzughose vorne auf dem Schuh nicht knaut-schen.			
Ein Ehering wird links, der Ver-lobungsring rechts getragen.			
Nackte Füße sind nicht fein, deshalb trägt man immer Strümpfe.			
Rote Nägel sind im Job tabu.			
Hosenträger sind immer »Opa-Look«.			
Ein Herrenhemd sollte man stets mit Brusttasche kaufen.			
Zum Smoking trägt man ausschließ-lich Lackschuhe.			
Beim Hosenanzug von Frauen trägt frau die Bluse über der Hose.			
Entscheidend bei der Rocklänge von Kostümen im Job ist nur, dass sie maximal eine Handbreit über dem Knie endet.			
Dass Strümpfe oder Socken zu kurz getragen werden, ist ein Kleidungs-fehler, den man nur bei Männern sieht.			
In welche Richtung die Streifen einer Krawatte laufen, ist von Bedeutung und sagt auch etwas über deren Herkunft aus.			

	Falsch	Richtig	Situationsabhängig richtig oder falsch
Auch bei einer Weste unter dem Jackett muss man dieses im Gehen und Stehen immer schließen.			
Der oberste Hemdknopf kann auch bei einer Krawatte geöffnet sein – schließlich sieht man das ja nicht, wenn der Knoten korrekt sitzt.			
Braune Schuhe trägt man nie zum schwarzen Anzug.			
Jeglicher Handschuh muss bei einer Begrüßung mit Handschlag abgelegt werden.			
Bei Beerdigungen dürfen nur die engsten Angehörigen ganz in Schwarz kommen.			
Der Koffer eines wahren Gentleman ist immer so wertvoll wie sein Inhalt.			
Heute kann man beim Schmuck zwei Metallfarben kombinieren.			
Tattoos sind heute durch die Vorbilder von Fußballern, Musikern und anderen Prominenten auch im Job akzeptiert.			
Eine Frau ohne Ohrring ist wie ein Mann ohne Krawatte.			
Eine formelle Herrenjacke mit langen Schößen ist nicht immer ein Frack.			
Ob eine Hose Umschläge hat oder nicht, hängt von der Art des Anzugs ab.			
Sowohl Männer als auch Frauen tragen Manschettenknöpfe.			
Unterhemden für Männer sind altmodisch und unsexy.			

Beschildert

Irrtum:

Das Markenschild bleibt am Ärmel eines Jacketts und ist wie ein Logo auf einem T-Shirt zu verstehen.

Richtig ist:

Das Markenschild ist kein Logo. Das Schild nicht abzunehmen ist das Peinlichste, was man mit einem Jackett anstellen kann.

Wer heute durch eine Fußgängerzone geht, sieht sich umgeben von Menschen, die auffällige Logos auf ihren T-Shirts, Sweatshirts oder Winterjacken tragen. Marken sind für viele Menschen wichtig, und sie schätzen es deshalb sehr, wenn der Schriftzug des Herstellers besonders groß oder das Label besonders auffällig gestaltet ist. Dieser Trend hat sich in den letzten beiden Jahrzehnten immer deutlicher manifestiert.

Kleidung ist seit jeher ein Statussymbol und hat immer schon viel über den Geschmack, die gesellschaftliche Stellung und die finanziellen Möglichkeiten des Trägers verraten. Im Mittelalter war die Abgrenzung der Bessergestellten eindeutig: Bestimmte Farben durften nur von Mitgliedern bestimmter Stände getragen werden, und viele Stoffe waren für die meisten Menschen einfach nicht erschwinglich. Mit zunehmender Industrialisierung ist die Unterscheidung immer schwieriger geworden. Bis in die achtziger Jahre hinein waren die Unterschiede, besonders die Preisunterschiede, immerhin noch durch einen kurzen Blick auf Material, Verarbeitung, Sitz und Schnitt leicht erkennbar. Die Globalisierung hat es jedoch möglich gemacht, dass die neuesten Schnitte und Muster der exklusivsten Designer heute binnen

weniger Tage irgendwo in Asien nachgeahmt und bei den
großen Ketten als billiges Massenobjekt angeboten werden.
Man muss schon etwas genauer hinsehen und ein wenig
mehr von der Materie verstehen, um heutzutage den Preis
eines Kleidungsstücks richtig einschätzen zu können. Vielleicht sind deshalb Labels, die den Wert der Kleidung auf
Anhieb sichtbar machen, so wichtig geworden. So finden wir
heute teure T-Shirts, die nicht nur mit einem kleinen aufge-
stickten Polospieler versehen sind, sondern auch mit einem
Logo, das mehr als ein Drittel der Frontansicht einnimmt.

Das mag jeder halten, wie er möchte. Doch mit Marken so
dick aufzutragen gilt immer noch nicht als fein. Auch wenn
es heute gang und gäbe ist, ein Hauch von Protz und Ange-
berei schwingt immer mit.

Mit Anzügen verhält es sich noch einmal anders. Denn
ein Anzug, auch ein Hosenanzug oder ein Kostüm für
Damen, hatte noch nie ein von außen sichtbares Label, das
zum Zeigen gedacht war. Das war immer schon so und hat
sich auch nicht verändert. Wer heute einen Anzug von der
Stange kauft, findet jedoch gerade bei Herrenanzügen sehr
oft Markenschilder, die auf den Ärmel genäht sind. Doch
diese Markenangabe ist, anders als bei Winterjacken oder
T-Shirts, weder aufgebügelt noch gedruckt oder gestickt. Sie
ist nicht ohne Grund nur mit ein paar Stichen befestigt. Die
Hersteller ermöglichen auf diese Weise den Verkäufern und
den Käufern im Einzelhandel, beim Vorbeigehen an den
Kleiderstangen sofort zu erkennen, von welchem Fabrikan-
ten das Stück gefertigt wurde. Ohne diesen Hinweis müsste
man jedes Stück von der Stange nehmen und das Jackett am
Kragen hinter dem Bügel ein wenig anheben, um zu lesen,
was auf dem Aufnäher steht. Das Markenschild ist daher

genau wie das Preisschild zu entfernen, bevor man den Anzug trägt.

Die Frage, ob man das Schild entfernen muss, wird in
einigen Internetforen, so etwa auf *www.gutefrage.net*, diskutiert. Dort lautet ein Beitrag, das Schild müsse auf jeden Fall
angenäht bleiben, denn der Hersteller habe ja Gründe dafür,
es am Anzug zu platzieren, und man könne das doch nicht
einfach ignorieren. Das ist blanker Unsinn. Der Hersteller
versieht den Anzug ja neben dem Preisschild, das am Anzug
befestigt ist, auch noch mit einer Information über Pflege
und Materialbeschaffenheit und so gut wie immer mit einem
kleinen Tütchen mit einigen Ersatzknöpfen, gelegentlich
auch einem Stück vom Stoff oder Garn für spätere Reparatu-
ren. Hier würde niemand auf die Idee kommen, das alles am
Anzug hängen zu lassen, weil der Hersteller es nun einmal
dort angebracht hat! Das Logoschild ist nur gedacht als Hilfe
bei Transport, Lager und Verkauf.

In den Foren ist ebenso der Hinweis zu lesen, man solle
das Schild der »guten« Marken angenäht lassen, das von den
billigen aber lieber entfernen. Wer das nötig hat, gibt ein
Armutszeugnis von sich selbst ab. Hat man einen hochwertigen Anzug gekauft, kann man sich jedes Mal beim Tragen am
Sitz, an der Qualität des Stoffes und der guten Verarbeitung
erfreuen, und viele andere werden die Hochwertigkeit der
Kleidung bewusst oder unbewusst auch wahrnehmen. Wer
dann aber quasi das Preisschild – auch wenn es »nur« in Form
des Ärmelaufnähers ist – nach außen trägt, der macht den
guten Eindruck gleich wieder zunichte. Zu offensichtlich ist,
dass er entweder nichts von Anzügen versteht, auch wenn der
aktuelle von guter Qualität ist, oder dass er die klare Absicht
hat anzugeben und das anscheinend auch bitter nötig hat.

Unsinnig sind auch die Hinweise in den Foren, dass man einen Anzug, bei dem man das Schildchen am Ärmel entfernt hat, nicht mehr so gut als Second-Hand-Stück verkaufen könne. Innen befindet sich ja noch mindestens ein Schild, das den Hersteller ausweist, und das reicht völlig aus.

Fazit: Ein Markenschild auf dem Anzugärmel zur Schau zu tragen ist ein grober und peinlicher Fehler.

Geschlossene Angelegenheit

Irrtum:

Ein eleganter Mensch lässt die zugenähten Taschen von Hose und Jacke auch zugenäht.

Richtig ist:

Taschen sind zur Benutzung gedacht.

»Ich lasse meine Jacketttaschen zugenäht, sonst sehen sie immer so schnell verbeult aus«, berichtet mir manch ein Seminarteilnehmer stolz. Die Absicht ist gut, denn Kleidung, die zerknautscht oder gar ausgebeult wirkt, macht keinen guten Eindruck. Sicher gibt es Liebhaber von alten und schon etwas ausgebeulten Tweed-Jacketts, die dann auch gerne mal Flicken an den Ellenbogen haben dürfen. Doch auch wenn manch einer zu Recht darauf verweist, dass Angehörige des Adels sich zuweilen gern in dieser Weise kleiden, ist die Wahl eines solchen Jacketts doch immer recht speziell. Wie auch immer Sie Ihre persönlichen Vorlieben wählen, im Privatleben können Sie das geflickte und ausgeleierte Jackett tragen, im Job hingegen hat es nichts zu suchen. Die Kleidung muss hier »gut versorgt und gepflegt« aussehen, und wer mit verbeulten Taschen herumläuft, wirkt nicht professionell.

Dennoch ist das Rezept, die Taschen einfach zuzunähen bzw. zugenäht zu lassen, nicht zu empfehlen. Die Naht, die die Taschen vor allem bei Jacketts zusammenhält, ist ein reines Hilfsinstrument für Fertigung, Lagerung und Anprobe. Dadurch wird beim Zusammennähen der einzelnen Teile gewährleistet, dass alles am richtigen Fleck sitzt und sich keine Falten bilden. Und wenn die Ware bei Transport und Lagerung zusammengedrückt wird, bleiben die Taschen in dem guten Zustand, in dem man sie dem Kunden präsentieren möchte. Damit dann nicht jeder, der im Geschäft in ein Kleidungsstück schlüpft und sich gerne in coolen Posen im Spiegel bewundern möchte, seine Hände in alle möglichen Taschen steckt, bleiben die Taschen auch dort so lange zu, bis der Käufer sein neues Stück nach Hause trägt. Andernfalls würde bei einer solchen Anprobe nicht nur das Kleidungsstück leiden, es wäre auch unappetitlich und damit unhöflich allen anderen möglichen Käufern gegenüber.

Die Nähte an den Taschen müssen auf jeden Fall nach dem Kauf entfernt werden, denn die Stiche sind nur lose gesetzt und die Fadenenden nicht vernäht. Wer das nicht tut, hat bald irgendwo einen losen Faden aus einer Tasche hängen. Es passiert leicht, dass man das selbst nicht sieht, dass aber jemand, mit dem man sich eine Weile unterhält, seinen Blick immer wieder wandern lässt, weil er es unwillkürlich bemerkt.

Coco Chanel, die legendäre französische Modeschöpferin, wurde nicht ohne Grund von der Zeitschrift *Time Magazine* zu den hundert einflussreichsten Personen des 20. Jahrhunderts gezählt. Sie gilt als Begründerin der funktionellen Damenmode, deren Eleganz vor allem darin bestand, alles Überflüssige und alles Dekor wegzulassen. Alles musste bei ihr eine Funktion haben. Knöpfe, Rüschen, Reißverschlüsse: Was nicht dem ursprünglichen Zweck diente, sondern aus rein dekorativen Gründen an der Kleidung war, verachtete sie. So gilt bis heute eine »Schein-Tasche«, also eine Tasche auf einer Jacke oder einem Jackett, die gar keine ist, als Inbegriff billiger Ware nach schlechtem Geschmack.

Tatsächlich ist es häufig so, dass minderwertige, billig produzierte Kleidung keine nutzbaren Taschen hat. Eine Tasche muss ja nicht nur in Schnitt und Nähten außen berücksichtigt werden, auch das Innenfutter muss mit zusätzlichem Material angepasst werden, was weitere Arbeitsschritte nach sich zieht, die die Herstellung verteuern. Die echten Taschen des eigenen Jacketts also nicht zu nutzen, ist nicht nur unelegant, sondern fast schon dumm.

Wer seine Kleidung, vor allem Kostüme und Anzüge aus Schurwolle, davor bewahren möchte, dass sie ausbeulen, sollte sie nicht als eine Art Allesschlucker betrachten, sondern alle sperrigen, großen und schweren Accessoires in eine Mappe, eine Hand- oder Aktentasche oder einen Koffer legen und die Kleidungstaschen nur für ein Taschentuch, ein wenig Kleingeld und Ähnliches nutzen.

Einer wie der andere?

Irrtum:

Wenn die Kellner im Frack herumlaufen, kann man sie mit den Gästen verwechseln.

Richtig ist:

Kellner tragen zum Frack immer eine schwarze Schleife, Gäste hingegen eine weiße.

Lange waren sie verpönt und galten als verstaubtes Relikt längst vergangener Zeiten: große Bälle. Doch in den letzten Jahren hat nicht nur das Interesse am Tanzen wieder zugenommen, auch die Lust, das Erlernte nicht nur in der Tanzschule oder bei einem informellen Tanzabend, sondern im festlichen Rahmen auszuprobieren, ist immer häufiger zu beobachten. Der Dresdner Opernball zählt zu den bekanntesten großen Bällen in Deutschland. In Österreich ist der Wiener Opernball mit seiner langen Geschichte seit Jahrzehnten ein Event, über das ausführlich in allen Medien berichtet wird. Auf der Website *www.wiener-staatsoper.at* findet man auch einen Bekleidungshinweis für ihn. Hier heißt es, die Damen mögen ein großes, langes Abendkleid und die Herren einen Frack tragen.

Es ist bemerkenswert, dass selbst eine solch traditionelle Institution überhaupt einen Dresscode ausgeben muss, dazu auch noch einen für die Damen. Letzteres ist sehr ungewöhnlich, denn üblicherweise gilt die Regel, dass der Dresscode nur für Männer ausgegeben wird und sich die Kleidung für die Damen daraus erschließt – etwas anderes als ein langes, festlich gestaltetes Kleid kommt zu einem Frack ohnehin nicht in Frage. Der ausformulierte Hinweis zeigt also nur, wie viele verunsicherte Anfragen es diesbezüglich schon gegeben haben muss und welch unpassendes Bild manch ein Besucher vielleicht schon abgegeben hat.

Für den Dresdner Opernball findet man solch einen Bekleidungshinweis nicht, was sich in den Fotos der Berichterstatter deutlich niederschlägt. So findet man auf den Bildern des Dresdner Opernballs neben dem Frack auch Smokings und sogar gewöhnliche Anzüge.

Vor und nach diesen beiden Terminen kursieren in zahlreichen Internetforen Fragen und Kommentare zum Geschehen. Manch einer, der an einem der Bälle teilnimmt, versucht vorher noch schnell seine Fragen zu Kleidung und Verhalten beantwortet zu bekommen. Es ist leider auch einer der scheinbar nicht ausrottbaren Irrtümer, dass man auf Fragen dieser Art in einem allgemeinen und öffentlichen Internetforum eine präzise, fachlich fundierte und korrekte Antwort erhält …

So taucht auch immer wieder die Frage auf, warum manche Herren eine weiße und andere eine schwarze Fliege tragen. Ebenso wird immer wieder gefragt, wie man denn Mitarbeiter von Gästen unterscheiden könne, wenn bei einer Veranstaltung alle männlichen Personen im Frack erscheinen. Die Lösung liegt auf der Hand, wenn man weiß, dass die internationale Bezeichnung für einen Frack »White Tie« ist – also weiße Krawatte, in diesem Fall kein Langbinder, sondern ein Querbinder. Gäste tragen also zum Frack immer eine weiße Fliege, die Mitglieder des Orchesters, die Servicekräfte oder auch Saaldiener hingegen eine schwarze.

Hilfreich ist auch, wenn man Smoking und Frack unterscheiden kann, denn nicht jede Veranstaltung, bei der Frack getragen wird, hat den Dresscode so streng und ausschließlich formuliert wie der Wiener Opernball. Oft sieht man die Gäste sowohl in Frack als auch in Smoking. Beides wird nur abends getragen. Der Frack ist immer schwarz, die Jacke wie auch die Hose. Das auffälligste Merkmal ist sicherlich die Form der Jacke, die mit ihren langen »Schwalbenschwänzen« vorne kurz und hinten lang ist. Anders als die Jacketts eines normalen Anzugs wird sie immer offen getragen. Die Frackhose hat zwei Seidengalons, also Bänder, die von oben nach unten aufgenäht sind; sie ist gerade und wird nur mit Hosen-

trägern getragen. Diese werden von der weißen Frackweste
verdeckt. Nur bei Musikern sieht man es hin und wieder, dass
sie statt der Weste einen Kummerbund tragen. Das Frackhemd hat nur einfache Manschetten, die also nicht umgeschlagen werden, dennoch werden sie mit Manschettenknöpfen geschlossen. Das gibt es ausschließlich beim Frack. Alle
Knöpfe des Hemdes sind Schmuckknöpfe, und oben sitzt der
sogenannte »Vatermörderkragen«, ein Kragen, dessen Spit-
zen umgeschlagen werden, was ebenfalls eine Besonderheit
der Abendgarderobe darstellt. Zu einer so festlichen Garderobe kommen dann natürlich noch andere Details wie zum
Beispiel die Schuhe, die beim Frack immer Lackschuhe sind.

Ein klassischer Smoking hingegen kann nicht nur schwarz,
sondern auch mitternachtsblau sein. Das Jackett wird geschlossen getragen, die Hose hat nur einen Seidengalon, ist
aber ebenfalls gerade geschnitten und wird auch mit Hosenträgern kombiniert. Normalerweise wird ein Kummerbund
um die Hüfte getragen, die Fliege ist schwarz, das Hemd hat
Umschlagmanschetten, und der Kragen kann wie beim Frackhemd ein Kläppchenkragen oder ein klassischer Umlegekragen sein. Beim Smoking gibt es etwas mehr Varianten als
beim Frack. So tragen manche Männer keinen Kummerbund, sondern eine Smokingweste, manche tragen auch lieber ein doppelreihiges Jackett. Ebenso gibt es die heute eher
seltene Variante, bei eleganten Sommerveranstaltungen ein
weißes Smokingjackett zu tragen. Auch bei den Schuhen
kann der Herr wählen: Er trägt ganz klassisch Lackschuhe
oder einen schlichten, schwarzen Schnürschuh ohne jegliche
Verzierung wie Lochmuster oder Nähte mit geschlossener
Schnürung und dünner Ledersohle: einen sogenannten
»Plain Oxford«.

Passen Sie also auch hier bitte wieder auf: Nicht jede schwarze Fliege, die um einen Kläppchenkragen gebunden ist, deutet auf jemanden vom Service hin. Trägt die Person mit der schwarzen Schleife einen Smoking, so handelt es sich um einen Gast.

Nur kein Hochwasser ...

Irrtum:

Die korrekte Hosenlänge bei einer Herrenanzughose heißt, dass sie vorne knautschen muss.

Richtig ist:

Die richtige Länge einer Herrenhose ist auch bei Anzughosen vom Schnitt abhängig.

Nichts kann den Anblick eines schönen und teuren Anzuges so stark ruinieren wie ein mangelhafter Sitz. Leider ist es so, dass viele Männer, die sich Anzüge für den Job kaufen müssen, dies so schnell wie möglich erledigen und zur Anprobe nur kurz hineinschlüpfen. Mit einem gemurmelten »In Ordnung, das passt schon und ist auch bezahlbar – das nehme ich« verlassen sie den Laden fluchtartig wieder.

Dementsprechend peinlich ist oft der Anblick, den Männer nicht nur auf Messen oder in wöchentlichen Meetings, sondern auch auf Pressefotos von Politikern und in Fernseh-Talkshows bieten. Einen gut sitzenden Anzug zu wählen ist keine Frage des Geldes, sondern eine Frage von Sachverstand und ein klein wenig Mühe, mit der man auch aus einem preisgünstigen Anzug das Beste herausholen kann.

Es hat den Anschein, als hätten viele Männer schon davon gehört, dass »Hochwasserhosen« peinlich sind, weshalb sie die Hosen lieber zu lang als zu kurz tragen. Das führt jedoch dazu, dass viele Herren eine Art Ziehharmonika im Schuhbereich mit sich herumtragen, einen unschönen Stoffbausch, der automatisch den Blick nach unten zieht – nicht nach oben in Richtung Gesicht, wie es eigentlich sein sollte.

»Im Zweifelsfall soll die Hose lieber zu lang sein« – dieser Irrtum ruiniert den Anblick eines Mannes. Doch natürlich ist auch die »Hochwasser-Variante« alles andere als elegant. Die richtige Hosenlänge orientiert sich am Schnitt der Hose. Denn nicht alle Männer tragen ihre Hosen ganz konventionell und klassisch, also mit eher gerade und weit geschnittenen Hosenbeinen. Bei so einem geraden Schnitt liegt die Hose vorne auf dem Schuh auf und wirft eine deutliche Querfalte – eine, nicht drei! Hinten kann die Hose so lang sein, dass sie mit Beginn des Absatzes endet. Dabei ist darauf zu achten, dass die Bügelfalte hinten am Bein gerade heruntergeht, die Hose also hinten nicht aufliegt und sich keine Querfalten bilden. Hier sieht man also auch im Gehen keine Strümpfe, und meist sind auch die Schnürsenkel verdeckt.

Wer die aus Italien stammenden, figurbetonten Schnitte bevorzugt, die in den letzten Jahren bei deutschen Männern immer beliebter werden, muss seine Hose entsprechend kürzer tragen. Das Hosenbein liegt hier vorne nur leicht auf dem Schuh auf. Durch die engere Form sieht man dann auch die Schnürsenkel. Hinten endet die Hose etwa in der Mitte der Fersenkappe. Wer damit flotten Schrittes durch die Gegend läuft, lässt durchaus auch mal den Strumpf erkennen.

Wichtig ist es, beim Anprobieren und Abstecken durch eine Änderungsschneiderin einige Dinge zu beachten. Die Länge der Hose kann im Alltag nur dann richtig sein, wenn man vor dem Abstecken einige Schritte läuft – dann rutscht die Hose ein Stück »gen Süden«, was sie im Laufe eines Tages ja auch tut. Viele Männer ziehen jedoch bei der Anprobe die Hose nach oben – warum sie das tun, ist mir bis heute ein Rätsel. Tragen Sie bei der Anprobe Schuhe, die Sie auch sonst zu der Hose tragen würden, ziehen Sie einen Gürtel durch die Schlaufen und laufen Sie ein wenig hin und her. Dann rutscht die Hose genau auf die Stelle, auf der sie auch in Zukunft sitzen wird. Das ist wichtig, denn ein Zentimeter mehr oder weniger kann an der Optik viel ändern. Auch wenn eine Änderungsschneiderin Ihnen vielleicht einen vorschnellen Rat gibt und sagt, alles sei in Ordnung, lassen Sie sich nicht verwirren. Prüfen Sie selbst, ob alles richtig sitzt.

Auch in diesem Punkt zeigt sich, dass gut gekleidet zu sein zwar auch, aber eben nicht nur eine Frage des Geldes ist. Ich hatte in den letzten Jahren einige Herren im Coaching, die einen sehr hochwertigen Anzug trugen, der aber trotz einer richtigen Passform am Körper unmöglich aussah: die Jackettärmel viel zu lang, so dass die Hemdmanschetten gar nicht mehr zu sehen waren, die Hose entweder nach Ziehharmonika- oder nach Hochwasser-Manier. Schade!

Zur linken Hand?

Irrtum:
Der Ehering wird links getragen.
Richtig ist:
Der Ring kann links, rechts oder gar nicht getragen werden.

Richtig ist, dass in Deutschland der Verlobungsring traditionell links, der Ehering traditionell rechts getragen wird.

Die Betonung liegt hierbei auf »Deutschland« und »traditionell«. In einigen anderen europäischen Ländern wird es ebenso gehandhabt; darunter fallen zum Beispiel Österreich, Norwegen, Bulgarien, Polen, Russland und die Ukraine. Links wird der Ehering hingegen in der Schweiz, in Italien und Frankreich getragen, ebenso in den USA.

Im Judentum wird der sogenannte Hochzeitsring immer auf den rechten Ringfinger gesteckt. Dort bleibt er allerdings nur während der Zeremonie, danach wird er wieder entfernt.

Ringe gehören wohl zu den ältesten Schmuckstücken überhaupt. Es gibt Funde mit Stücken, die mehr als 20 000 Jahre alt sind, und wir wissen heute, dass Eheringe schon bei den alten Ägyptern und im alten Rom üblich waren. Hier wie dort wurden sie jeweils links getragen. In Rom trugen ihn allerdings nur die Frauen.

Ein immer wieder vorgebrachtes Argument für den Ehering an der rechten Hand lautet, dass es mit Aufkommen des Christentums verpönt gewesen sei, dem »alten Aberglauben« anzuhängen, der besagte, vom linken Ringfinger gehe eine direkte Ader zum Herzen, weswegen der Ring links getragen werden müsse. Logisch ist das allerdings nicht, denn erstens waren zu dieser Zeit nur wenige Ehen reine Herzensangelegenheiten, zweitens müssten ja konsequenterweise alle eher christlich geprägten Länder die Sitte haben, den Ehering rechts zu tragen. Außerdem bekam der Ehering erst etwa 850 nach Christus unter Papst Nikolaus I. eine sakrale Bedeutung, und erst ab dem 13. Jahrhundert gehörten die Ringe überhaupt fest zum kirchlichen Ritus der Trauung.

Auch das Argument, der Ring müsse rechts getragen werden, sonst würde damit ja eine »Ehe zur linken Hand« symbolisiert, kann so nicht stehen bleiben. Eine solche Ehe – auch morganatische Ehe genannt – trägt den Namen »zur linken Hand«, weil die Braut in diesem Fall während der Trauung nicht rechts, sondern links vom Bräutigam in der Kirche stand. Bezeichnet wird damit eine längst nicht mehr übliche Form der Heirat, bei der ein männliches Mitglied des Hochadels eine ihm nicht standesgemäße Person zur Frau nahm. Diese Ehe war zwar von der Gesellschaft wie auch von der Kirche anerkannt, doch im Gegensatz zur »normalen« Variante blieben die Frau und auch die gemeinsamen Kinder in ihrem gesellschaftlichen Stand und hatten keinerlei Erbrechte, weder auf das Vermögen noch auf den Titel. Was genau vererbt wurde, musste in einem Vertrag geregelt werden.

Heute heiraten die Menschen nicht nur quer durch alle Gesellschaftsschichten, sondern auch quer durch alle Nationen, und vielleicht ist das ein Grund dafür, dass auch in Deutschland der Ehering zunehmend links getragen wird. Für viele ist es aber wohl eine eher praktische Erwägung. Die meisten Menschen sind Rechtshänder, und anders als früher gibt es kaum jemanden, der Haushalt und Arbeit komplett durch Angestellte erledigen lässt – da stört so manch einen der Ring an der ausführenden Hand.

So verständigen sich die meisten Paare spätestens beim Ringkauf darüber, wo sie den Ring tragen möchten; bei einigen Paaren trägt ihn auch der eine links, der andere rechts. Beides ist heute auch bei kirchlichen Trauungen überhaupt kein Problem – die meisten Pfarrer oder Pastoren fragen sogar explizit danach.

Eine wenig schade, wenn auch immer häufiger zu sehen, ist, dass Paare mitunter gar keinen Ring mehr tragen. Schließ-

lich gilt der Ring als Sinnbild der Unendlichkeit und ist eben
ein Zeichen für die Zusammengehörigkeit zweier Menschen.
Warum sollte man das nicht zeigen?

Nicht nackig

Irrtum:
Nackte Füße mutet man Mitmenschen nicht zu,
deshalb trägt man immer Socken.
Richtig ist:
Sandalen mit Socken sind eine viel größere
Zumutung.

Eigentlich muss man dazu gar nichts weiter sagen. Sandalen
mit Socken sind einfach gruselig. Wer argumentiert, ohne
Socken Blasen in den Schuhen zu bekommen, darf sich entweder an den Satz »Wer schön sein will, muss leiden« erinnern, oder er klebt ein prophylaktisches Blasenpflaster auf
die Stelle. Vielleicht sollte er sich auch einfach besser pas-
sende Schuhe zulegen. Auch die scheinbar abgemilderte
Version, nämlich Füßlinge, sind keine Lösung, weil sie in
Sandalen oder anderen halboffenen Schuhen immer noch
grauenvoll aussehen. Sicher, bei den meisten beruflichen
Tätigkeiten und bei vielen gesellschaftlichen Terminen zu
Festen, Empfängen und anderem sind nackte Füße kein
Ausdruck von Stil. Sie gehören dort nicht hin – aber offene
Schuhe sind hier eben genauso wenig geboten.

Es gibt einfach Schuhe, in die passt kein Stoff. Dazu
gehören Sandalen für Frauen und Männer, ebenso Espan-
drillos. Bootsschuhe kann man barfuß oder mit Füßlingen
tragen.

Es gibt zudem eine Reihe von Loafern, vor allem aus Wildleder, die man ebenfalls nur ohne Strumpf tragen sollte, insbesondere, wenn sie mit informeller Kleidung wie etwa einer Jeans kombiniert werden. Natürlich kann man auch in diesem Fall Füßlinge tragen. Doch ganz egal, welchen Schuh man wählt und ob man männlichen oder weiblichen Geschlechts ist: Füßlinge sind kein Schmuckstück, sondern vielmehr eine Art Unterwäsche. Man will und soll sie auf keinen Fall sehen!

Ein weiterer gruseliger Anblick ist es selbst bei den wohlgeformtesten Frauenbeinen und den gepflegtesten Schuhen, wenn eine Frau einen Slingpump oder einen Peeptoe trägt und man entweder an Ferse oder Zehen eine Feinstrumpfhose erkennen kann. Wer seine vielleicht nicht mehr ganz so jugendlichen Beine mit einer Feinstrumpfhose bedecken oder bei formelleren Veranstaltungen zu Recht nicht mit nackten Beinen auftauchen möchte, der findet heute eine große Auswahl an Feinstrümpfen, mit denen man sich behelfen kann. Es gibt Strümpfe, die an der Ferse weder Naht noch Verstärkung haben und die man über einer halb entblößten Ferse gar nicht wahrnimmt. Weiterhin gibt es Varianten, die speziell für Peeptoes entwickelt wurden und bei denen die Zehenpartie quasi abgeschnitten ist. Auch wer in einer langen Hose mit Slingpumps unterwegs ist, findet Füßlinge, die nur den halben Fuß bedecken.

»Einen schönen Menschen entstellt nichts«, sagt der Volksmund. Doch es gibt Dinge, die den Anblick eines schönen Anzugs, eines eleganten Kostüms oder eben schöner Schuhe durchaus ruinieren.

Raubtier unterwegs?

Irrtum:

Rote Nägel sind im Job tabu.

Richtig ist:

Gemeint waren damit immer schon »rote Krallen«; es
gibt durchaus bürotaugliche Varianten.

Es gibt einige Punkte, in denen sich auch Etikette-Experten
nicht bis ins letzte Detail einig sind. Seminarteilnehmer oder
Leser, die sich ihre Informationen aus verschiedenen Quellen zusammenstellen, sind in diesen Fällen leicht verunsichert. Doch es gibt nun einmal keine Stelle, kein Amt und
keine Kommission, die ein Hoheitsrecht darüber hat, was
gute Manieren sind und was nicht. Manch ein Institut, das
Seminare und Beratungen zu diesem Thema anbietet, gibt
sich zwar einen Namen, der klingt, als stehe eine offizielle
Institution dahinter, doch das beruht auf Marketing. Bei der
Rechtschreibung haben wir es hier leichter: Beim Blick in die
einschlägigen Nachschlagewerke erhalten wir zwar oft nicht
nur eine verbindliche Lösung, sondern mehrere mögliche
Schreibweisen, wissen aber, dass wir zumindest keinen Fehler machen, wenn wir eine von ihnen verwenden, und können uns zur Rechtfertigung darauf berufen. Ein Blick in den
Knigge wird sicher von manchen erwogen in der Hoffnung,
verbindliche Aussagen vorzufinden, doch wie schon beschrieben, hat Freiherr Knigge so gut wie nichts zu den
speziellen Fragen geschrieben, die uns heute beschäftigen.
Die Worte »Strumpflänge« oder »Messerhaltung« werden
Sie schlichtweg nicht bei ihm finden.

Doch auch wenn die Meinungen der Spezialisten im

Detail oft voneinander abweichen, bei den meisten Punkten ist sich zumindest ein Großteil grundsätzlich einig. Dazu zählt auch die Frage der Nagelgestaltung bei Frauen im Job.

Nur wenige Etikette-Experten des 21. Jahrhunderts sind so radikal wie Birgit Urbanek, die in ihrem Artikel »Roter Nagellack: Lady oder Mädi?« auf *www.typischich.at* schreibt: »Im Büro herrscht absolutes Rote-Fingernägel-Verbot! Ausnahmslos und ohne Widerrede. Rote Fußnägel sind allerdings erlaubt.« Warum man bei einem so strengem Dresscode dann allerdings die Zehen sehen darf, ist mir nicht ganz erklärlich. Sicher, rote Fingernägel und rote Lippen werden nicht umsonst oft die »Waffen einer Frau« genannt und sind typisch weibliche Attribute. Darüber, dass es gerade in Jobbereichen, die sehr männerdominiert sind, nicht klug ist, sich über die Maßen feminin zurechtzumachen, habe ich einige Kapitel im ersten *Lexikon der Benimmirrtümer* geschrieben. Das bedeutet aber nicht, dass eine Frau keinerlei weibliche Attribute zeigen darf und wie eine graue Maus oder gar wie ein Mann herumlaufen soll. Schließlich trägt eine Frau im Job ja auch Make-up und Schuhe mit Absätzen.

Gemeint ist bei fast allen Experten, die Tipps und Ratschläge zu diesem Punkt geben: Tabu sind »rote Krallen«. Zwar sind die Zeiten vorbei, da lange, rote Nägel per se anrüchig waren, doch sie sehen eben auch heute nicht nach einer professionellen, zupackenden und seriösen Geschäftsfrau aus. Dieser Eindruck beruht zum einen auf einem psychologischen Aspekt. Unterschwellig kann die Botschaft ankommen, eine Frau mit solchen Nägeln könne oder wolle ohnehin nicht so richtig arbeiten. Dieser Eindruck kann sich hartnäckig halten, auch wenn manch eine Sekretärin glaubhaft beteuert, sie könne mit ihren langen Nägeln ganz perfekt und sehr schnell tippen. Zum anderen assoziiert man mit sehr langen roten Nägeln nach wie vor Erotik.

Wer aber keine langen »Krallen« hat, sondern eher Nägel, die der klassischen, moderaten Länge entsprechen, der kann sie durchaus auch in Rottönen halten. Hier wird man bei manch einem Job sicherlich nur die Empfehlung ausspre-chen, das gesamte andere Outfit eher zurückhaltend und seriös zu wählen – dann dürfte Ihr Image keinen Schaden nehmen. Farbige Nägel sind also nicht generell in seriösen Berufen tabu, doch ein umsichtiger Umgang mit diesem Punkt ist immer ratsam.

Ob jemand einen dezenten Farbton in Beige, Rosé oder Perlmutt wählt oder lieber eine kräftigere Nuance, ist dann Geschmackssache, genauso wie die Entscheidung, die Nägel nur poliert, aber sonst ganz natürlich zu tragen. Selbstver-ständlich sollte sein, dass zu einem seriösen Image weder schwarze Nägel noch Nägel in Neonfarben passen. Model-lierte Nägel gelten in jeder Form als nicht elegant, und alle Dekorationen, sei es nun durch Malerei oder Glitzerstein-chen, haben weder bei einem professionellen noch bei einem eleganten Look etwas zu suchen.

Gepflegte Hände und Nägel sind allerdings bei Mann und Frau ein Muss. Trockene und raue Hände sind bei einem Händedruck nicht angenehm, auch wenn man dabei nicht auf die Hand des anderen blickt. Eine geschmeidige, gepfleg-te Hand fühlt sich einfach angenehmer an. Nagelhäute, die faserig abstehen, oder gar dunkle Ränder unter den Nägeln gehören in den Bereich des Undenkbaren. So sind die regel-mäßige Anwendung von Handcreme und eine sorgfältige Maniküre mindestens einmal wöchentlich nicht wegzuden-kende Elemente des gepflegten Auftritts.

In oder out?

Irrtum:
Hosenträger sind aus der Mode und gehören zum »Opa-Look«.

Richtig ist:
Erstens sind Hosenträger gerade wieder modern, zwei-
tens muss man manche Hose sogar mit Hosenträgern
tragen.

Auf *www.herrenblatt.de* war im April 2011 ein Artikel zu lesen, in dem darauf hingewiesen wird, dass gerade junge und sehr moderne Männer wieder Lust auf Accessoires haben und sich nicht immer mit Krawatte und Gürtel zufriedengeben wollen; dass also gerade das, was lange Zeit als »Opa-Look« verschrien war, heute gerne wieder in lässiger Form getragen wird: Hosenträger. Im *GQ-Magazin* ist online zu lesen: »Wer heutzutage noch über Hosenträger lacht, ist zu belächeln und hat den Trend verpasst.« Ebay weist beim Stichwort »Hosenträger« 16 000 Treffer aus, 14 000 davon im Bereich Herrenkleidung und Herrenaccessoires. Wer hier die Stirn runzelt und sich überlegt, ob denn Hosenträger nicht schon vor einigen Jahren wieder »in« waren, der liegt nicht falsch. In den achtziger Jahren gab es bereits einmal ein Revival.

Heute kann man durchaus wieder Hosenträger tragen – ob man es dann auf so mutige und kreative Art macht, wie manch ein Fashionmagazin es für Herren zeigt, oder ob man doch lieber die diskrete Art unter dem Anzug wählt, ist allerdings ein großer Unterschied. Wer mit Anzug nicht wie der amerikanische Moderator Larry King wirken möchte, der

wird sich an die Regel halten, dass man Hosenträger – ähnlich wie auch die Unterwäsche – nur dann sieht, wenn man
sich an- oder auskleidet. Das bedeutet ganz klar, dass ein
Mann, der sich statt des Gürtels für Hosenträger entscheidet,
sein Jackett auf keinen Fall ablegen kann.

Vielleicht erklärt dies auch, warum Hosenträger lange Zeit
aus der Mode waren. Schließlich gibt es heute deutlich mehr
Situationen, in denen man informell zusammensitzt und das
Jackett ablegt. Früher wurden selbst in solchen Situationen
die Hosenträger durch die darüber getragene Weste bedeckt.
Doch wer trägt heute noch Weste? Als die Weste seltener
wurde, verschwand auch der Hosenträger.

Ein weiterer Grund, weshalb Hosenträger auch bei klassischer Geschäftskleidung mehr in den USA oder in England als in Festlandeuropa getragen werden, mag auch in
den unterschiedlichen Schnitten liegen. Wer sich Anzüge von
italienischen Designern ansieht, versteht sofort, dass solche
Hosen nur mit Gürtel getragen werden können. Die Schnitte
sind eher figurbetont, was mit Hosenträgern einen merkwür-
digen Gesamteindruck ergeben würde. Bei Engländern mag
der Sinn für Tradition eine größere Rolle spielen, bei den
Amerikanern vielleicht die Praktikabilität.

So verwundert es auch nicht, dass der Clip, mit dem die
Träger an der Hose befestigt werden, 1894 von einem Amerikaner erfunden wurde – das An- und Ausziehen sollte
»praktischer« gestaltet werden. Das finden Engländer wiederum gruselig und verwenden nur Hosenträger, die innen
am Hosenbund mit Hilfe von Knöpfen befestigt werden.
Nirgendwo gibt es übrigens so eine Vielfalt an Materialien,
Mustern und Texturen bei Hosenträgern wie in England –
auch wenn dort natürlich heute auch viele Männer lieber

einen Gürtel tragen. Es sollte überflüssig sein zu erwähnen, dass man nicht jede Hose mit Hosenträgern tragen kann, sondern nur eine, deren Schnitt dafür passend ist, und natürlich würde man niemals Hosenträger und Gürtel gleichzeitig tragen.

Wer abends gern elegant ausgeht, weiß, dass Smoking- und Frackhose immer mit Hosenträgern getragen werden, egal, ob die nun gerade den Ruf eines »Opa-Outfits« haben oder auf roten Teppichen zu sehen sind.

So praktisch

Irrtum:

Herrenhemden sollte man immer mit Brusttasche kaufen.

Richtig ist:

Das feine Herrenhemd hat keine Brusttasche.

Schaut man sich im Internet die immer zahlreicheren Foren und Blogs an, die in den letzten Jahren zum Thema »Kleidungsstil bei Männern« oder »Männermode« usw. entstanden sind, so stößt man immer wieder auf die Frage: »Trägt man ein Herrenhemd mit Brusttasche oder ohne?« Da ist dann schon mal vom »Verschwinden der Brusttasche« die Rede, und manch einer fragt ganz empört, wie es denn käme, dass es immer weniger Hemden mit Brusttasche zu kaufen gäbe, wo doch früher Hemden sogar zwei Taschen hatten. Nun müsse man sich schon plagen, um ein Hemd mit wenigstens *einer* Tasche zu erstehen. Da liegt es nicht fern, die Hersteller einer allgemeinen Sparmaßnahme zu verdächtigen – immerhin sparen sie durch das Weglassen der Taschen nicht nur Stoff, sondern auch Arbeitsschritte. Zugleich ist all dies allerdings ein geradezu himmelschreiendes Beispiel für eine fehlende qualitative Diskussionsgrundlage der Beteiligten.

Die Brusttasche bei Herrenhemden gibt es überhaupt erst seit den sechziger Jahren. Vorher war das Tragen einer Weste so obligatorisch, dass man eine darunterliegende Hemdentasche ohnehin nicht hätte nutzen können. Erst als die Weste langsam verschwand, kam die Hemdentasche. Doch ein elegantes Hemd besaß und besitzt keine solche Tasche, zumal, so Bernhard Roetzel im Klassiker *Der Gentleman,* »niemand genau weiß, was in ihr untergebracht werden soll.«

Wer nun argumentiert, das sei doch der richtige Platz für Schreibgeräte, der zeigt, dass er eben den Unterschied vom »Diensthemd«, wie es vielleicht ein Busfahrer oder Zugbegleiter trägt, zum »feinen«, also eleganten Hemd nicht sieht. Wer elegante Kleidung trägt, der sollte es unterlassen, sich die Taschen vollzustopfen wie ein Hamster seine Backen, und »fein« bedeutet eben auch, dass der Schwerpunkt nicht auf dem liegt, was rein praktisch wäre. Aus diesem Grund trägt man ja auch keinen Rucksack zum Anzug, sondern achtet auf Material, Schnitt und Gesamterscheinung. Hinzu kommt, dass Anzugträger mit hohem Status es gar nicht nötig haben, ein halbes Büro mit sich herumzuschleppen. Wenn sie Utensilien brauchen, dann kommen diese in eine Mappe oder Aktentasche, aber nicht in die Hemdtasche.

Wer bei einem Hemd generell auf gute Qualität achtet, weil ihm wichtig ist, dass es gut aussieht und auch lange hält, prüft unter anderem neben der »Taschenfreiheit« folgende wichtige Punkte beim Kauf:

- *Kragenstäbchen:* Ein hochwertiges Herrenhemd hat herausnehmbare Kragenstäbchen, die beim Waschen oder Bügeln entfernt werden. Neben Kunststoff gibt es dafür verschiedene, hochwertigere Materialien. Meist findet man sie bei Kent- oder Haifischkrägen, Button-down-Hemden haben sie nicht. Mit Hilfe dieser Stäbchen werden die Kragenschenkel in Form gehalten und wird dafür gesorgt, dass diese sich nicht – wie leider oft zu sehen – nach oben ausbeulen. Der Kragen muss so sein, dass die Kragenspitzen die obere Brustpartie berühren und dort auch liegen bleiben – egal, wie der Mann sich bewegt.

- *Korrekt angepasster Musterverlauf:* Streifen oder andere Muster eines Hemdes sollten an den Stellen, an denen zwei Schnittteile zusammengenäht sind, vom Verlauf genau zueinander passen.

- *Hohe Stichzahl pro Zentimeter:* Ist der Abstand von Stich zu Stich gering, dann ist die Naht fester und haltbarer. Doch das kostet sehr viel Fadenlänge, auch muss dafür die Nähgeschwindigkeit reduziert werden. Gute Hemden haben etwa acht Stiche auf einen Zentimeter Naht.

- *Kappnähte:* Hier werden die Schnittkanten nach innen geschlagen und sind somit nicht mehr sichtbar. Deutlich sieht man dieses Detail, wenn ein Mann zum Beispiel seine Ärmel umschlägt. Bei den meisten industriell gefertigten Hemden sind die Nähte nur versäubert.

- Das Hemd hat Perlmutt- und keine Plastikknöpfe.

Ob Knöpfe am Ärmelschlitz und eine geteilte Schulterpasse auch zu den Qualitätskriterien gehören, darüber streiten sich die Experten.

Natürlich könnte man hier noch viel über den wichtigsten

Bestandteil des Hemdes schreiben: den Stoff. Doch das würde den Rahmen des Buches sprengen. Lassen Sie mich nur eines dazu erwähnen: Kaufen Sie keine sogenannten bügelfreien Hemden. Erstens sind sie nicht bügelfrei, man kommt also um diese Arbeit nie ganz herum – sie bügeln sich nur leichter und kommen nicht gar so zerknittert aus der Waschmaschine. Doch die Stoffe verlieren mit jeder Wäsche ein Stück von dieser Eigenschaft, man muss mit zunehmendem Alter des Hemds also immer mehr bügeln. Hinzu kommt, dass diese Stoffe nicht so gute atmungsaktive Tragequalitäten haben und von ihrer Gesamtoptik niemals so hochwertig wirken wie ein Hemd, das nicht mit dieser Eigenschaft wirbt.

Wenn Ihnen Ihre Erscheinung wichtig ist oder wenn Sie vielleicht Probleme haben, die richtige Passform zu finden, sollten Sie Ihr Hemd ohnehin beim Maßkonfektionär machen lassen. Es kostet nicht mehr als ein gutes Hemd aus dem Kaufhaus, sitzt aber immer besser, und Sie haben mehr Möglichkeiten, den Kragen, die Knöpfe, Farben und Muster nicht nur nach der derzeitigen Mode, sondern nach Ihrem Geschmack auszuwählen.

Gelackmeiert

Irrtum:
Zum Smoking trägt man ausschließlich Lackschuhe, und Lackschuhe sind nur für den Abend.
Richtig ist:
Das galt früher einmal.

Der »Smoking«, ein Klassiker der Herrengarderobe, wird auch »Kleiner Gesellschaftsanzug« genannt; im eher internationalen Umfeld bezeichnen ihn die Begriffe »Tuxedo«, »Black Tie« und »Cravate noire«. Grundsätzlich wird er nur abends getragen, es gibt nur wenige Ausnahmen, bei denen man auch etwas früher damit erscheinen kann. Das sind dann meist sehr formelle oder feierliche Veranstaltungen, die schon am frühen Abend beginnen, aber recht spät enden. Hier in Deutschland trifft das beispielsweise auf die Bayreuther Festspiele zu.

Doch der Smoking ist in den letzten Jahren wieder in Mode gekommen – leider, muss man vielleicht sagen, denn der Look dieses schönen Stücks wird oft dadurch verdorben, dass er schon vormittags zu sehen ist. Im Standesamt zum Beispiel – man wollte es halt schön festlich haben, lautet das Argument.

Neben der meistgesehenen Art, den Smoking zu tragen, also mit Hemd mit Kläppchenkragen, Umschlagmanschette und Schmuckknöpfen, schwarzer Schleife und Kummerbund, gibt es durchaus andere Kombinationsmöglichkeiten, die immer noch klassisch genug für einen Smoking sind. Manch einer trägt lieber den Umlegekragen, mag die Hemdbrust verziert oder glatt oder trägt statt Kummerbund eine Weste. Man sieht hin und wieder auch einige Extravaganzen, doch die sollten sich nur besonders kreative Köpfe leisten, die »sehr Spezielles« auch auf wirklich originelle Weise kombinieren können.

Ganz klassisch, aber heute schon eher mutig, weil selten zu sehen, sind schwarze Lackslipper zum Smoking – also ausnahmsweise keine Schnürschuhe, die ja sonst immer die formellere Variante sind. Die fast wie Ballerinas wirkenden Slipper aus Lackleder haben vorne über dem Rist ein schwarzes Ripsband oder eine Ripsschleife. Doch schon seit Jahr-

zehnten sind die meisten Männer, die sich das erste Mal eine
Ausstattung um den Smoking zusammenstellen und kein
Vorbild dafür bei ihrem Vater oder Großvater hatten, wie
vom Donner gerührt, wenn ihnen solch ein Schuh vorge-
führt wird. Dass etwas so korrekt und klassisch ist, dass es
schon wieder Mut kostet, es zu tragen, ist äußerst selten.
Viele Herren entscheiden sich heute leichter dazu, einen
schwarzen, sehr schlichten Lackschuh als Schnürschuh zum
Smoking zu tragen. Das sind dann immer Modelle, die eine
geschlossene Schnürung und nur sehr dezente Nähte aufweisen. Selbst hier zuckt manch ein Mann des 21. Jahrhunderts noch zusammen – vor allem, wenn er sich den Smoking für eine einmalige Gelegenheit nur leihen, den Schuh
hingegen kaufen wollte, um ihn auch bei anderen formellen
Angelegenheiten zu einem Anzug zu tragen. Doch auch
diese Variante ist kein Muss mehr. Es ist völlig in Ordnung,
einen sogenannten »Plain Oxford« in Schwarz dazu zu tragen. Das bedeutet jedoch nicht, dass jeder normale schwarze
Schnürschuh, wie ihn viele sonst zum Anzug tragen, passend
ist. Der »Plain Oxford« weist folgende Merkmale auf:

- Er hat eine dünne Ledersohle.
- Die Schnürung ist geschlossen und nicht in zwei Flügeln
  oben auf den Schuh genäht.
- Der Schuh weist keinerlei Lochmuster auf.
- Es gibt keine dekorativen Nähte.
- Alle notwendigen Nähte sind fein und diskret.
- Als Farbe kommt nur schwarz infrage.
- Er muss auf Hochglanz poliert sein.

Richtig ist also, dass Männer Lackschuhe nur am Abend tra-

gen, da ja der Smoking ebenso wie der Frack eine Abendgarderobe ist. Doch die Anweisung, Lackschuhe nur abends
zu tragen, hat sich als eine Art Faustregel offenbar ganz allgemein in die guten Tipps zu Dresscodes eingeschlichen.
Das ist aber so nicht richtig, weil es eben aus dem Zusammenhang gerissen ist.

Für Frauen gilt diese Faustregel nicht. Wenn wir einen
klassischen Pump für Frauen ansehen, dann sind natürlich
die Exemplare aus Lack immer etwas feiner und eleganter als
diejenigen aus Glattleder. Außerdem glänzen sie stark, und
Glanz gehört natürlich eher zum Abend und weniger zum
Einkaufen oder ins klassische Geschäftsleben. Doch neben
einem klassischen Pump gibt es heute eine ganze Reihe von
anderen Schuhformen in so vielen Varianten, dass auch
mancher Lackschuh selbst zum seriösesten Outfit in der
edelsten Privatbank mit der konservativsten Klientel und
dem strengsten Dresscode durchaus möglich ist. Hier würde
man immer eher auf die Gesamtwirkung schauen und nicht
allein darauf, ob bei den Schuhen Lack gewählt wurde.

Drunter und drüber

Irrtum:

*Frauen tragen beim Hosenanzug eine Bluse über der
Hose.*

Richtig ist:

Eine solche Regel gibt es nicht; sie wäre auch Unfug.

Mich erreichen viele Fragen, mit denen ich um meine Meinung gebeten werde – entweder als Zuschrift oder im Rahmen eines Seminars. Manche davon sind einfach kuriose

Einzelfälle, doch einige Dinge tauchen immer wieder auf. Dazu gehört der Satz: »Bei Frauen gehört die Bluse über die Hose, oder?« Im Seminar höre ich diesen Einwand meist dann, wenn ich erkläre, dass man zu jedem Kleidungsstück mit Gürtelschlaufen auch einen Gürtel tragen muss. Häufig argumentieren die Damen, das könne für sie nicht gelten, da man die Schlaufen ja nicht sehe, weil die Bluse über der Hose zu tragen sei.

Der sogenannte Lagen- oder Schichtenlook mag ein Modegag sein, bei seriöser Business-Kleidung hat das aber nichts zu suchen. Bei Businesskleidung und dem professionellen Look im Beruf gehört das Hemd in die Hose – und zwar bei Männern ebenso wie bei Frauen. Eine Bluse, die über Hose oder Rock hängt, sieht einfach unordentlich aus. Zudem betont sie meist die Proportionen einer Frau sehr unvorteilhaft, weil sie den Oberkörper länger, den Unterkörper – und damit die Beine – hingegen kürzer erscheinen lässt.

Viele Frauen argumentieren nun, sie müssten so verfahren, weil man bei einer in den Bund gesteckten Bluse erst recht erkenne, wie stark der Umfang der Hüfte sei. Und selbst ein Bäuchlein sehe in dieser Kleidung wie ein handfester Bauch aus, wenn nicht gar wie eine fortgeschrittene Schwangerschaft ... Hier kann ich nur zu bedenken geben, dass das Kaschieren mit einem schlampigen Look auch nicht zum Ziel führt. Besser wäre es, sich zum Beispiel passende Jacketts zu besorgen und diese dann anzulassen.

Leider sind heute viele Blusen so kurz geschnitten, dass sie gerne aus der Hose rutschen. Natürlich sieht auch das nicht gut aus. Aber da hilft nur, sich entweder nach einer Marke umzusehen, die eher die Bedürfnisse von berufstätigen

Frauen erfüllt und längere Schnitte hat, oder zum Maßkonfektionär zu gehen. Lässt man die Bluse dort anfertigen, kann man auch ein paar andere Dinge vermeiden, die oft von den Herstellern nicht so schön gelöst sind. So gibt es ein fatales Detail, das bei Damen in einem Meeting leicht zum Problem werden kann: Bei vielen Blusen stehen die Knöpfe so weit auseinander, dass man – wenn die betreffende Kollegin sitzt – in aufklaffende Lücken schauen kann und unwillkürlich einen Blick auf ihren BH hat. Da auch Frauen bei der Anprobe neuer Kleidungsstücke oft den Fehler machen, diese nur in einer schönen Steh-Pose zu betrachten, wissen die wenigsten, dass sich die Bluse vorne zusammenstaucht, wenn sie sitzen, und sie infolgedessen unfreiwillig ihre Unterwäsche präsentieren.

Ebenso unabsichtlich präsentiert aus genau demselben Fehler manch eine Frau einen tiefen Blick in ihr Dekolleté. Da werden bei der Bluse die obersten zwei, drei oder auch vier Knöpfe geöffnet, und ein kritischer Blick in den Spiegel, der immer im Stehen erfolgt, scheint zu sagen: Das geht noch. Ja – im Stehen! Doch beim Beugen über den Laptop oder eine Akte im Gespräch mit Kunden oder Kollegen öffnet sich auch hier manch eine etwas lockerer geschnittene Bluse so weit, dass man Oberweite und Unterwäsche bewundern kann. Viele Männer berichten mir so etwas aus den Meetings, manch ein Vorgesetzter ist hilflos bei der Frage, wie er der Mitarbeiterin sagen soll, dass bald die ganze Mannschaft ihre Unterwäschekollektion kennt. Einerseits muss er sie darauf ansprechen, da er sie schützen will und soll. Überdies muss er auch dafür sorgen, dass die Mitarbeiter zum professionellen und seriösen Image des Unternehmens beitragen. Doch andererseits bringt er die deutlichen

Worte einfach nicht über die Lippen. Er wird vielleicht auch von der Sorge gelähmt, dass das Gespräch missverstanden werden und dass sich die Mitarbeiterin belästigt, angegriffen oder verletzt fühlen könnte.

Mit dem Gang zum Maßkonfektionär kann vermieden werden, dass es überhaupt zu solch unliebsamen Einblicken kommt. Weiterhin kann er einen Wunsch erfüllen, den meist Frauen in höheren Positionen hegen: Sie möchten gerne ihren Hemdkragen aufgestellt unter dem Jackett tragen, nicht flach darüber, wie es oft zu sehen ist. Auch verdeckte Knopfleisten oder Umschlagmanschetten kann er mühelos und ohne Aufpreis liefern.

Gut und korrekt gekleidet zu sein hängt nicht immer mit einem prall gefüllten Geldbeutel zusammen. Es hat etwas mit Wissen, mit Kenntnis, mit Sorgfalt und Mühe zu tun. Investiert man in diese Tugenden, wird man reich entlohnt – und sei es nur damit, dass man Präsentationen entspannt halten kann, ohne sich ständig zu vergewissern, ob die Kleidung noch richtig sitzt, und ohne einen irritierten Blick zu fürchten, an dem man ablesen kann, dass das eigene Dekolleté gerade interessanter ist als die prognostizierten Umsatzzahlen für das nächste Jahr.

Knieumspielend

Irrtum:
Der Rock im Beruf darf maximal eine Handbreit über dem Knie enden.
Richtig ist:
Diese Rocklänge ist zu kurz; es werden aber genauso Fehler mit zu langen Röcken gemacht.

»Knieumspielend« – diese Antwort geben so gut wie alle, die sich beruflich mit dem Thema korrekte Kleidung, Dresscodes usw. beschäftigen, auf die Frage nach der richtigen Rocklänge. Das bedeutet ganz klar, dass ein wadenlanger und auch ein Maxirock bei einem professionellen Look ebenso wenig zu suchen haben wie zu kurze Stücke. Ein Rock, der eine höhere Position und Qualifikation unterstreicht, ist außerdem gerade geschnitten und sitzt so, dass sich der Slip darunter nicht abzeichnet. Bewegungsfreiheit ist wichtig, er darf auch nicht so eng sein, dass sich eventuelle Pölsterchen abzeichnen.

»Knieumspielend« meint genau, was es sagt: Der Rocksaum endet kurz über oder unter dem Knie, im Allgemeinen nicht mehr als etwa zwei Fingerbreit. Das hat nichts mit Prüderie zu tun, sondern mehr mit der Tatsache, dass eine Frau sich selbst keinen Gefallen tut, wenn sie in ihrem Erscheinungsbild im Job zu sehr auf Feminität setzt. Ein Rock, der eine Handbreit über dem Knie endet, ist selbst im Stehen schon recht kurz. Bei einer jungen, schlanken und großen Frau kann das dennoch gut und auch noch seriös genug aussehen. Doch das Problem kommt auch hier durch die Hintertür, etwa wenn ein Meeting ansteht, in dem man beispielsweise in U-Form sitzt – mit Aus- und Einblick zum Gegenüber.

Wie auch immer Sie die passende Länge für sich definieren wollen: Im Sitzen sollte der Rock immer noch in der Nähe der Knie bleiben und nicht auf die Mitte der Oberschenkel rutschen. Genau das aber passiert, wenn ein Rock im Stehen eine Handbreit über dem Knie endet. Schon im »normalen« Sitzen rutscht er ein ganzes Stück hoch, und werden dann noch die Beine übereinandergeschlagen, werden die Oberschenkel weit entblößt.

Wer weitere Pannen vermeiden will, der achtet auch auf den Schlitz und wie dieser sich bei den üblichen Bewegungen verhält. Ein kleiner Gehschlitz ist völlig in Ordnung, doch leider haben viele Röcke sehr lange Schlitze, und viele Frauen merken gar nicht, was sie im Getriebe der Arbeit offenbaren. Steht man im Laden und betrachtet sich im Spiegel, so fällt das nicht weiter auf. Baut man jedoch zusammen mit Kollegen den Beamer für die gemeinsame Präsentation auf und beugt sich dabei weit über den Tisch oder nach unten, um den Stecker in eine Steckdose zu schieben, so gibt man oft schon wieder weit mehr Einblicke, als man beabsichtigt hatte.

Natürlich gibt es Menschen, die diese Einblicke gezielt einsetzen und davon ausgehen, dass sie ihre Geschäfte erfolgreich zum Abschluss bringen, weil sich das männliche Gegenüber verwirren und als Folge zu jeder Unterschrift überreden lässt. Wer das mag – nur zu! Mir aber geht es hier um die Frauen, die auf ihr Äußeres achten, ein gepflegtes und professionelles Erscheinungsbild wünschen und bei solchen Dingen unfreiwillig einen blinden Fleck haben. Weder der noch so kritische Blick in den Spiegel im Stehen noch eine achtsame Kollegin haben ihnen diese unbequeme Wahrheit vielleicht jemals gesagt.

Von den Socken

Irrtum:
Nur Männer machen den Fehler, zu kurze Socken zu tragen.
Richtig ist:
Leider machen ihn viele Männer – und manche Frauen auch …

Auch wenn das meiste am Erscheinungsbild sehr gut oder zumindest in Ordnung ist, in puncto Strümpfe und Socken kommt der Gruselfaktor häufig doch noch zum Zug. Über so extreme Erscheinungen wie die weißen Socken zu normaler Kleidung muss man da gar nicht sprechen. Doch obwohl das längst der Vergangenheit angehören sollte, gibt es immer noch Menschen, die weiße Socken nicht nur in Ordnung finden, sondern sie geradezu als erste Wahl betrachten – so wie blütenweiße Unterwäsche eben auch der Inbegriff von Reinheit und Sauberkeit ist. Von Günther Jauch wird gesagt, dass er fast schon allergisch auf Studiogäste mit weißen Socken in der ersten Reihe reagiert. Ich kann das verstehen – es ist ein mehr als verstörender Anblick. Weiße Socken sind richtig für Beschäftigte in medizinischen Berufen, passend zur sonstigen Dienstkleidung, auch bei einigen Sportarten sind sie absolut akzeptabel. Sonst aber nie.

Auch wenn das Phänomen also noch nicht verschwunden ist, an dieser Stelle geht es um ein subtileres Detail des Gesamteindrucks. Denn die beste Garderobe mit den elegantesten Accessoires verliert ihre ganze Wirkung, wenn der Blick des Betrachters geradezu magisch von den Strümpfen oder Socken angezogen wird. Wer nicht gerade zum Karneval geht oder auf dem roten Teppich von sich reden machen möchte oder unbedingt – warum auch immer – etwas ganz besonders Gewagtes ausprobieren will, der sollte von allen leuchtenden Farben und Ringelsocken Abstand nehmen.

Beim eleganten Outfit für das Privatleben gilt dasselbe wie bei Anzügen und Hosenanzügen im Beruf: Strümpfe sollen den farblichen Übergang zwischen Hose und Schuh harmonisch machen und so wenig wie möglich auffallen. Das bedeutet, dass keine Strümpfe mit einem Nikolaus oder dem

Logo einer Fußballmannschaft getragen werden, ebenso
wenig sollte an den Knöcheln Ihre Leidenschaft für Walt
Disney zum Vorschein kommen. Auch eine farbliche Ab-
stimmung der Strümpfe mit der Krawatte ist Unfug.

Doch selbst wer hier noch zustimmend nickt, macht oft
den eingangs erwähnten Längenfehler. Dieser war lange Zeit
nur bei Männern zu sehen, doch wer heute durch die Büros
läuft, findet ihn leider zunehmend auch bei Frauen.

Ob ein Mann sich an die Maxime hält, dass zum Anzug
keine Socken gehören, sondern nur Kniestrümpfe, ist dabei
völlig gleichgültig – schließlich gibt es keine »Etikette-Poli-
zei«, die verlangt, dass Sie Ihre Beine bis zum Knie entblö-
ßen, damit das kontrolliert werden kann. Es gibt heute genügend Socken, die den »Längenfehler« vermeiden: Sie sind
lang genug, um kein Stück bloße Haut herausschauen zu
lassen, wenn ein Mann oder eine Frau die Beine übereinan-
derschlägt. Denn das sieht erstens unästhetisch aus, zweitens
lenkt es ab. Bei Männern ist dies ein bekannter Fehler, da sie
häufig Socken kaufen, die zu kurz sind, oder weil die Socken
im Laufe des Tages nach unten rutschen. In den letzten Jahren haben sich aber anscheinend immer mehr Frauen dazu
entschlossen, unter einem Hosenanzug mit Pumps keine
Strumpfhose oder Halterlose zu tragen, sondern sogenannte
»Feinsöckchen«. Warum jemand diese Abscheulichkeit erfunden hat, wird wohl ein Rätsel bleiben. Alle diese Söckchen
sind jedenfalls so kurz, dass man unweigerlich – oft schon
beim Gehen! – den eher unschönen Abschluss derselben
und ein Stück Wade sieht, das oft noch von dem unschönem
Einschnitt des Sockenbundes gezeichnet ist. Ein weiteres
Problem dieser Feinsöckchen scheint zu sein, dass sie offenbar selten so gut sitzen wie Feinkniestrümpfe. So bemerkt

man bei ihnen häufig eine merkwürdige Faltenbildung am Fuß, oder es bilden sich sogar Röllchen.

Frauen eifern in vielen Dingen den Männern nach, und das oft auch zu Recht, denn sie erschließen sich dadurch viele Möglichkeiten, die ihnen früher verwehrt und den Männern vorbehalten waren. Aber bitte, liebe Frauen, macht den Männern diesen Fehler nicht nach! Die einzigen Optionen für Frauen sind ein Kniestrumpf aus dem gleichen feinen Material oder eben doch die Strumpfhose oder die Halterlose.

Gestreift

Irrtum:
In welche Richtung die Streifen der Krawatte laufen, ist egal.
Richtig ist:
Streifenmuster haben viele Bedeutungen – damit sollte man umgehen können.

Rund 80 Prozent aller in Deutschland verkauften Krawatten sind Streifenkrawatten. Wer einen Blick auf Nachrichtensprecher, Politiker und die Kollegen im Büro wirft, kann sich schnell davon überzeugen, dass dies das meistgewählte Design ist. Doch nicht nur die Wahl des Streifenmusters an sich, also welche Farben in welcher Kombination und Breite verwendet werden, auch die Frage, wie dies mit Hemd und Anzug zu kombinieren sei, führt zu Irrtümern und Missverständnissen.

Ein Blick auf die Hintergründe: Das Design der europäischen Krawatten kommt ursprünglich von den englischen Regimentskrawatten. In England wurde es zum Ende des

19. Jahrhunderts üblich, dass die Soldaten Krawatten in den Farben ihres Regiments trugen. Ähnlich verfuhren dann auch die Sportvereine, Schulen und Universitäten, und diese Praxis hat sich in großen Teilen bis heute so erhalten. Alle diese Krawatten sind Streifenkrawatten, was zunächst in erster Linie fabrikationstechnische Gründe hatte. Schon früh entdeckte man, dass eine Krawatte über längere Zeit und über viele Ver- und Entknotungen hinweg am besten in Form bleibt, wenn der Stoff quer zur Webrichtung verwendet wird. Heute wird er aus demselben Grund in einem Winkel von 45 Grad geschnitten. Streifen, die im Gewebe also vertikal laufen, erscheinen in der Krawatte nun diagonal.

Auf der Krawatte mussten früher die Farben der Regimenter und Clubs untergebracht werden, und die Verarbeitung erforderte einen schrägen Zuschnitt. Überdies musste das Muster zu den entsprechenden Bereichen wie Militär oder Schule passen. Es gab also schlichtweg kaum Möglichkeiten zur Variation. Einzelne farbige Streifen, die schräg geschnitten waren, aneinanderzunähen erschien wohl als beste Lösung – und schon waren die ersten Streifenkrawatten kreiert. Da England damals dank der Kolonien Seide und Wolle in großem Stil importierte, wurde London schnell zu einer Stadt der Mode, und die Sitte, gestreifte Krawatten zu tragen, breitete sich aus.

Wer heute hier in Festlandeuropa eine Krawatte trägt, die zufälligerweise die Farben einer englischen Universität oder eines Clubs trägt, der macht damit keinen Fehler, denn niemand kann die zahlreichen Kombinationen im Kopf haben. Wer allerdings bei Herstellern ganz explizit solche Krawatten verlangt, hat offenbar eine gewisse Großtuerei nötig. Man heftet sich ja auch keine Medaille an, nur weil sie so schön

aussieht. Da man die Bedeutungen der einzelnen Streifenmuster als Nicht-Engländer nicht kennen kann, lautet überdies eine gängige Empfehlung, bei einem Besuch in England
lieber von vornherein auf eine Streifenkrawatte zu verzichten. Die Vorstellung, dass Ihr potenzieller Kunde Sie beim
Small Talk ansprechen könnte: »Sie sind also auch Mitglied
im X-Club«, ist nicht gerade erhebend, und man sagt, dass
die Engländer bei so einem Fauxpas »not amused« sind.

Doch nicht nur die Annahme, es sei völlig egal, welche
Streifen man wählt, ist ein Irrtum. Es wird auch oft überse-
hen, dass die Richtung, in die die Streifen laufen, gleichfalls
von Bedeutung ist. Bei uns in Deutschland wie im übrigen
Europa verlaufen die Streifen von links unten nach rechts
oben. Manch einer meint, das müsse immer so sein, zumindest in allen Kontinenten und Ländern, die von links nach
rechts lesen: Die Streifen der Krawatte folgten der normalen
Blickrichtung. Doch das ist nicht richtig, auch wenn es
logisch klingt. Wer schon einmal in den USA Businesskleidung gekauft hat, dem mag aufgefallen sein, dass in Amerika
die Streifen fast immer in umgekehrter Richtung laufen, also
von links oben nach rechts unten. Es gibt heute in einigen
amerikanischen Geschäften auch die »europäische Version«,
doch traditionell werden auch weiterhin Krawatten mit
Streifen mit amerikanischer Ausrichtung getragen. Für diese
Besonderheit werden in Fachbüchern und im Internet einige
Erklärungsversuche unternommen, doch wirklich stichhal-
tige Begründungen habe ich bisher nicht gefunden.

Möglichkeit 1:
Als in den USA Streifenkrawatten in Mode kamen, kümmerte es niemanden, was die Farben zu bedeuten hatten und

ob sie vielleicht das Merkmal eines Regiments oder Clubs waren. Die Briten fanden es schon damals mehr als unfein, sich mit »fremden Farben« zu schmücken, und angeblich protestierten einige britische Clubs sogar offiziell bei den amerikanischen Herstellern gegen die Verwendung ihrer Muster. Es heißt, diese hätten dann ganz amerikanisch-pragmatisch reagiert, die Farbkombinationen beibehalten und nur das Muster auf den Kopf gestellt. Vielleicht dachten die Hersteller beim ersten Mal einfach, es sei schade um den schönen Stoff, der nun einmal schon gefertigt war, und behielten das Erfolgsrezept dann bei.

Möglichkeit 2:
Die Arbeiter, die in den Fabriken an den Krawatten arbeiteten, verunreinigten gelegentlich die Stoffe, da ihre Hände bei der Arbeit nicht immer ganz sauber waren. So bekamen sie die Anweisung, den Stoff immer von der linken Seite her zuzuschneiden. Beim Umdrehen des Stoffes dachte niemand darüber nach, dass auch die Schnittrichtung angepasst werden müsste, und schon war das umgedrehte Streifenmuster geboren.

Beides sind nette Geschichten und eignen sich wunderbar für einen Business-Small-Talk, doch wie viel Wahrheitsgehalt sie haben, wird wohl immer unklar bleiben. Festhalten kann man nur, dass es diesen Unterschied in der Streifenrichtung gibt.

Auch wenn Sie gerne im Urlaub Kleidung kaufen, empfehle ich Ihnen nicht, Krawatten mit anders laufenden Streifen zu erstehen. Obwohl beide Richtungen ihre Gültigkeit haben und auch wenn beides gut aussehen mag, mit einer solchen Krawatte könnten Sie negative Reaktionen bekommen. Ihr Gesprächspartner kennt den Unterschied vielleicht nicht und nimmt ihn auch nicht bewusst wahr, doch sein Unterbewusstsein wird ihm signalisieren: »Irgendetwas ist anders an diesem Mann, irgendetwas stimmt hier nicht.« Dieser Effekt kann sehr nachteilig sein, da er unterhalb der Bewusstseinsschwelle entsteht und deshalb kaum aufgeklärt werden kann, dass es sich im Grunde um ein kleines, eher unbedeutendes Detail handelt. Doch auch wenn der andere die anders laufenden Streifen erkennt, wird er irritiert sein – es sei denn, er gehört zu den Wenigen, die sich diese Besonderheit erklären können. Jeder andere fragt sich natürlich unwillkürlich, was das umgekehrte Muster zu bedeuten hat. Schade, wenn gerade zu Beginn eines vielleicht wichtigen Gespräches die Aufmerksamkeit vornehmlich auf die Krawatte gerichtet wird.

Durch eine Reihe von Untersuchungen weiß man, dass Menschen, die eine Besonderheit aufweisen, deren Aussehen oder Verhalten in irgendeinem Punkt auffällig ist, beim Gesprächspartner einen bestimmten Effekt in der Wahrnehmung erzeugen. Das trifft nicht nur auf »gemachte« Auffälligkeiten wie die umgekehrten Krawattenstreifen zu, es kann sich auch um ein Blutschwämmchen im Gesicht handeln oder zwei verschiedenfarbige Augen. Dieser Effekt in der Wahrnehmung wird als Halo-Effekt bezeichnet, abgeleitet vom altgriechischen Wort »halos«, das den Hof um eine Lichtquelle beschreibt. Damit meint man das Phänomen, dass ein einziges Merkmal oder Verhalten alle anderen Charakteristika und Verhaltensweisen einer Person überstrahlen kann. Es scheint in diesen Fällen, als sei das Unterbewusstsein so sehr damit beschäftigt, diese Erscheinung aufzunehmen, zu verarbeiten und zu analysieren, dass alles andere nicht mehr präzise wahrgenommen werden kann. Das trifft übrigens auch bei besonders positiven Merkmalen zu. Aus Untersuchungen zur Leistungsbeurteilung in Schule und Beruf weiß man, dass Menschen, die entweder besonders gut aussehen oder eine andere ganz besonders positive Eigenschaft haben, meist besser bewertet werden, als es ihre eigentliche Leistung verdient.

Am Ende dieses Kapitels möchte ich noch auf einige andere Irrtümer rund ums Thema Krawatte aufmerksam machen:

1. *Irrtum*: Eine Krawatte nennt man auch Schlips.
   Richtig ist: »Schlips« ist ein ungehobeltes Wort, das niemand mit Stil verwendet.
2. *Irrtum*: Das schmale Ende der Krawatte baumelt frei herunter, oder es wird ins Hemd oder in das rückseitig angebrachte Herstellerschild gesteckt.
   Richtig ist: Es gibt eine eigene Schlaufe, um es einzustecken.
3. *Irrtum*: Die Krawatte endet eine Handbreit oberhalb des Gürtels.
   Richtig ist: Das war früher einmal so und ist schon lange nicht mehr angeraten. Vor allem in den fünfziger Jahren waren sehr breite und sehr kurz getragene Krawatten modisch, und bis in die siebziger Jahre hat man sie generell etwas kürzer getragen als heute. Für die klassische Kleidung im Beruf gilt heute: Die Krawattenspitze berührt die Gürtelschnalle. Sie kann nur mit der Spitze heranreichen, sie kann aber auch bis zur Mitte des Gürtels gehen. Hängt sie weiter herunter und baumelt schon fast im Schritt, ist

das peinlich. Wer seine Beobachtung, dass Krawatten nach neuer Mode auch wieder kürzer getragen werden, umsetzen möchte, sollte überlegen, ob das zu seinem Job passt oder ob hier die konventionelle Form angeraten ist. Darüber hinaus sieht es unmöglich aus, wenn man eine Krawatte in Standardbreite zu einem klassischen Anzug mit einem »normalen« Hemd so kurz bindet. Wenn schon kurz, dann sollten Sie richtig kombinieren – dann muss also das ganze Outfit jung und stylish sein: etwa ein moderner, schmal geschnittener Anzug mit einem pfiffigen Hemd und einer schmalen Krawatte mit modernem Design.

4. *Irrtum*: »Ich bin zu groß oder zu dick, bei mir können die Krawatten gar nicht auf der richtigen Höhe sitzen.«

   Richtig ist: Eine Krawatte ist normalerweise etwa 145 cm lang, wird für besonders große Menschen aber auch in Überlänge mit etwa 155 cm angeboten.

5. *Irrtum*: Motivkrawatten sind ein guter Gag.

   Richtig ist: Auch wenn die Krawatte ein Motiv ziert, das Ihren Beruf symbolisiert (in Banken sind leider immer wieder Euro- oder Dollarzeichen oder Goldmünzen zu sehen …), sind Motivkrawatten schon lange nicht mehr lustig. Das gilt auch für Weihnachtsmänner – erst recht für solche, die nackt auf dem Weihnachtsbaum sitzen.

6. *Irrtum*: Die Krawatte in der gleichen Farbe wie das Hemd zu tragen ist besonders stylish.

   Richtig ist: In dieser Kleidung sehen Sie aus wie ein Türsteher oder wie ein Zuhälter.

7. *Irrtum*: Die Krawatte ist heller als das Hemd.

   Richtig ist: Bei klassischer Geschäftskleidung ist immer das Hemd der hellste Teil des gesamten Outfits. Nur so kommt die Krawatte richtig zur Geltung, und nur so wird das Gesicht optimal betont.

8. *Irrtum*: Streifen auf Streifen geht gar nicht.

   Richtig ist: Ein gestreiftes Hemd trägt man niemals zu einem Anzug mit Nadelstreifen, aber man kann durchaus eine gestreifte Krawatte auf einem gestreiften Hemd tragen. Allerdings sollten die Streifen völlig unterschiedlich sein, und man braucht viel Fingerspitzengefühl, um richtig zu kombinieren.

9. *Irrtum*: Manche Männer binden die Krawatte aus Versehen so, dass eine komische Falte entsteht.

   Richtig ist: Es handelt sich nicht um ein Versehen; vielmehr geben sich diese Männer größte Mühe dabei, die Krawatte genau so zu binden. Diese Falte wird im Allgemeinen »dimple«, also Grübchen, genannt und kann bei bestimmten Knoten entstehen. Es gibt Menschen, die starke Befürworter des Grübchens sind, andere wiederum sind strikt dagegen.

10. *Irrtum*: Fliege und Krawatte sind gleich formell.

    Richtig ist: Außer bei Abendkleidung, bei der eine Schleife oder Fliege dazugehört, gilt beim normalen Tagesanzug ein Querbinder immer als weniger formell und weiterhin als Ausdruck von besonders betonter Individualität.

Weitere Irrtümer zum Thema »Krawatte« finden Sie im ersten *Lexikon der Benimmirrtümer*, so zur leider oft falschen Kombination mit dem Einstecktuch und den falschen Knoten bei bestimmten Kragenarten.

Mann kommt nicht drumrum

Irrtum:
Trägt der Herr eine Weste, so braucht er sein Jackett
nicht zu schließen.
Richtig ist:
Das gilt nur in informellen Situationen.

Im ersten Band der *Benimmirrtümer* wurde dieser Punkt im
Kapitel »Mach doch mal die Jacke richtig zu!« nur am Rande
gestreift. Er erschien mir so selbstverständlich, dass ich damals noch nicht ahnte, dass sich hier ein weiterer Irrtum
verbirgt.

In entspannten Alltagssituationen kann ein Jackett durchaus einmal offen bleiben – auch zu einer Begrüßung, wenn
darunter eine Weste getragen wird. Schließlich verbirgt die
Weste das Hemd und auch die Falten, die sich möglicherweise durch die Bewegungen ergeben haben. Doch in formelleren Situationen gilt ganz klar: Jackett schließen! Was
genau unter formell zu verstehen ist, können nur Sie im
jeweiligen Kontext entscheiden. Im Zweifelsfall schadet es
nicht, das Jackett zu schließen, auch wenn es in der Sponta-
nität oder Schnelligkeit des Geschehens nur angedeutet
durch ein Zusammenhalten geschieht.

Leider scheinen einige diese Regel wiederum so ernst zu
nehmen, dass Sie nun das Jackett auch im Sitzen geschlossen
lassen: Es könnte ja sein, dass jemand kommt und die Hand
reichen will, so dass man schnell aufstehen muss. Da wäre es
zeitraubend und umständlich, erst dann den Knopf zu schließen, lautet die Erklärung. Doch diese Vorgehensweise ist
erstens falsch, zweitens unbequem, drittens zeugt sie von

Unsicherheit, und viertens schadet sie dem Jackett. Schließlich wird es durch die Haltung im Sitzen über Gebühr stra-
paziert – die Knöpfe lockern sich, die Knopflöcher leiern
aus. Nicht umsonst gilt die Regel, dass das Jackett immer
geschlossen zu halten ist, ausschließlich für einen Zweireiher, den zumindest hierzulande nur noch wenige Männer
tragen.

Ich kann gut verstehen, dass viele meinen, all das sei altmodisch, weil sie feststellen, dass in der eigenen Firma niemand mehr so handelt. In der Tat nimmt man es mit dem
Schließen des Jacketts in vielen Unternehmen oder Branchen nicht mehr so genau – deshalb ist die Regel aber noch
lange nicht außer Kraft. Prüfen Sie doch einmal selbst, wie
sich Menschen im Ausland verhalten, wenn Sie zum Beispiel
im Urlaub sind. Sofern Sie sich nicht nur innerhalb einer
All-inclusive-Anlage, sondern im allgemeinen Straßenbild
aufhalten, werden Sie feststellen, dass diesen Dingen sowohl
innerhalb als auch außerhalb Europas oft mehr Aufmerksamkeit geschenkt wird als bei uns. Doch auch hierzulande
gibt es viele Situationen, bei denen man das Schließen des
Jacketts beobachten kann. Achten Sie einmal im Fernsehen
darauf, wie Vorstände von Unternehmen vor die Presse treten, wie Politiker und andere Personen des öffentlichen
Lebens ein Auto verlassen, wie Mitglieder des Bundestages
sich aus ihren Reihen erheben und ans Rednerpult treten:
Mit wenigen Ausnahmen werden alle die Hand an den Knopf
führen und das Jackett schließen.

Generell gilt: Der unterste Knopf sollte offen bleiben. Ob
Sie bei einem Jackett mit drei Knöpfen die beiden obersten
oder den mittleren schließen, hängt vom Schnitt ab. Prüfen
Sie also, wie es besser aussieht. Analog dazu können Sie alle

anderen Knopfreihen betrachten: entweder nur den bzw. die mittleren Knöpfe schließen und den untersten und obersten offen lassen oder von oben herunter knöpfen, wobei dann ebenfalls der unterste Knopf nicht geschlossen wird.

Frauen sollten in formelleren Situationen im Geschäftsleben das Jackett im Stehen ebenso schließen, zumindest andeutungsweise. Trägt eine Frau ein Jäckchen, das immer geschlossen ist, weil es so einfach besser aussieht, kommt sie in diesem Fall tatsächlich um das abwechselnde Öffnen und Schließen herum.

Zugeknöpft

Irrtum:

Der oberste Hemdknopf kann auch bei einer Krawatte offen bleiben – man sieht es ja nicht…

Richtig ist:

Man sieht sehr wohl, ob der Knopf offen ist oder nicht.

Manche Entscheidungen sind einfach unverständlich. Warum in aller Welt sollte man ein Hemd kaufen, das keinen Kragenknopf hat? Normalerweise wäre das ein Mangel, den man reklamieren könnte, denn dieser Knopf gehört schließlich dazu. Doch es gibt Männer, die eigens danach auf die Suche gehen und unbedingt so ein Hemd haben wollen. Andere tragen Hemden, die durchaus einen Knopf am Kragen haben, lassen diesen unter der Krawatte aber offen. Die Begründung ist wie bei fast allen uneleganten Details, die bewusst in Kauf genommen werden, reine Bequemlichkeit. »Dann drückt es nicht so« heißt es, oder auch: »Für meine Größe gibt es einfach keine passenden Hemden.« Männer, die ein Hemd so tragen, gehen immer davon aus, dass man es nicht sieht, weil sie den Unterschied selbst nicht erkennen. Sie nehmen an, dass andere genauso blind für elegante Details und Feinheiten der Kleidung sind.

Dem ist aber nicht so. Ich kenne genügend Firmen, in denen man ganz gerne mal über die Besucher und Kollegen spöttelt, die den »Bequemkragen« tragen. Gerade nach einem langen Arbeitstag mit viel Bewegung ist ein Kragen mit offenem Knopf niemals so klar definiert und schön in Form wie ein korrekter Kragen.

Kleidung im Beruf muss auch bei formeller Kleidung immer praktikabel sein, man soll sie bequem und sorglos tragen können. Schließlich hat man den ganzen Tag viel zu tun und kann sich nicht ständig um den Sitz der einzelnen Stücke kümmern. Auch möchte niemand eingeschränkt sein, weil die Kleidung den Anforderungen des Tages nicht gewachsen ist. Deshalb aber ein Hemd mit offenem Kragenknopf oder gar ohne einen solchen zu tragen, ist mitnichten ein Beweis für Sachkenntnis in Sachen Stil und korrektes Auftreten. Es ist vielmehr schlicht der Ausdruck dessen, dass man auf Marketingstrategien reingefallen ist. Wer sich ein Hemd passend kauft oder es sich bei einem Maßkonfektionär passend anfertigen lässt, braucht solche Stillosigkeiten nicht.

Der Kragen eines Männerhemdes sollte so sitzen, dass zwischen Kragen und Hals bequem ein bis zwei Finger passen. So ist genügend Luft und Bewegungsfreiheit, und auch wenn es sehr heiß ist oder man erregt wird, engt der Kragen noch immer nicht ein. Wenn ein Kragen weiter ist – manchmal passt eine ganze Hand zwischen Kragen und Hals –, entsteht immer eine unästhetische Lücke, die den Blick auf sich zieht und damit den Gesprächspartner ablenkt.

Wer eine Krawatte trägt, der sollte sich nicht nur Gedanken über deren Art oder Bindeweise machen, sondern auch den Knopf am Hemd schließen. Wer auf den Binder verzichtet, der lässt den obersten Knopf hingegen immer auf.

Schwarz sehen

Irrtum:
Braune Schuhe zum schwarzen Anzug sind modern.
Richtig ist:
Zum schwarzen Anzug passen nur schwarze Schuhe.

Braune Schuhe sind durchaus zu einem nicht braunen Anzug eine denkbare Möglichkeit. Doch es kommt auf die genauen Gegebenheiten an. Zunächst muss man überlegen, wann überhaupt ein schwarzer Anzug getragen wird.

Schwarz ist zwar an sich, als Farbe, ein Klassiker, aber nicht als Geschäftsanzug – jedenfalls nicht in den meisten Branchen. Ein schwarzer Anzug ist konventionell ein Geschäftsanzug für die Bestatterbranche. Ansonsten passt er ebenfalls grundsätzlich zu traurigen Anlässen. Nur Smoking und Frack sind schwarze »Anzüge« ohne Trauer-Konnotation. In vielen sehr jungen Branchen wird das schwarze Outfit zwar gerne im Alltag getragen, vor allem bei Architekten, Designern und anderen Kreativen, und da es hier allgemein üblich ist, ist auch nichts dagegen einzuwenden. Suchen Sie jedoch ein klassisches und für alle Gelegenheiten kompatibles Gewand, dann ist der Griff zum schwarzen Anzug nicht günstig. Besser wären hier die vielen subtilen Nuancen von Blau und Dunkelgrau, nach Geschmack in Kreide-, Schatten- oder Nadelstreifen oder in uni. Auch denkbar sind Varianten in einem Fischgrät- oder einem anderen dezenten Muster.

Wer den Anzug gerne auch mal abends tragen möchte, der wählt am besten einen blauen oder dunkelgrauen Uni-Farbton, also ohne Muster. Wenn es Branche und Position zulassen und der Anzug nicht abendtauglich sein soll, dann darf es auch dunkelbraun sein.

Zu dunkelbraunen Anzügen gehört ganz klar ein dunkelbrauner Schuh. Wer Blau- oder Grautöne bis hin zu Anthrazit trägt, wird für formelle Anlässe und in konservativen Branchen einen schwarzen Schuh dazu wählen. Wer es moderner und modischer mag, der kann – sofern es beruflich geht – dazu ebenfalls einen dunkelbraunen Schuh tragen. Früher galt bei uns die Idee, dass braune Schuhe nur zu brauner Kleidung oder zu Kombinationen getragen werden. Das gilt heute nicht mehr, wir haben uns von den mutigeren Italienern schon vor einigen Jahren zur modischeren Variante inspirieren lassen. Leider ist bei dieser Inspiration der Griff zum richtigen Braunton hierzulande noch nicht ganz sicher. Es kommt immer auf die Nuancen des Schuhs und des Anzugs an, ob ein Braunrot, ein Schokobraun oder eher ein Cognacton die beste Wahl ist. Viele deutsche Männer tragen viel zu helle Brauntöne zu den dunklen Anzügen. Sind diese hellbraunen Schuhe dann noch von mittelmäßiger Qualität, kommt schon mal der Eindruck des »Rentner-Looks« auf, frei nach dem Motto: »Je älter der Mensch, desto beiger der Schuh.«

Es lassen sich immer wieder Hinweise darauf finden, dass die Kombination von braunem Schuh zu blauem Anzug von Silvio Berlusconi erfunden worden sei, und jeder, der dies trage, propagiere ein Stück »Berlusconismus«. Doch das ist nicht richtig. Diese Mode gab es in Italien schon bevor Berlusconi von sich reden machte.

So schön es also sein mag, die braunen Schuhe im richtigen Farbton mit einem blauen oder anthrazitfarbenen Anzug zu kombinieren, zum schwarzen Anzug sind sie schrecklich und ein echter Stylingfehler. Denkt man kurz nach, dann merkt man, dass diese Kombination überhaupt nicht funktionieren kann: Trage ich den Anzug aus traurigem Grund, so gehören einfach keine braunen Schuhe dazu. Will ich ihn privat abends tragen und ist es mir egal, dass das keine klassische Variante ist, so ist der braune Schuh nicht lässig, sondern underdressed. Wer wider besseres Wissen seinen schwarzen Anzug im Geschäftsleben tragen möchte, der sollte das nicht im Klinkenputzer- oder Rentner-Look, sondern pfiffig und eben kreativ tun. Dazu gehört dann auch, die Farbe Schwarz hier als Nichtfarbe zu sehen und entsprechend bewusst einzusetzen. Durch braune Schuhe wird jedenfalls jede positive Assoziation gleich wieder zerstört.

»Gerne mit« ist als Dresscode kein Vorschlag

Irrtum:
Ein Dresscode, der mit »gerne ...« formuliert ist, impliziert, dass man wählen kann, ob man ihm folgt.
Richtig ist:
Diese Formulierung ist eine höflich ausgedrückte Anweisung.

Nur selten ist ein Dresscode heute eine Vorschrift, die durch ein Gesetz oder einen Erlass geregelt ist. Bei uns in Deutschland gelten in dieser Hinsicht für das normale öffentliche Leben nur wenige Regeln, so zum Beispiel, dass man nicht einfach oben ohne oder ganz nackt durch die Straßen laufen darf. In anderen Ländern wird dies zum Teil strenger gehandhabt. Mancherorts gelten für das öffentliche Leben Dresscodes, die eine Verschleierung der Frauen nach bestimmten Regeln erfordern. Auch in Kirchen oder anderen religiösen Stätten gibt es Dresscodes, die verlangen, dass zum Beispiel der Kopf bedeckt oder nicht bedeckt sein muss, dass keine kurzen Hosen getragen werden dürfen oder Ähnliches.

Genauer sind die Bestimmungen, wenn es um Dienstkleidung geht, und zwar nicht nur bei einem Saaldiener im Deutschen Bundestag, bei dem sogar die Knöpfe den Bundesadler tragen müssen. Bis in Details vorgegeben ist auch die Uniform von Polizisten oder Zugbegleitern, von Mitarbeitern eines Hotels, und sogar bei vielen Sportarten ist alles genau geregelt.

Ich finde es immer wieder interessant, dass viele Menschen glauben, ein Dresscode sei eine perfide Erfindung des industriellen Zeitalters, die zeige, wie pervertiert und entfremdet wir im Grunde leben. Außerdem wird immer wieder lakonisch festgestellt, dass es zu den Deutschen passe, dass sie ausgerechnet in diesem überflüssigen Punkt besonders streng seien.

Doch das ist so nicht richtig. Niemand weiß, wie die Dresscodes in der Steinzeit genau lauteten und welche Art von Kleidung oder Körperschmuck mit Regeln festgelegt wurden. Doch von Gesellschaften rund um den Erdball, in denen die Menschen wenig Kleidung am Körper tragen und als Nomaden, Jäger oder von einfacher Landwirtschaft leben, wissen wir, dass es überall Erkennungsmerkmale für Menschen verschiedener gesellschaftlicher Bereiche gibt und dass Feste und Rituale mit besonderen äußerlichen Zeichen begangen werden. Dresscodes sind also weder modern noch typisch deutsch.

Richtig ist, dass wir noch nie so viel Freiheit in der Wahl der Kleidung hatten wie heute. Blickt man in die Geschichte der letzten 2000 Jahre, so wird deutlich, dass es bereits im Altertum gesetzlich festgelegte Kleiderordnungen gab, die den sozialen Status des Trägers sichtbar machten, und bis zum 18. Jahrhundert wurden solche Vorschriften von den Landesherren oder den Stadträten sowie den Reichstagen erlassen.

Heute ist ein Dresscode meist so zu verstehen, dass es sich um eine gesellschaftliche Konvention handelt – ein Begriff wird genannt, und es ist mehr oder weniger klar, was damit gemeint und für die Veranstaltung gewünscht wird. Der Gastgeber oder Veranstalter möchte damit eine bestimmte Stimmung erzeugen.

Wenn es keinen expliziten Dresscode gibt, wird bei manchen Anlässen vorausgesetzt, dass die Gäste wissen, was zu tragen ist. In den meisten Spielcasinos etwa gilt immer noch, dass männliche Gäste ein Jackett und eine Krawatte tragen müssen – so etwas weiß man, wenn man dorthin geht.

Einige der expliziten Dresscodes sind unmissverständlich und werden international überall gleich interpretiert, so etwa:

- Smoking/Black Tie
- Frack/White Tie
- Cut/Morning Coat

Die beiden letztgenannten tauchen nur sehr selten auf, doch allen ist gemein, dass jedes Detail klar definiert ist. Dagegen lässt eine Anweisung wie »Business-Dress« oder »Geschäftsanzug« einigen Spielraum zur Interpretation, wenn auch im überschaubaren Rahmen. Das gleiche gilt übrigens auch für »Tracht«.

Andere, vielleicht gut gemeinte Hinweise sind allerdings alles andere als klar umgrenzt und stiften aus diesem Grund oft Verwirrung:

- Abendgarderobe
- Festliche Abendkleidung
- Entspannte Abendgarderobe
- Ballkleidung
- Festlich
- Elegant
- Sommerlich elegant
- Sommerlich festlich
- Festlich elegant
- Ländlich elegant
- Sportlich elegant
- Gehobene Freizeitkleidung
- Businesscasual
- Smartcasual
- Casual
- Casual Friday

So kommt eine Dame beim Dresscode »Casual« mit einem Glitzertop, das sie selbst als informell empfindet, da sie es nicht in der Oper tragen würde, der nächste kommt in Fetzenjeans. Das erzeugt ein Gesamtbild, das der Gastgeber

sicher nicht in dieser Weise im Sinn hatte, als er den Dresscode ausgab. Wenn es ihm gleichgültig wäre, wie die Gäste
kommen, hätte er keine Anweisung gegeben. Das mag bei
einem informelleren Dresscode wie »Casual« gerade im privaten Bereich nicht dramatisch sein, doch wenn der wichtigste Kunde einlädt und »Festliche Abendkleidung« gewünscht
ist, sollte man in der Interpretation dieses Wunsches lieber
nicht völlig danebenliegen und sich ungewollt vom Gastgeber und den anderen Gästen deutlich abheben. Wer sich
unsicher ist, wird bei den Gastgebern anrufen und entweder
ganz direkt danach fragen, wie das Fest geplant und der
Dresscode zu verstehen ist, oder eher diplomatisch agieren.
Wenn man sich beispielsweise telefonisch für die Einladung
bedankt und im Gespräch Interesse am Fest zeigt, kann man
auf elegante Art ebenfalls einiges darüber in Erfahrung bringen, wie formell oder locker die Veranstaltung ablaufen wird.

Es gibt weitere Kleidungshinweise, die ebenfalls nicht klar
definiert sind, die aber vom Gastgeber aus genau diesem
Grund eingesetzt werden. Dazu gehören:

- Wild and crazy
- Zwanziger Jahre
- Born to be wild
- Black & White
- Flower Power
- Dschungel
- Frivol
- Glamour
- Dress to kill
- Heroes of Berlin
- usw.

Hier gilt es, die Idee aufzugreifen und sie ganz bewusst individuell zu interpretieren. Es geht darum, für diese Veranstaltung, die eher eine Mottoparty oder ein Kostümfest ist, Kreativität an den Tag zu legen. Es wäre deshalb hier nicht sinnvoll, die Gastgeber um Aufschlüsselung des Codes zu bitten.

Ich hoffe, dass niemand, dem der Dresscode »Dirty« begegnet, auf die Idee kommt, sich im Schlamm zu wälzen oder drei Tage nicht zu duschen, um dann verdreckt zur Veranstaltung zu erscheinen. Dieser Dresscode wird verwendet, wenn man sich zuerst zu einer Aktivität trifft, die im Freien stattfindet und bei der es passieren kann, dass die Kleidung beschmutzt wird. Im Anschluss daran folgt ein zweiter Teil der Einladung irgendwo drinnen. Für ihn gilt dann der Dresscode. Typischerweise ist das eine Jagdeinladung. Soll es danach zu einem informellen Abend gehen, kann »Dirty« auf der Einladung stehen. Damit weiß jeder, dass man sich nach der Jagd nicht umzieht, sondern so, wie man ist, zur Abendveranstaltung geht. Dieser Hinweis ist auch wichtig für diejenigen, die nicht an der Outdoor-Aktivität teilnehmen, sondern nur zum geselligen Miteinander danach erscheinen: Es wäre äußerst deplatziert, wenn sie sich hierfür besonders fein machten.

Heute findet man diesen Dresscode nicht mehr ausschließlich bei englischen Jagdeinladungen, sondern manchmal auch, wenn Kunden zum Weihnachtsbaumschlagen mit anschließendem Umtrunk eingeladen werden, oder bei anderen Outdoor-Events zum Mitmachen, die sich Firmen heute einfallen lassen.

Hier ein paar Tipps, wie Sie einen kryptischen Dresscode dechiffrieren und ungeschriebene Regeln erkennen können:

1. *Die Einladung:* Wie lange vor dem Fest habe ich die Einladung bekommen? Je länger die Einladung vorher verschickt wurde, desto größer und wichtiger wird das Fest sein. Hier kann man davon ausgehen, dass auch die Art und Weise der Kleidung eine größere Rolle spielen wird.

2. Wie ist der gesamte optische Eindruck der Aufmachung, von Papier, Schrift und Wortwahl? Je eleganter alles gestaltet ist, desto eleganter wird vermutlich auch das Fest sein – dementsprechend sollte es auch die Kleidung der Gäste sein.

3. *Der Anlass:* Was genau wird gefeiert? Wie oft im Leben gibt es diesen Anlass? Handelt es sich beispielsweise um einen normalen Geburtstag oder einen runden? Bei einer Goldenen Hochzeit etwa, die sehr selten stattfindet, ist die Kleidung meist feierlicher als bei einem siebenundvierzigsten Geburtstag.

4. *Der Ort:* Wird in der Pizzeria um die Ecke gefeiert, im Partykeller oder in einem eleganten Ambiente? Sehe ich in der Internetpräsenz, dass der Ort so aussieht, als ob man dort casual und entspannt nach der Arbeit etwas essen geht, wird vermutlich die Veranstaltung nicht so feierlich, förmlich und elegant sein. Lassen die Räume und die Lage jedoch auf ein hochwertiges Ambiente schließen, so muss ich mich entsprechend vorbereiten und auch in dazu passender Kleidung erscheinen.

5. *Der Gastgeber:* Wer lädt mich ein? Wie schätze ich die Person oder Institution ein? Kenne ich zum Beispiel meinen Kunden als jemanden, der es bei solchen Festen ganz besonders locker mag, oder legt das Unternehmen besonderen Wert darauf, Veranstaltungen – auch wenn es ein Essen oder ein Sommerfest ist – sehr seriös und business-

like zu gestalten? Sind meine Freunde bekannt dafür, dass
sie sehr sparsam wirtschaften und die Feste dort immer
noch recht studentisch sind, oder habe ich sie in den letzten Jahren bei fast jedem Zusammentreffen bei Festen
aller Art im »Kleinen Schwarzen« und Ähnlichem erlebt?

6. *Der Gast:* Warum gehe ich dorthin? Was genau ist meine
Rolle, und wie sollte ich mich präsentieren? Komme ich
als Privatmensch zu privaten Bekannten oder repräsen-
tiere ich mein Unternehmen? Geht es um repräsentative
Aufgaben, so ist nicht nur mein eigener Geschmack
wichtig, sondern auch, wie ich mein Unternehmen dar-
stelle. Nach den Skandalen der letzten Jahre dürfte klar
sein, dass Mitarbeiter durch Fehlverhalten ihrer Firma
Schaden zufügen können. So kann es zum Beispiel sein,
dass man bewusst auf sichtbar teure Kleidung und Accessoires verzichten wird, um keinen falschen Eindruck zu
hinterlassen, oder sich seriöser kleidet, als man es in pri-
vatem Rahmen tun würde. So würde sich manch ein
Mann möglicherweise doch für eine Krawatte entscheiden, auch wenn er sie privat vielleicht nicht zu diesem
Anlass gewählt hätte, und manch eine Frau wird den
Ausschnitt der Kleidung dezenter halten als bei Freunden.

Zu weiterer Verwirrung tragen in letzter Zeit immer wieder
Hinweise bei, die nicht mehr in einem einzelnen Begriff formuliert sind, sondern als ganzer Satz. Vermutlich möchte
man damit gar mehr Klarheit schaffen. Diese Art des Dresscodes ist neu. Auffällig ist, dass es viele Formulierungen gibt,
die das Wort »gerne« benutzen. Ich habe in den letzten beiden Jahren unzählige E-Mails mit der Frage bekommen, wie
das zu interpretieren sei. Der Dresscode »Die Damen gerne

mit Hut« scheint bei etwas formelleren Veranstaltungen im Sommer beliebt zu sein und stürzt manch eine Frau in Verlegenheit. Soll sie nun einen Hut tragen? Darf sie, wenn sie mag, oder muss sie? Hat sie davon auszugehen, dass irgendwelche Aktivitäten im Freien geplant sind, und der Hut soll ein Sonnenhut sein?

Wer sich in die Lage eines Gastgebers versetzt, vor allem, wenn es kein privater Gastgeber, sondern ein Veranstalter für ein größeres Ereignis ist, wird schnell verstehen, dass in so einem Fall nicht gemeint ist, dass man einen Hut tragen darf, sofern man gerade Lust dazu hat. Wenn Sie auf der Veranstaltung erscheinen, werden Sie merken, dass alle anwesenden Damen einen Hut tragen. Der Zusatz auf der Einladung bringt zum Ausdruck: Für alle, die es aufgrund der gesamten Einladung noch nicht verstanden haben – bei diesem Anlass gehört ein Hut (und natürlich ein entsprechendes Outfit) dazu!

Ohne entsprechende Kopfbedeckung wäre man also sehr unpassend gekleidet. Die freundliche Formulierung bedeutet somit keineswegs eine Wahlmöglichkeit, sondern ist ein Satz der klassischen Diplomatie. Hier wird auch nicht nach einem »Schutzhut« verlangt, der Sonne oder Regen abhalten soll. Jeder kluge Veranstalter würde das bei Bedarf explizit formulieren oder Schutzhüte vorbereiten, denn schließlich sind viele Damenhüte absolute Winzigkeiten, die nur ein Viertel des Kopfes bedecken, und haben mit einer Funktionskleidung, die vor den Widrigkeiten des Wetters schützt, nichts gemein. Sie sind dekorativ und werden eben nur zu einer Kleidung getragen, die etwas formeller und festlicher ist. Das ist der Schlüssel, um den Dresscode, der sich ja auch auf den begleitenden Mann bezieht, zu verstehen.

Auch wer auf der Einladung liest: »Kommt gerne ganz informell in Jeans«, der muss nicht unbedingt eine Jeans tragen, doch er muss seine Kleidung so wählen, dass sie entsprechend »casual« ist und auf keinen Fall elegant oder feierlich wirkt. Wer das nicht versteht, der düpiert die Gastgeber, die ganz locker zum Grillen eingeladen haben und in Jeans und Polohemd auf der Terrasse stehen, während sie ihre elegant gekleideten Besucher begrüßen müssen.

Man kann natürlich fragen, warum die Anweisungen nicht deutlicher formuliert werden, wenn dieser Punkt so wichtig ist. Könnte man nicht schreiben: »Für diesen Anlass gilt bei den Damen Hutpflicht«? Sicher könnte man das, doch es wäre grob unhöflich. Es ist schon unüblich genug, dass überhaupt ein Dresscode für die Damen ausgesprochen wird. Eigentlich galt immer, dass der Dresscode für den Mann ausgegeben wird, weil eine Dame dann weiß, was die dazu passende Kleidung ist. Außerdem galt es überhaupt als unhöflich, einer Dame explizit vorzuschreiben, was sie zu tragen hat. Man kann sich also vorstellen, dass ein Veranstalter, der den Dresscode »Die Damen gerne mit Hut« ausgibt, bei vergangenen Events schon viele schlechte Erfahrungen gemacht hat und dieses Mal vorbeugen möchte.

Mit bloßer Hand

Irrtum:

Handschuhe zieht man bei der Begrüßung immer aus, egal, welcher Art sie sind.

Richtig ist:

Abendhandschuhe verlangen bestimmte Etikette-Regeln.

Normalerweise gilt, dass ein Handschlag immer ohne Handschuhe vollzogen wird. Wer sich darüber hinwegsetzt, kann als gleichgültig, unhöflich oder einfach distanziert gelten. Öffentliche Kritik wurde im Mai 2005 am damaligen Präsidenten der Vereinigten Staaten George W. Bush und seiner Frau geäußert. Die beiden besuchten Bratislava und kamen dort mit ihren Gastgebern zusammen, dem Präsidenten Ivan Gasparovic und dem Ministerpräsidenten Mikulas Dzurinda, ebenfalls beide in Begleitung ihrer Frauen. Das amerikanische Paar reichte allen vieren die Hand mit Handschuh – wohlgemerkt im milden Mai, nicht im frostigen Januar!

Es ist verständlich, dass dies für viele ein Ärgernis war und in den Zeitungen als Verstoß gegen die guten Sitten kommentiert wurde. Schließlich ist der Handschlag in der abendländischen Welt eine alte und wichtige Tradition. Vom Neuen Testament über das Mittelalter bis heute finden sich in Geschichte und Literatur, in Redewendungen und Sprichwörtern Hinweise darauf.

Auch heute wird viel über das gesprochen, was ein Handschlag aussagt. Psychologen interpretieren im Fernsehen die Art der Ausführung eines Handschlags zwischen zwei Kandidaten für ein Amt, und Bewerbungsratgeber widmen dem Thema ein eigenes Kapitel, um zu vermeiden, dass der Arbeitssuchende schon im ersten Moment einen schlechten Eindruck hinterlässt. Das vorliegende Buch macht den Handschlag ebenfalls schon in der Einleitung zum Thema. Gerade in Deutschland ist er ein wichtiger täglicher Begleiter bei Terminen und Begegnungen. Wir gehen davon aus, dass ein Handschlag viel über den anderen verrät.

Folgende Kriterien beim Händedruck sind laut Körper-
sprache-Experten relevant:

- Wer geht weiter auf den anderen zu, wer bleibt stehen?
- Wie nah stehen sich beide beim Händedruck?
- Wie lange wird die Hand gehalten?
- Wie oft wird sie dann geschüttelt?
- Ist die Hand des anderen kühl oder heiß?
- Fühlt sie sich trocken oder feucht an?
- Ist der Händedruck fest oder weich?

Ich kenne viele Führungskräfte, denen es aus genau diesen
Gründen wichtig ist, jeden Morgen eine Runde zu machen
und die Mitarbeiter nicht nur persönlich zu grüßen, sondern
jedem auch die Hand zu geben. Einige sagen, der Handschlag
sei für sie ein gutes Stimmmungsbarometer. Damit könnten
sie schnell erkennen, wie es dem einzelnen gehe – gerade
weil sie den Vergleich zu vielen anderen morgendlichen
Begegnungen hätten. Natürlich kann man diese Feinheiten
nicht so gut erkennen, wenn einer von beiden Handschuhe
trägt, und es ist logisch, dass die Geste des Ehepaars Bush,
die offen gerichteten Hände der Gastgeber mit Handschuhen
zu greifen, keine gute Idee war.

Doch all dies gilt nur für die täglichen Begegnungen –
nicht immer für die abendlichen. Denn Abendhandschuhe
machen eine Ausnahme von dieser Regel. Vielleicht möchte
der eine oder andere nun die Augen rollen und feststellen,
dass immer bei den Frauen Ausnahmen gemacht werden.
Doch es gibt beileibe nicht nur Abendhandschuhe für
Frauen. Bei manchen Tanzveranstaltungen werden sie auch
von Männern getragen. Für diese Abendhandschuhe gilt,

dass sie bei einer Begrüßung anbehalten werden dürfen. Es wäre zwar für die Männer leicht, die Handschuhe abzustreifen, weil diese meist kurz und nicht extrem enganliegend getragen werden. Trotzdem kann man die Hand hier mit Handschuh reichen – und wird froh darüber sein, wenn es heiß im Raum und die Hand vielleicht gerade recht verschwitzt ist.

Bei Frauen ist das tatsächlich noch ein wenig anders. Bis vor wenigen Jahrzehnten gehörten Handschuhe zum gesamten Outfit dazu wie heute Ohrringe oder Halstücher. Frauen hatten ganze Schubladen voll mit Handschuhen in unterschiedlichen Längen, Farben und Materialien. Dann kam der Handschuh – bis auf den Brauthandschuh – aus der Mode, das Accessoire verschwand.

Mit dem Revival der Bälle kommt nun auch der Abendhandschuh wieder ans Licht. Dieser ist lang und enganliegend, einige besonders hochwertige Exemplare haben viele kleine Knöpfe – man schlüpft also nicht einfach hinein und kann sie auch nicht ohne Weiteres wieder abstreifen. So ist es nachvollziehbar, dass solche Handschuhe bei einer Begrüßung anbehalten werden können. Auch wenn es einen Handkuss für die Dame gibt – was bei einem Ball ja durchaus vorkommt –, muss sich niemand befremdlich fühlen. Es muss auch niemand fürchten, auf dem Handschuh einen Fleck zu hinterlassen. Der Mann bringt seine Lippen nicht direkt mit Spitze oder Satin in Berührung, sondern wird einige Zentimeter über dem Handrücken bleiben und den Kuss somit nur andeuten.

Was aber passiert mit den langen Abendhandschuhen beim Dinner? Ganz klar: Beim Essen sollten sie abgelegt werden, es sei denn, Tradition und Rituale bestimmter Tanzveranstaltungen verlangen es anders. So findet man auf den Hinweisen zur Balletikette bei einigen spezielleren Tanzarten den Hinweis, Damen und Herren sollten die Handschuhe auch bei Tisch anbehalten. Doch in den meisten Fällen gilt, dass auch die Damen die langen Handschuhe ablegen. Eine Ausnahme besteht nur dann, wenn die Handschuhe so gestaltet sind, dass sie sich am Handgelenk öffnen lassen. Hier wird dann nur die Hand frei gemacht, der »Ärmel« hingegen wird anbehalten und bleibt als Teil der Garderobe weiterhin sichtbar.

Wer sich nun fragt, was mit den Ringen passiert, die man über dem Handschuh trägt, und überlegt, ob man sie nach dem Abstreifen des Handschuhs wieder aufziehen soll, der irrt. Zunächst einmal ist die Zahl der Ringe begrenzt: Eine Dame mit Klasse wird nie mehr als maximal drei Ringe insgesamt tragen. Weiterhin trägt keine Dame diesen Schmuck über dem Handschuh. Eine solche Gewohnheit passt vielleicht zu einem verrückten Kostümfest, auf keinen Fall aber zu einer eleganten Abend- oder Ballkleidung.

Düstere Aussichten

Irrtum:
Bei Beerdigungen kommen nur die engsten Angehörigen in Schwarz.
Richtig ist:
Jeder kann, aber keiner muss Schwarz tragen.

Vielleicht liegt es daran, dass der Tod in unserer Gesellschaft zu einem Tabuthema geworden ist: Alles, was mit diesem Thema zu tun hat, erzeugt Unsicherheit.

Im Jahr 1910/1911 lag die Lebenserwartung für Männer bei 47 Jahren, die der Frauen bei 51. Heute sind es gut 30 Jahre mehr: Männer werden im Durchschnitt 78, Frauen 83 Jahre alt. So passiert es heute, dass Menschen zum ersten Mal einen engen Verwandten bestatten müssen, wenn sie selbst schon in einem Alter sind, in dem sie vor hundert Jahren dem Tod nah gewesen wären.

Früher gab es klare Vorstellungen darüber, wie man zu trauern hatte. Geregelt waren nicht nur das Trauerjahr und der Zeitpunkt, ab dem man wieder Feste besuchen und feiern durfte, sondern eben auch, wie man sich bei der Bestattung selbst zu verhalten und zu kleiden hatte.

Das gibt es in dieser Form heute nicht mehr. Die Beerdigungen werden zunehmend individueller, es gilt, was der Verstorbene sich gewünscht hat. So kann es sein, dass auf dessen ausdrücklichen Wunsch hin fröhliche Musik gespielt wird oder alle in Jeans kommen. Hat der Verstorbene nichts verfügt, so gilt es, sich nicht in erster Linie nach der Konvention zu verhalten, sondern so, wie er es vermutlich gewollt hätte. Der engste Kreis der Angehörigen und Freunde wird versuchen, die Veranstaltung in diesem Sinne zu gestalten.

Doch auch wenn es heute viele individuelle und teils sehr unkonventionelle Bestattungen gibt, ein großer Teil wird »normal« bleiben. In diesem Zusammenhang ist häufig zu hören, dass nur die engsten Familienmitglieder in Schwarz kommen sollten, hin und wieder heißt es auch, diese sollten *unbedingt* in Schwarz kommen, weil sie damit rechnen müssten, dass alle Augen während der Trauerfeier auf sie gerichtet seien. Den anderen sei es freigestellt.

Sicherlich wird auf Beerdigungen auch getratscht und gelästert, doch das sollte kein Grund sein, sich für oder gegen eine bestimmte Kleidung zu entscheiden. Wichtig ist an diesem Tag doch nur, den Verstorbenen zu würdigen und ihm gemeinsam die letzte Ehre zu erweisen. Nicht Tratsch, sondern Respekt sollte die Kleidungswahl bestimmen. Der Verstorbene, dem man das letzte Geleit geben möchte, steht im Mittelpunkt – ein letztes Mal.

Auch wenn ich selbst also schwarze Kleidung als überflüssig empfinde, weil sich Trauer im Inneren abspielt und nicht an Äußerlichkeiten ablesbar ist – der Respekt vor den anderen Trauernden und vor allem vor den nächsten Angehörigen sollte mich dazu bewegen, an diesem Tag dunkle Kleidung zu tragen, wenn ich davon ausgehen muss, dass ich sonst die Gefühle der anderen verletze. Jemand, der als Einziger im farbenfrohen, geblümten Sommerkleid oder im bunten Halbarmhemd am offenen Grab steht, während um ihn herum alle anderen in Schwarz und Grau gekleidet sind, wird viel Aufmerksamkeit auf sich ziehen, was nicht nur unpassend, sondern auch unhöflich ist. Es geht schließlich darum, zu diesem Anlass gemeinsam die Aufmerksamkeit auf den Verstorbenen und die mit ihm verbrachte Zeit zu richten.

Schwarz ist heute bei einer Beerdigung, solange sie kein Staatsakt ist, dennoch kein Muss, egal, wie nah oder fern man dem Verstorbenen stand. Dunkle und gedeckte Farben zu tragen ist ausreichend. Ob es zum Beispiel eine schwarze Hose mit einem grauen Oberteil ist, über dem man einen Wintermantel trägt, der dunkelgrau und grün kariert ist, oder ob alles von Kopf bis Fuß rein schwarz ist, ist nur vom Kleiderschrank und vom Geschmack des jeweiligen Trägers abhängig.

Wichtig ist bei jeglicher Kleidung, dass sie zurückhaltend und dezent ist. Das bedeutet, keine Stücke zu wählen, die Statussymbole offen zur Schau tragen oder deutlich sichtbare Logos aufweisen. Weiterhin sollte man nichts Durchsichtiges tragen und nichts, was einen tiefen Ausschnitt hat. Wenn Sie Schmuck tragen, sollte dies sehr zurückhaltend erfolgen, und auch Frisur und Make-up müssen dezent sein. Männer verwenden an diesem Tag, wenn sie einen schwarzen Anzug tragen, auch eine schwarze Krawatte. Regenschirme, Handtaschen und Accessoires wie Schals oder Tücher sollten ebenfalls dunkel sein.

Was auch immer Sie tragen: Es ist wichtig, dass erkenntlich ist, dass Sie Ihre Kleidung mit Sorgfalt zusammengestellt haben. Wer in einem zerknitterten Pulli und einer schmutzigen Jeans bei einer Beerdigung erscheint, mag ja innerlich sehr traurig sein – es gibt sogar Kulturen, da zerreißt man in der Trauer auch die Kleidung –, er vermittelt aber nicht den Eindruck, die Bestattung mit Würde zu begehen. Sein Erscheinungsbild lenkt ab, es irritiert, und es verletzt damit die Gefühle der nächsten Angehörigen des Toten, die zu respektieren eigentlich oberste Priorität haben sollte.

Von diesem geforderten Respekt kann es keine Ausnahme geben. Trotzdem gibt es jemanden, der besondere Nachsicht bei der Kleidung verdient: Kinder. Niemand sollte kleinere Kinder in komplett schwarze Kleidung stecken. Wählen Sie gemeinsam mit dem Kind etwas aus, das eher in dunklen Farben und insgesamt ruhig gehalten ist. Das muss ausreichen.

Kofferfragen

Irrtum:

Der Koffer eines Gentleman ist so wertvoll wie sein Inhalt.

Richtig ist:

Das gilt schon lange nicht mehr...

... und dennoch taucht dieser Satz immer wieder auf. Gerade in einigen Tanzschulen, die den Lernwilligen die wichtigsten Etiketteregeln in aller Kürze vermitteln wollen, hört man ihn regelmäßig. Jeder, der heute viel unterwegs ist, sei es beruflich oder privat, weiß den Wert von hochwertigem, stabil gefertigtem und praktischem Gepäck zu schätzen. Wenn Sie schon einmal einen Trolley Marke Billigfabrikat vollbepackt über Kopfsteinpflaster zerren mussten und dabei feststellen konnten, dass die Räder sich ständig festhakten und nach der ersten Benutzung schon halb kaputt waren, dann wissen Sie aus eigener Erfahrung, wie wichtig ein »guter« Koffer ist. Das bedeutet aber nur, dass dieser eine hochwertige Verarbeitung haben und sauber sein sollte. Schrammen und andere Spuren, die den Koffer als benutzten Gegenstand ausweisen, sind völlig in Ordnung; Dreck ist es nie.

Völlig falsch ist jedoch heute die Idee, der Koffer müsse »so wertvoll wie sein Inhalt« sein. Gerade Reisende, die viel international unterwegs sind, wissen sehr gut, dass andere sie schnell anhand ihres Gepäcks einschätzen. Das gilt aber nicht nur für den Mitarbeiter an der Rezeption eines Hotels, sondern auch für den Dieb, der sich gern aus den Taschen anderer bedient. Weltgewandte Menschen reisen deshalb eher mit subtilem Understatement, was ihr Gepäck betrifft, und verzichten auf auffällige Logos des Herstellers. Sie raten sowohl ihren Kindern als auch jüngeren Kollegen, unterwegs eine elegante Zurückhaltung an den Tag zu legen.

Zudem gilt: Würde man tatsächlich den Wert all der Dinge in einem Koffer zusammenrechnen, käme man auf einen hohen Betrag, auch wenn – wie im folgenden Beispiel – nur eine dreitägige Geschäftsreise ansteht:

- Zwei Anzüge bzw. Kostüme
- Vier Hemden bzw. Blusen
- Drei bis vier Krawatten bzw. Halstücher, evtl. eine Stola
- Unterwäsche
- Strümpfe
- Mindestens ein weiteres Paar Schuhe
- Schmuck, Manschettenknöpfe etc.
- Nachtwäsche
- Kulturbeutel

Selbst wenn man keine maßgeschneiderten Anzüge aus der Savile Row, sondern Ware der Mittelklasse von der Stange eingepackt hat, kommt eine stattliche Summe zustande. Wäre man nur dann ein Gentleman, wenn der Koffer einen vergleichbaren Wert wie der Inhalt besäße, müsste man auch für eine Kurzreise mit normaler Ausstattung einen Koffer der absoluten Oberklasse wählen. Allein daran kann man ablesen, dass dieses Diktum nicht stimmen kann.

Die Preisverhältnisse zwischen den Waren und dem Einkommen haben sich in den letzten Jahrzehnten grundlegend geändert. Niemand muss heute mehr seine Kleidung in einem Karton transportieren, der mit einem Gürtel zusammengehalten wird, weil Koffer so teuer sind.

Bisweilen hört man auch den Satz: »Der Koffer eines Gentleman ist immer aus Leder«. Auch das hat sich längst erledigt. Lederkoffer sind heute für fast alle Menschen zu schwer. Selbst die Privilegierten, die ihren Butler oder Kammerdiener auf Reisen mitnehmen, verzichten darauf – es sei denn, es handelt sich um ein besonders geschätztes Familienerbstück. Doch das dürfte wohl eher die Ausnahme sein.

Silber und Gold

Irrtum:
Zwei Metallfarben am Körper zu tragen ist ein Fauxpas.
Richtig ist:
Wer es richtig macht, der kann auch zwei Metallfarben kombinieren.

Zwei Metallfarben, also Gold und Silber, gleichzeitig zu tragen ist heute zwar üblicher als früher, wird aber nicht immer und überall restlos akzeptiert. Wenn man jedoch einschätzen kann, wann man die klassische Linie von nur einer Metallfarbe verlassen kann, und das nötige Stilempfinden hat, um einen guten Gesamteindruck zu schaffen, kann man heute durchaus Silber und Gold miteinander kombinieren.

Dass wir heute viele Wahlmöglichkeiten haben, gibt uns zwar eine gewisse Freiheit in vielen Dingen, einfacher wird es dadurch allerdings oft nicht, sondern es ergeben sich neue Fragen oder Unsicherheiten. Früher galten klare Regeln, wann welcher Schmuck zu tragen sei. Je nach Anlass und sogar nach Tageszeit waren unterschiedliche Punkte zu beachten. So galt zum Beispiel ganz klar, dass Diamanten für den Abend sind und nicht tagsüber getragen werden. Doch selbst in konservativsten Kreisen wird heute niemand etwas gegen zwei kleine diskrete Ohrstecker haben, die gelegentlich aufblitzen. Nur das große und glitzernde Geschmeide ist und bleibt dem Abend vorbehalten.

Eine weitere Regel besagte früher, dass Schmuckstücke zweier Metallfarben niemals gemeinsam auftreten. So galt es als unfein, Ohrringe aus Gold und eine Kette aus Silber zu tragen; auch eine Brosche aus Weißgold und zwei Ringe aus Gelbgold hätten kritische Blicke zur Folge gehabt. Doch heute ist das weniger ein Frage dessen, was erlaubt ist, sondern eher eine Frage des persönlichen Stils und der Imagebotschaft. Nicht umsonst gibt es Bicolor-Schmuck, der sich mit beidem – auch gleichzeitig – kombinieren lässt. Doch auch ohne ein verbindendes Element kann man bei den meisten Gelegenheiten die beiden Metallfarben zusammen tragen. Im Beruf gilt: Je traditioneller sich das Haus versteht, in dem Sie arbeiten, desto weniger wird es üblich sein, mehr als eine Metallfarbe zu tragen. Je konservativer die Gäste des Hauses sind, desto weniger wird man es auch bei ihnen sehen.

Egal, in welchem Umfeld Sie sich bewegen, den folgenden Rat können Sie immer beherzigen: Je weniger Stilsicherheit Sie selbst haben, desto einfacher gelingt Ihnen der perfekte Auftritt, wenn Sie nur eine Metallfarbe für den Schmuck wählen. Das gilt übrigens für Männer und Frauen gleichermaßen.

Die Metallfarbe sollte man nicht nur beim Schmuck beachten, den man am Körper trägt, wie Ohrringe und Manschettenknöpfe, sondern bei allen Accessoires. Es geht hier also auch um die Gürtelschließe oder den Verschluss einer Handtasche.

Doch heute gilt eben auch: Gegensätze kann man durchaus stilvoll miteinander kombinieren. Das Gesamtbild muss stimmig sein, und man sollte vor allem selbst das Gefühl haben, eine harmonische Kombination gefunden zu haben. Das kann bei unterschiedlichen Metallfarben zum Beispiel dadurch geschehen, dass die Schmuckstücke einen ähnlichen oder zusammenpassenden Stil haben, dass sich ein Muster (wie Knoten oder kleine Vierecke) in allen Stücken wiederholen oder dass Steine derselben Art verwendet werden.

Es ist jedoch immer schwieriger, Gegensätze wie Silber und Gold zu kombinieren, als bei einer Linie zu bleiben. Steht also eine formelle Veranstaltung an, bei der ein korrekter Herrenanzug, ein Kostüm oder gar Abendkleidung zu tragen sind, hat immer noch die Regel Gültigkeit, dass nur eine Metallfarbe vorhanden sein sollte. Auch wenn Sie in einem sehr konservativen Unternehmen arbeiten, werden viele Kollegen diese Lösung vorziehen. Das bedeutet nicht, dass außerhalb solch konservativer Felder andere Varianten schlechter oder gar tabu sein müssen – solange Sie sie nur mit Stil zum Einsatz bringen.

Bunte Welt?

Irrtum:
Tattoos sind heute absolut salonfähig.
Richtig ist:
Salonfähig vielleicht – bürofähig eher nicht.

Während der Fußball-EM im Sommer 2012 waren sie wieder in aller Munde: Tätowierungen. Es war auffällig, dass ein

Großteil der Spieler sich mit diesem Körperschmuck auf dem Platz präsentierte. Und wer im Sommer draußen unterwegs ist, sieht Jung und Alt immer häufiger mit mehr oder weniger üppigen Verzierungen.

Seit den neunziger Jahren sind Tattoos zunehmend in Mode und haben in vielen Ländern den Imagewechsel geschafft weg von einem Erkennungszeichen der Gangster und Seefahrer hin zu einem Merkmal, das auch Prominente auf dem roten Teppich zeigen. Auch statistisch lässt sich das nachweisen. So hat die Universität Leipzig in einer Studie festgestellt, dass der Anteil der Tätowierten in Deutschland deutlich steigt. Vor allem die Frauen legten zu. Gab es bei den Männern zwischen 25 und 34 Jahren im Jahr 2003 genau 22,4 Prozent, so waren es 2009 nur wenig mehr, gerade einmal 26 Prozent. Bei den Frauen im gleichen Alter verdoppelte sich in dieser Altersgruppe hingegen im gleichen Zeitraum der Prozentsatz fast – von 13,7 auf 25,5 Prozent. Dazu haben sicher Vorbilder wie Fußballer, Musiker und auch Prominente aus ganz anderen Bereichen, wie die Frau des ehemaligen Bundespräsidenten Wulff, beigetragen.

Die zunehmende Häufigkeit der Tätowierungen sowie die Tatsache, dass sie im Fernsehen wie auch im Einkaufszentrum so deutlich sichtbar geworden sind, spricht eigentlich dafür, dass der Imagewandel vollzogen ist und Tätowierungen überall in der Gesellschaft angekommen und akzeptiert sind. Doch hier trügt der Schein. Nicht alles, was häufig vorkommt, ist überall auch gewünscht. Das Prinzip »Anything goes« bringt es vielmehr gerade mit sich, dass Menschen sich in immer mehr Bereichen der Gesellschaft und des Berufs bewusst gegen bestimmte Dinge stellen.

So gibt es heute wieder zunehmend Bars und Restaurants,

in die man als Mann ohne Jackett und Krawatte keinen Zutritt bekommt. Es gibt auch wieder häufiger Unternehmen, die klare Aussagen zum äußeren Erscheinungsbild der Mitarbeiter treffen. Diese geben zum Beispiel präzise Kleidungsvorschriften, untersagen bei Männern Ohrringe und Ketten und verbieten Männern und Frauen sichtbare Piercings und Tattoos. Ist die Steißtätowierung, im Volksmund »Arschgeweih« genannt, dauerhaft unter einem dunkelblauen Nadelstreifenanzug verborgen, so geht das weder Arbeitgeber noch Kollegen oder Kunden etwas an – ebenso wenig wie das Piercing im Intimbereich oder ein ausgefallenes und vielleicht für viele befremdliches Hobby, dem man im Privaten nachgeht. Das Intimpiercing wird man wohl auch beim Betriebsausflug nicht offenbaren, doch der tätowierte Liebesschwur auf dem Oberarm oder die züngelnde Schlange am Fußknöchel könnte bei einer solchen Gelegenheit sichtbar werden. Wer nun meint, das sei nicht weiter schlimm, man zeige sich ja nicht im Büro damit, ist äußerst naiv.

Bei aller Bekenntnis zu einem authentischen Leben und dem Wunsch, jedem gegenüber offen und ehrlich zu sein – wenn Sie bestimmte Hobbys, Eigenschaften oder eben auch Körperschmuck haben und dies bisher nicht offen in Ihrer Arbeit präsentiert und kommuniziert haben, so hatten Sie vermutlich guten Grund dazu. Sie sollten dann bei dieser Entscheidung bleiben und Situationen vermeiden, in denen Sie zur Preisgabe dieser Information gezwungen wären. Manche Arbeitgeber stehen klar dazu und sagen, dass solche Eigenheiten nicht zu ihnen passen. Andere wiederum scheuen die Auseinandersetzung und sagen nichts, obwohl sie der Sache ablehnend gegenüberstehen. Wenn Ihr Arbeitgeber von Ihrer Vorliebe oder dem Körperschmuck erfährt, wird er vielleicht nicht gegen Sie vor Gericht ziehen, kann aber wohl eine andere Möglichkeit finden, Sie zum Austritt aus dem Unternehmen zu bewegen.

Wer weiß, dass er mit Kunden arbeiten wird und dass die Berufskleidung nicht immer lange Ärmel verlangt – etwa in einem Café, einer Bäckerei oder einer anderen Dienstleistung –, der sollte lieber frühzeitig Farbe bekennen und auf seine üppigen Oberarm- und Oberkörper-Tattoos bereits im Vorstellungsgespräch zu sprechen kommen. Tun Sie das nicht, könnte nach den Wintermonaten das böse Erwachen für den Arbeitgeber kommen und schnell zu einer ebenso bösen Konsequenz für den Angestellten werden.

Löcherige Sache

Irrtum:
Eine Frau ohne Ohrring ist wie ein Mann ohne Krawatte.
Richtig ist:
Das gilt nur, wenn die Ohrläppchen durchstochen sind.

Es ist immer wieder interessant, was für irrtümliche Ideen entstehen können, wenn ein Satz wie der obige ohne Zusammenhang durch die Welt geistert. Manche verstehen darunter, dass man als Frau im Beruf unbedingt immer Ohrringe tragen müsse, und empören sich darüber, dass die Etikette »Körperverletzung« verlange. Andere Frauen fragen sich voll Sorge, ob sie überhaupt Ohrringe tragen dürfen, wenn die männlichen Kollegen alle gar keine Krawatte anhaben.

Ich habe lange gesucht, konnte aber nicht herausfinden, wann, wie und warum dieser Satz entstanden ist. Vielleicht ist es einer der Merksätze, die man vor ein paar Jahrzehnten

Stewardessen oder Sekretärinnen mit auf den Weg gab. Heute ist er im genauen Wortlaut unsinnig und vor allem völlig missverständlich. Keine Frau muss sich Ohrringe stechen lassen, egal, in welcher Branche und in welcher Position sie arbeitet. Ob es in ihrem beruflichen Umfeld überhaupt männliche Kollegen gibt und ob diese dann teilweise, immer oder gelegentlich eine Krawatte tragen, hat damit nichts zu tun.

Uneingeschränkt richtig ist, dass ein Mann in einem Anzug, der nach Bürokleidung aussieht – das ist vor allem ein Nadelstreifenanzug – unvollständig angezogen wirkt, wenn er keine Krawatte trägt. Es ist, als habe er morgens etwas vergessen. Eine Frau, die durchstochene Ohrläppchen hat und diese »leer«, also ohne Ohrschmuck trägt, wirkt ebenso. Außerdem sind die sichtbaren Löcher nicht sehr ästhetisch, vor allem bei Frauen jenseits der 35, die viele Jahre Ohrringe getragen haben und bei denen die Löcher ein wenig geweitet sind.

In diesem Sinne kann man den Satz also heute noch nachvollziehen: Ein Outfit für den Job, das wirkt, als habe man etwas vergessen, weil man morgens hastig aus dem Bett gefallen ist und mehr oder weniger fluchtartig das Haus verlassen hat, macht einfach keinen professionellen Eindruck.

Berufstätige, die viel auf Geschäftsreisen sind oder oft auch kurzfristig wichtige Termine haben, sorgen deshalb vor. Vielreisende Frauen haben immer ein Paar Ersatzohrringe im Gepäck, die zu allem passen, ebenso ein Paar Feinkniestrümpfe und eine Strumpfhose – die können bekanntlich schnell mal eine Laufmasche bekommen. Männer tun gut daran, immer eine Ersatzkrawatte und, falls sie Umschlagmanschetten tragen, ein weiteres Paar Manschettenknöpfe dabei zu haben, die zu allem passen. Wer viel reisen muss, kann im Waschbeutel ein kleines Fach dafür vorsehen, so dass man diese Dinge nicht zu Hause vergessen kann. Wer vom Büro aus agiert, wird in einer Schublade sicher einen Platz dafür finden.

Der männliche Rock

Irrtum:

Ein Jackett mit Schößen ist ein Frack.

Richtig ist:

Das kann auch ein Cut sein – den man gerade in den letzten beiden Jahren wieder öfter bei Hochzeiten sieht.

Die meisten Menschen wissen zumindest grob, wie ein Frack aussieht, auch wenn sie selbst keinen besitzen und auch nicht zu Anlässen gehen, an denen einer getragen wird. Dennoch begegnet uns das Kleidungsstück häufig: in Filmen, bei Fernsehübertragungen von formellen Anlässen, bei Musikern und gelegentlich auch bei Kellnern. Der Name selbst kommt vom englischen »frock«, früher als »Rock«, heute als »Kleid« oder auch »Ausgehkleid« übersetzt. Ein Frack, der nur am Abend zu sehen ist, ist leicht zu erkennen: Die Jacke ist schwarz, vorne in Taillenhöhe gerade abgeschnitten, hinten lang. Das Revers ist ebenso seidenbelegt wie die schwarze Hose, die zwei Seidenstreifen, sogenannte Galons, an der Seite hat. Dazu gehört ein weißes Hemd mit Kläppchenkragen und einfachen Manschetten, die dennoch mit Manschettenknöpfen getragen werden. Weste und Schleife sind aus weißem Baumwollpiqué. Dass einige Details wie die Farbe der Schleife bei Musikern oder beim

Service anders sein können, wurde hier schon an anderer Stelle erwähnt.

Der Cut hingegen, der ganz korrekt Cutaway heißt, ist im Gegensatz zum Frack ein formeller Tagesanzug, der niemals abends getragen wird. Er hat zwar auch eine Jacke mit langen Schößen, doch die sind von vorne nach hinten schräg abgeschnitten, nicht gerade wie beim Frack. Die Jacke ist einreihig und normalerweise schwarz. Bei Hochzeiten trägt der Bräutigam diese Jacke in grau. In diesem Farbton darf sie außer ihm nur noch der Brautvater tragen – sonst niemand. Dazu gehört immer ein weißes Hemd, das anders als beim Frack keinen sogenannten »Vatermörderkragen«, sondern einen normalen Umlegekragen hat, hier immer mit Umschlagmanschetten. Die Weste ist bei Trauerfeiern schwarz, sonst grau oder auch beige. Wer es traditionell mag, der wählt statt Krawatte ein Plastron, das ist jedoch kein Muss. Man kann auch einfach eine Krawatte nach Geschmack und Anlass wählen, hierzu gibt es keine Regeln. Die Hose ist normalerweise schwarz-grau gestreift, nur zur grauen Hochzeitsjacke kann auch eine hellgraue Hose getragen werden.

Nicht zu verwechseln ist dieses Kleidungsstück mit dem sogenannten Stresemann, der auch Bonner Anzug genannt wird. Hier wird zur gleichen gestreiften Hose ein Jackett in normaler Länge getragen. Je nach Anlass ist das Jackett anthrazit oder schwarz, die Weste hell- oder dunkelgrau. Das dazugehörige weiße Hemd hat Umschlagmanschetten, die Krawatte ist normalerweise grau, nur bei Trauerfeierlichkeiten ist sie schwarz. Auch der Stresemann ist ein förmlicher Tagesanzug, doch weniger offiziell als der Cut. Diese Form des Anzugs gibt es übrigens erst seit den zwanziger Jahren des letzten Jahrhunderts. Der Name »Stresemann«

kommt tatsächlich, wie man vermutet, vom damaligen Reichsaußenminister, der diesen Look kreiert hat. Man sagt, er habe es sattgehabt, ständig die Kleidung zu wechseln, denn damals war es in der Politik üblich, bei allen öffentlichen Situationen einen Cut zu tragen. Doch der ist im Büroalltag natürlich nicht praktisch. Wer arrangiert schon gerne ständig die langen Schöße? So hat er wohl einfach den langen Gehrock des Cut gegen eine Jacke mittlerer Länge getauscht, wenn er informell unterwegs war oder nur ins Büro wollte. Der Name »Bonner Anzug« hat sich als Synonym eingebürgert, da es in den fünfziger und sechziger Jahren – den frühen Jahren der Bonner Republik – üblich war, diesen Anzug zu Staatsempfängen und ähnlichen Anlässen zu tragen.

Mit oder ohne?

Irrtum:

Ob eine Hose Umschläge hat oder nicht, ist eine Frage der Mode.

Richtig ist:

Ausschlaggebend dafür ist die Art des Anzugs.

Wie bei vielen Kleidungsdetails gibt es auch beim Hosenumschlag mehrere Ursprungsmythen. Allen gemein ist, dass sie davon ausgehen, der Umschlag sei als praktische Lösung für ein alltägliches Problem erfunden worden. Manche Quellen verweisen darauf, dass englische Kricketspieler ihre Hosenbeine umschlugen, um sie nicht zu beschmutzen. Wieder andere bringen den englischen König Edward VII. ins Spiel. Er soll sich angeblich in der Öffentlichkeit hin und wieder mit hochgekrempelten Hosenbeinen gezeigt haben – aus demselben Grund wie die Kricketspieler.

England als Ursprungsland und ein praktischer Zweck als Grund scheinen somit recht wahrscheinlich. Doch wie und wann Schneider begonnen haben, die Hosen so zu fertigen, dass der Umschlag bereits vorgesehen war, lässt sich nicht mehr zweifelsfrei belegen. Auch wenn heute der eine oder andere im Privatleben durchaus gelegentlich die Hosenbeine hochkrempelt, im Beruf dürfte das eher selten passieren, zumindest bei Tätigkeiten, die einen Anzug verlangen. Heute sind es andere Gründe, die dazu führen, dass Anzughosen einen Umschlag haben.

Generell gilt, dass formelle Anzüge – dazu zählen vor allem Cut, Smoking und Frack – nie einen Umschlag haben. Entsprechend gilt, dass auch ein normaler Anzug, der elegant wirken soll, ebenfalls keinen hat. Wer sich also einen Anzug kauft, der auch abends zum Dresscode »Dunkler Anzug« getragen werden soll, braucht eine Hose ohne Umschlag.

Ein Zweireiher ist nie so formell und elegant wie ein Einreiher, deshalb sieht man hier auch öfter Hosen mit Umschlag. Ob sie jedoch zwingend dafür vorgesehen sind, darüber streiten selbst die Schneider.

Natürlich gibt es in der Mode immer wieder zahlreiche Spielereien. Dazu gehört auch, dass in der einen Saison viele Hosen mit Umschlag gezeigt werden, in der nächsten trägt man sie kaum. Doch das hat nichts mit der klassischen Kleiderordnung zu tun, die niemals modisch oder unmodisch ist, sondern zeitlos. Wer also im Job nicht ganz so formell gekleidet sein will, der kann eine modische Spielerei durchaus mitmachen. Aufpassen muss man nur, dass man bei neuen Modewellen die Anzüge, die dann vielleicht plötzlich nicht mehr gewollt sind, auch zeitnah wieder aussortiert. Es geht ja nicht nur darum, dass der Umschlag als solcher kommt und geht – in manchen Jahren sind die Umschläge auch auffällig breit. Spätestens zwei Jahre später sieht das nach allgemeinem Empfinden dann wieder merkwürdig aus.

Zudem muss jeder, der sich gerne nach Trends richtet, prüfen, ob es überhaupt zu seinem Körperbau passt. Hosenumschläge lassen als optische Querlinie jeden Menschen kleiner wirken. Wer also ohnehin etwas kleiner gebaut ist und das nicht auch noch betonen will, sollte auf Umschlaghosen lieber verzichten. Wer sich eher formell oder elegant kleiden möchte, lehnt sie ebenfalls besser von vornherein ab.

Reine Männersache?

Irrtum:
Manschettenknöpfe sind etwas für Männer.
Richtig ist:
Es gibt ganze Kollektionen von sehr femininen Knöpfen.

Es erstaunt nicht, dass viele Menschen Manschettenknöpfe für eine reine Männersache halten. Selbst bei *Wikipedia* steht: »Ein Manschettenknopf wird zum Schließen der Umschlagmanschette verwendet und ist zugleich ein Schmuckstück für Männer.«

Das ist eine missverständliche Aussage. Richtig wäre es zu sagen, dass es eines der wenigen Schmuckstücke ist, die bei Männern nicht nur in konservativen Kreisen akzeptiert sind, sondern die bei manch einer Kleidung sogar zwingend vorgeschrieben sind. Für Männer gilt, dass Smoking und Frack

ebenso wie ein Cut und ein Stresemann immer mit Umschlagmanschetten getragen werden müssen. Auch der
Dresscode »Dunkler Anzug« verlangt ein solches Hemd.
Doch auch zu normalen Anzügen sowie zu sportlicheren
Kombinationen kann man Manschettenknöpfe tragen. Hier
ist es eine Frage von Geschmack und persönlichem Stil.
Manch einer wählt dann sportlichere oder rustikalere Manschettenknöpfe, ein anderer hat Spaß an kleinen Brüchen
und trägt auch dazu elegante Modelle oder wählt ein moder-
nes und ausgefallenes Design.

So weit zu den Männern. Doch damit ist das Thema noch
lange nicht erschöpft. Manschettenknöpfe sind weder etwas
für Männer allein, noch sind sie bei Frauen etwas besonders
Extravagantes oder Seltenes.

Kommen wir zunächst auf ihren Ursprung zu sprechen.
Es ist eine Tatsache, dass Manschettenknöpfe zunächst für
Männer entworfen wurden. Sie sind seit Mitte des 17. Jahr-
hunderts bekannt und wurden zuerst von den französischen
Aristokraten getragen, die ihre Hemden nicht mehr mit den
damals üblichen Bändern am Handgelenk schließen wollten.
So waren Manschettenknöpfe zum einen tatsächlich lange
Zeit eine reine Männerdomäne und zum anderen ein Klas-
senzeichen. Doch das änderte sich um das Jahr 1800: Die
Stücke konnten inzwischen günstiger produziert werden und
eroberten nicht nur breite Männermassen, sondern wurden
auch für Frauenblusen übernommen. Den richtigen Durchbruch hatten die Schmuckstücke aber erst im 19. Jahrhundert, als für die immer zahlreicher werdenden Büroberufe
steife Manschetten üblich wurden. Bis dahin wurden auch
von Männern eher weiche Manschetten getragen, und vor
allem im 17. Jahrhundert hatte man Spitzenmanschetten.

Schon in den fünfziger Jahren des 20. Jahrhunderts fanden viele das »Herumgeknöpfe« umständlich, in den siebziger Jahren kamen Manschettenknöpfe generell ein wenig aus der Mode. Nur bei zwingend vorgeschriebenen Kleidungsstücken für Männer sowie in Kreisen, in denen formelle Kleidung immer schon und immer noch wichtig war, sah man sie weiterhin. Seit einigen Jahren werden sie wieder zunehmend populärer. Für Männer und Frauen gibt es im normalen Kaufhaus Hemden und Blusen von der Stange zu kaufen, die Umschlagmanschetten haben. Zudem boomt der Markt für Maßkonfektionäre, bei denen sich jeder Hemd oder Bluse mit Sport- oder Umschlagmanschetten nach individueller Vorliebe anfertigen lassen kann. Auch hierzulande bietet jedes gut sortierte Schmuckgeschäft Manschettenknöpfe sowohl für Herren als auch für Damen an. Wer es nicht konventionell mag, findet sie auch als Modeschmuck oder trägt farbige Seidenknoten passend zum Outfit, die die meisten Blusen- und Hemdenmacher für wenig Geld anbieten.

In den europäischen Hauptstädten, allen voran in London, fand man immer schon Geschäfte, die ganze Kollektionen an Manschettenknöpfen nur für Damen anboten. 2006 gab es dort in der Goldsmith's Hall sogar eine Ausstellung mit über 400 Exemplaren unter dem Titel »On the Cuff: From Fabergé to Fashion«. Von Antiquitäten aus dem 17. Jahrhundert bis hin zu verrückten Designerstücken der heutigen Zeit und Exemplaren, die von Prominenten getragen wurden, war hier alles zu bestaunen.

Manschettenknöpfe für Frauen gibt es also schon lange, und sie werden heute, ebenso wie die für Männer, wieder vermehrt eingesetzt. Für beide Geschlechter galt und gilt: Manschettenknöpfe werden nur zu Umschlagmanschetten, die man auch Doppelmanschetten oder Klappmanschetten nennt, getragen. Die einzige Ausnahme bildet das Frackhemd, das ja im Regelfall nur von Männern getragen wird. Übrigens: Wer sogenannte »Kombinationsmanschetten« kauft, also Manschetten, die sowohl mit einem normalen, bereits angenähten Knopf oder durch ein Loch daneben mit Manschettenknöpfen geschlossen werden können, der sollte – egal, ob Frau oder Mann – wissen, dass das als absolute Stilsünde gilt.

Down under

Irrtum:
Unterhemden für Männer sind altmodisch und unsexy.
Richtig ist:
Moderne Schnitte und Materialien sind sowohl nützlich als auch attraktiv.

Ein weißes Feinripp-Trägerunterhemd ist nicht nur bei einem halbbekleideten Mann unattraktiv. Es ist auch ein unerfreulicher Anblick, wenn es sich durch ein Herrenhemd abzeichnet. Doch solche – zugegebenermaßen gruseligen – Erscheinungen können kein Grund für eine generelle Ablehnung sein. Für Damen wie für Herren gilt: Unterwäsche sollte sich durch die Kleidung nicht abzeichnen, vor allem nicht bei Kleidung im Beruf. Weder ein Slip, der bei manch einer Frau eine unschöne schräge Linie über einen sonst wohlgeformten Po zeichnet, noch ein Spitzen-BH, dessen Muster sich durch ein anliegendes T-Shirt drückt, noch farbige BHs, Unterhemden oder Slips, deren Farbton oder Muster sich durch helle Kleidung erkennen lassen, gehören zum guten Stil.

Für Männer gilt, dass Unterhemden kein Muss unter einem Hemd sind. Sie bieten freilich Vorteile, denn sie schützen nicht nur vor Kälte, sondern können ein Hemd auch im Sommer bei starker Transpiration davor bewahren, dass sich Schweißflecken unter den Achseln abzeichnen. Allerdings sollte man nicht erkennen können, um was für eine Art Unterhemd es sich handelt. Es ist also ein absolutes Muss, eines zu tragen, bei dem man Anfang und Ende nicht durch das Hemd hindurch sehen kann. Aus diesem Grund sollte man auch beim Unterhemd bleiben und kein T-Shirt tragen. Letztere sind meist so gefertigt, dass die Ärmel sich unter einem körpernah geschnittenen Hemd knäulen oder sich der Saum des Ausschnitts abzeichnet.

Entscheidet sich ein Mann dafür, kein Unterhemd unter einem Anzugshemd zu tragen, sollte er darauf achten, dass das Hemd nicht so transparent ist, dass der Gegenüber unfreiwillig Kenntnis über Brustbehaarung und Anatomie der Brustwarzen erhält. Das wäre eine überaus peinliche und unangenehme Erfahrung für beide Gesprächspartner.

Opas Feinripp ist ebenfalls nicht die beste Wahl, auch wenn die Streetwear solche Exemplare heute wieder in ihre Designs aufnimmt. Doch wir sprechen hier nicht über »Gangsta-Look« oder »Rapper-Style«, sondern über Stil und Eleganz. Wer also mit seinem schönen neuen Anzug und der schicken Krawatte, den teuren Schuhen und dem perfekt gebügelten Hemd nicht »außen hui und innen pfui« sein möchte, der wirft den Stapel Feinripp-Trägerunterhemden weg und kauft sich das, was heute nicht nur exklusive Herrenausstatter, sondern alle Kaufhäuser anbieten.

Viele Hersteller bieten Unterhemden an, die zwar die Schulter bedecken, aber keine Ärmel haben. Doch die klassische Variante ist und bleibt die mit kurzem, eng anliegendem Arm. Wer ein Hemd gerne auch einmal ohne Krawatte mit offenem oberstem Knopf trägt, der kauft lieber ein Unterhemd mit V-Ausschnitt, denn dass man den obersten Rand der Unterwäsche bei einem offenen Businesshemd sehen kann, ist auch ein Stilfehler, den man unbedingt vermeiden sollte.

Zum Schluss: Nicht noch ein Irrtum ...

Wer nach der Lektüre dieses Buches nun glauben mag, eine Art »Auswendiglernen« und ein striktes Befolgen dessen, was als korrekt beschrieben wurde, führe zu perfekten Umgangsformen und einem stilvollen Auftritt, der irrt erneut. Nur die Verbindung von innerer Haltung mit einem äußeren Ausdruck, also das Befolgen von einigen Regeln in einer Form, die einem selbst entspricht und somit authentisch ist, führt zu einem wahrhaft gelungenen Auftritt. Nur wenn beides bei einem Menschen zusammenkommt, sagt man, er oder sie habe wirklich Stil. Es geht also immer darum, eine Regel in dem Sinne anzuwenden, der sie in der Tiefe ausmacht. Wertschätzung, Respekt, Anerkennung, Verbindlichkeit, Ästhetik und Klarheit sind hier die obersten Prinzipien. Eine Regel oder Empfehlung hilft Ihnen dabei, diese Werte in verschiedenen Situationen für alle ersichtlich umzusetzen. Ein Pochen auf Konventionen hingegen oder ein Einhalten der Regeln um ihrer selbst willen entspricht dem in keiner Weise.

Regeln müssen häufig auch einmal gebrochen werden, gerade in einer Zeit, in der viele Situationen sehr komplex geworden sind und äußere Bedingungen sich ständig verändern. So ist beispielsweise heute nicht immer klar, ob ein Treffen privater oder beruflicher Natur ist, und die Frage, welche Ideen von Rang- und Reihenfolgen angewendet werden sollen, kann verunsichern. Nicht immer kennen sich alle anderen Beteiligten so gut aus und sind so parkettsicher wie man selbst. So muss man sich zuweilen auch über eine gültige Konvention hinwegsetzen – nicht, weil es einem selbst bequemer erscheint, sondern weil es für die anderen Anwesenden besser ist und weil es die Situation für alle angenehmer macht. Doch nur wer die Regeln kennt und auch versteht, woher sie kommen und wozu sie gedacht sind, ist zu dieser Differenzierung in der Lage.

So ist es mein Wunsch, dass dieses Buch, wie schon das erste *Lexikon der Benimmirrtümer*, Ihnen ein wenig mehr Sicherheit für die alltäglichen und weniger alltäglichen Begegnungen geben kann, dass Sie sich in vielen Ihrer Umgangsformen bestärkt sehen und manch Neues erfahren haben. Gepaart mit Ihrer Menschenkenntnis und Ihrem Einfühlungsvermögen werden Sie dieses Wissen sicher gewinnbringend einsetzen können.

Richtig oder falsch? Die Lösungen

I. Kommunikatives

	Falsch	Richtig	Situationsabhängig richtig oder falsch
Wer niest, muss auch um Entschuldigung bitten.			✔
Begrüßungsküsse auf die Wange fangen in Deutschland immer rechts an.	✔		
Einen Handkuss gibt man nie unter freiem Himmel.	✔		
Formulierungen im Konjunktiv lassen alles höflicher klingen und sind deshalb generell zu bevorzugen.			✔
Frauen beginnen Reden nicht mit »Sehr geehrte Damen und Herren«, sondern mit »Sehr geehrte Herren und Damen«.	✔		
Bei einer E-Mail an einige Herren und eine einzelne Dame schreibt man: »Sehr geehrte Herren, sehr geehrte Frau X.«	✔		
Bei einer versehentlichen E-Mail »an alle« sollte man noch einmal alle anschreiben und sie über den Irrtum aufklären.		✔	
Bekomme ich eine E-Mail mit anderen im »Cc«, so muss ich auch diese bei meiner Antwort berücksichtigen.		✔	
Da Floskeln als altmodisch gelten, verzichtet man heute auch auf »Mein Beileid«.	✔		
»Hochachtungsvoll« als Abschluss eines Briefes ist sehr unhöflich.	✔		
Heute schreibt man in Deutschland ins Adressfeld eines Briefes nicht mehr »Herrn«, sondern »Herr«.	✔		

	Falsch	Richtig	Situationsabhängig richtig oder falsch
Möchte man einen Brief an ein Ehepaar schicken, so schreibt man immer auf den Umschlag »Ehepaar«.	✔		
Briefe kann man heute durchaus mit »ich« beginnen.		✔	
»Der Esel nennt sich immer zuerst« gilt auch im Schriftverkehr bei der Unterschrift.	✔		
Auch im Beruf gilt, dass besonders persönliche Briefe nie mit einer Frankiermaschine freigemacht werden dürfen.		✔	
In Kondolenzbriefe gehört auch heute noch ein Geldschein.			✔
Ein »von« im Namen darf niemals mit »v.« abgekürzt werden.	✔		
»Wie war noch mal Ihr Name?« sollte man niemals sagen.		✔	
Wenn ich jemanden duze, so muss ich im Gespräch mit einem Dritten über ihn dennoch den Nachnamen verwenden.			✔
Nennt ein Bekannter seine Eltern »Vati« und »Mutti«, so darf ich ihm gegenüber auch so von ihnen sprechen.	✔		
Weibliche Amtspersonen spricht man mit dem Amt und »Frau« an. Würde man das Amt selbst auch in die weibliche Form bringen, hätte man die Weiblichkeit ja doppelt ausgedrückt.	✔		
»Dres.« bedeutet nicht, dass jemand mehrere Doktortitel hat.		✔	
Die Aufforderung, eine Nachricht nach dem Signalton zu hinterlassen, sollte auf jedem Anrufbeantworter zu finden sein.	✔		

	Falsch	Richtig	Situationsabhängig richtig oder falsch
Trinkgeld beträgt in Deutschland zehn Prozent.			✔
Ein Taschenaufhänger ist die stilvolle Variante, die Handtasche unterwegs aufzuräumen.	✔		
Muss man die Toilette aufsuchen, so sollte man dafür einfallsreiche umschreibende Begriffe verwenden.	✔		
Wer sich etwas ausleiht, ist auch für die zügige Rückgabe verantwortlich.		✔	
Zwischenapplaus ist bei klassischer Musik tabu.			✔
Die Braut steht heutzutage immer auf der rechten Seite des Bräutigams vor dem Altar.			✔
Übernachtet man bei Privatpersonen, so zieht man nicht einfach ungefragt die Bettwäsche ab.		✔	
Geht es jemandem schlecht, weil er krank ist oder gerade einen Schicksalsschlag erleben musste, so sollte ich ihm nichts Schönes aus meinem Leben erzählen.			✔
Auch wenn der Valentinstag heute allgegenwärtig ist, Geschenke sollte man an diesem Tag nur dem Partner machen.		✔	
Am ersten Arbeitstag sollte man keinen Einstand feiern.		✔	
Die Beschäftigung mit Smartphone und Laptop während des Meetings empfinden auch heute noch die meisten als ärgerlich und unhöflich.		✔	
Bei Geschäftskontakten im Ausland sollte ich alle dort herrschenden Sitten mitmachen.	✔		

	Falsch	Richtig	Situationsabhängig richtig oder falsch
Blickkontakt im Gespräch ist ein weltweites Zeichen für Interesse am Gegenüber oder zumindest am Gespräch.	✔		

II. Kulinarisches

	Falsch	Richtig	Situationsabhängig richtig oder falsch
Zum Schneckenessen braucht man immer eine Schneckenzange.	✔		
Bei einem Büffet sollte man das Vorlegebesteck nicht an den nächsten weiterreichen.		✔	
Ein Teller, auf dem Speisen liegen, sollte immer direkt vor dem Esser in der Mitte seines Platzes stehen.	✔		
Rotwein wird am besten in der vorherrschenden Zimmertemperatur serviert.	✔		
Auch wenn jemand am Tisch um Salz bittet, reicht man ihm Salz und Pfeffer zusammen.		✔	
Spargel wird wie jedes andere Gemüse mit Messer und Gabel gegessen.		✔	
Risotto wird nur mit einem Löffel gegessen.	✔		
Wein, der keinen echten Korkverschluss hat, verlangt auch nicht nach einem Probeschluck.	✔		
Geschirr wird nie am Tisch übereinandergestapelt – egal, ob zu Hause oder im Restaurant.		✔	
Lippenstiftränder am Glasrand wischt man nicht ab.		✔	
Das Deko-Obst an einem Cocktailglas kann man immer komplett aufessen.	✔		

	Falsch	Richtig	Situationsabhängig richtig oder falsch
Das Messer sollte man während des Essens oft abwischen, damit es immer ästhetisch aussieht.	✔		
Ein höflicher Mensch bedankt sich beim Service, aber nicht für jede erbrachte Leistung.		✔	
Die Anrede für Kellnerinnen ist mangels Alternativen immer noch »Fräulein«.	✔		
Ein wirklicher Weinkenner hält sein Glas nicht am Stiel, sondern am Boden.			✔
Ob man zuerst die Milch oder zuerst den Tee in die Tasse gibt, ist nicht nur eine Frage der Gewohnheit, sondern auch von Stil und Etikette.		✔	
Spaghetti isst man nur mit der Gabel.		✔	
Messerbänkchen am Tisch sind besonders vornehm.	✔		
Zu Käse passt Weißwein viel häufiger als Rotwein.		✔	
Der abgespreizte kleine Finger beim Halten der Tasse ist immer ein Signal für besondere Vornehmheit.	✔		
Ein Löffel, der in einer Teetasse verbleibt, ist ein nonverbales Signal an den Gastgeber.			✔
Champagnerkorken sollten nicht knallen.		✔	
Eine Kerze beim Dekantieren erfüllt keinen ästhetischen, sondern einen funktionalen Zweck.		✔	
Es ist egal, ob man Wasser, Salz und anderes am Tisch zuerst nach links oder nach rechts reicht.	✔		
Tee- oder Kaffeetassen hebt man ohne Untertasse an.			✔

	Falsch	Richtig	Situationsabhängig richtig oder falsch
Speisekarten ohne Preis, sogenannte Damenkarten, sind längst out.	✔		
Bei Fast Food kann man sich von der Etikette erholen, denn hier gibt es keine Benimmregeln.	✔		
Bei Sektgläsern entscheidet die Form ebenso mit über den Geschmack wie bei Weingläsern.		✔	
Muscheln isst man nur in Monaten mit »r«.	✔		

II. Äußeres

	Falsch	Richtig	Situationsabhängig richtig oder falsch
Das Markenschild auf einem Jackettärmel hat die gleiche Funktion wie ein Logo auf einer Jacke.	✔		
Die Taschen von Jackett und Hose bleiben zugenäht wie beim Kauf.	✔		
Kellner im Frack kann man leicht mit den Gästen in großer Abendgarderobe verwechseln.	✔		
Bei Herren darf die Anzughose vorne auf dem Schuh nicht knautschen.		✔	
Ein Ehering wird links, der Verlobungsring rechts getragen.			✔
Nackte Füße sind nicht fein, deshalb trägt man immer Strümpfe.	✔		
Rote Nägel sind im Job tabu.			✔
Hosenträger sind »Opa-Look«.	✔		
Ein Herrenhemd sollte man stets mit Brusttasche kaufen.	✔		
Zum Smoking trägt man ausschließlich Lackschuhe.	✔		
Beim Hosenanzug von Frauen trägt frau die Bluse über der Hose.	✔		

	Falsch	Richtig	Situationsabhängig richtig oder falsch
Entscheidend bei der Rocklänge von Kostümen im Job ist nur, dass sie maximal eine Handbreit über dem Knie endet.	✔		
Dass Strümpfe oder Socken zu kurz getragen werden, ist ein Kleidungsfehler, den man nur bei Männern sieht.	✔		
In welche Richtung die Streifen einer Krawatte laufen, ist durchaus von Bedeutung und sagt auch etwas über deren Herkunft aus.		✔	
Auch bei einer Weste unter dem Jackett muss man dieses im Gehen und Stehen immer schließen.			✔
Der oberste Hemdknopf kann auch bei einer Krawatte geöffnet sein – schließlich sieht man das ja nicht, wenn der Knoten korrekt sitzt.	✔		
Braune Schuhe trägt man nie zum schwarzen Anzug.		✔	
Jeglicher Handschuh muss bei einer Begrüßung mit Handschlag abgelegt werden.	✔		
Bei Beerdigungen dürfen nur die engsten Angehörigen ganz in Schwarz kommen.	✔		
Der Koffer eines wahren Gentleman ist immer so wertvoll wie sein Inhalt.	✔		
Heute kann man beim Schmuck durchaus zwei Metallfarben kombinieren.			✔
Tattoos sind heute durch die Vorbilder von Fußballern, Musikern und anderen Prominenten auch im Job akzeptiert.	✔		
Eine Frau ohne Ohrring ist wie ein Mann ohne Krawatte.	✔		

	Falsch	Richtig	Situationsabhängig richtig oder falsch
Eine formelle Herrenjacke mit langen Schößen ist nicht immer ein Frack.		✔	
Ob eine Hose Umschläge hat oder nicht, hängt von der Art des Anzugs ab.		✔	
Sowohl Männer als auch Frauen tragen Manschettenknöpfe.		✔	
Unterhemden für Männer sind altmodisch und unsexy.			✔

Irrig...

... wäre es auch zu glauben, ich als Autorin hätte das Buch ganz alleine »gemacht«. Viele haben im Hintergrund zur Umsetzung beigetragen. Allen voran Dr. Christoph Steskal von Ullstein, der das Projekt ermöglicht hat. Thirza Albert hat als Lektorin sowohl mit Leidenschaft und Begeisterung als auch mit Akribie und großer Kompetenz den Text bearbeitet. Ihnen und den weiteren an der Herstellung des Buches Beteiligten, aber auch meinen Lesern und Seminarteilnehmern, die mich immer wieder auf neue Irrtümer aufmerksam machen, ein herzliches »Dankeschön!«.

Literatur

Bücher:

Förster, Jens: *Kleine Einführung in das Schubladendenken: Über Nutzen und Nachteil des Vorurteils.* München, 2008.

Bernsmeier, Uta; Roeber, Urs; von der Haar, Frauke: *Manieren.* Berlin/ Heidelberg, 2009.

Bertschi, Hannes; Reckewitz, Marcus: *Von Absinth bis Zabaione: Wie Speisen und Getränke zu ihrem Namen kamen und andere kuriose Geschichten.* Frankfurt am Main, 2004.

Brinker, Klaus; Antos, Gerd; Heinemann, Wolfgang: *Text- und Gesprächslinguistik.* Berlin, 2000/2001.

Chaille, François: *Tradition und Trend. Krawatten.* Niedernhausen, 1997.

Daborn-Doering, Christine: *Kam, sah und siegte. Klasse ist lernbar.* Zürich, 2001.

Davidson, Alan: *The Oxford Companion to Food.* New York, 1999.

Del Monego, Markus: *Warum der Wein korkt und andere Weingeschichten.* Königswinter, 2004.

Deutsches Institut für Normung e. V. [Hrsg.]: *Schreib- und Gestaltungsregeln für die Textverarbeitung.* Berlin, 2011.

Dominé, André: *Wein.* Königswinter, 2008.

Duden, Formen und DIN-Normen im Schriftverkehr. Mannheim, 2011.

Duden, Geschäftskorrespondenz. Mannheim, 2011.

Finck von Finckenstein, Theodor: *Protokollarischer Ratgeber. Hinweise für persönliche Anschriften und Anreden im öffentlichen Leben.* Köln, 1998.

Grün, Karl: *Der Geschäftsbrief.* Berlin, 2011.

Helfrich-Dörner, Alma: *Messer, Löffel, Gabel – seit wann? Das kleine Buch der Bestecke.* Schwäbisch Hall, 1959.

Homolka, Anita: *Zück die Finger und iß: Ein Streifzug durch die Geschichte unserer Tischsitten von den alten Ägyptern bis heute.* Frankfurt am Main, 1989.

Knigge, Adolph von: *Über den Umgang mit Menschen.* Frankfurt am Main/Leipzig, 2001 [Originalausgabe 1788].

Lenger, Heinz; Lenger, René u. a.: *Servieren und Gästeberatung.* Linz, 2010.

Liger-Belair, Gérard: *Entkorkt! Wissenschaft im Champagnerglas.* München, 2006.

Loschek, Ingrid; Wolter, Gundula: *Reclams Mode- und Kostümlexikon.* Stuttgart, 2011.

Mandel, Gabriele: *Das Messer. Geschichte, Kunst und Kultur.* Köln, 1996.

Martin, Judith: *Miss Manners' Guide to Excruciatingly Correct Behavior.* New York, 2005.

Meyden, Nandine: *Karrierekiller! Versteckte Fallen auf dem Weg nach oben.* Berlin, 2011.

Meyden, Nandine: *Flirten mit Stil.* Hannover, 2010.

Meyden, Nandine: *Lexikon der Benimmirrtümer. Populäre Fettnäpfchen und wie man sie umgeht.* Berlin, 2009.

Meyden, Nandine: *Jedes Kind kann sich benehmen. So lernen Ihre Kleinen gute Umgangsformen.* Hannover, 2012.

Meyden, Nandine: *Business-Etikette. Sicher auftreten und Fettnäpfchen vermeiden.* Mannheim, 2011.

Meyden, Nandine: *Tischmanieren. Im Restaurant, beim Geschäftsessen, zu Hause.* Hannover, 2011.

Paczensky, Gert von: *Champagner.* Weil der Stadt, 1996.

Roetzel, Bernhard: *Der Gentleman. Handbuch der klassischen Herrenmode.* Königswinter, 2009.

Sternke, Helge: *Alles über Herrenschuhe.* Berlin, 2006.

Supp, Eckhard [Red.]; Hanten, Christa u. a.: *Der Brockhaus Wein.* Mannheim, 2005.

Wühr, Hans: *Altes Essgerät: Löffel, Messer, Gabel.* Darmstadt, 1961.

Artikel

www.handelszeitung.ch, 21. 4. 2009: »Zuerst nachdenken, dann aufsteigen«

www.typischich.at, 12. 7. 2010: »Roter Nagellack: Lady oder Mädi?«

www.herrenblatt.de, 19. 4. 2011: »Mann schmückt sich – Hosenträger, Fliege und Co. sind zurück.«

www.gentleman-blog.de, 28. 1.. 2011: »Kleine Hosenträgerkunde.«

www.gq-magazin.de, »Editor's Pick: Modern Retro.«

www.ksta.stadtmenschen.de (ksta: *Kölner Stadt-Anzeiger*), 25. 2. 2012: »Das Verschwinden der Brusttasche.«

www.manager-magazin.de, 1. 7. 2004: »Krawatten. Beim Schlips geht's aufwärts.«

www.zeit.de, 1. 5. 2009: »Giftig schillernde Macht. Was es bedeutet, wenn Männer die Modesünde begehen, Braun zu Blau zu tragen.«

www. ahgz.de (*Allgemeine Hotel- und Gastronomie-Zeitung*), 20. 6. 2009: »Die Damenkarte findet zurück.«

www.dge.de (Deutsche Gesellschaft für Ernährung e. V.), 24. 8. 2004: »Was ist dran an der Volksweisheit »Muschelverzehr nur in den Monaten mit R?«

www.welt.de, 15. 6. 2008: »Bussi-Bussi verbieten!«

www.morgenpost.de, 8. 7. 2012: »Rossini, Verdi und Puccini – bei Sonnenschein.«

www.golem.de, 24. 4. 2012: »Aviva Investors. Versehentlich alle Mitarbeiter per E-Mail entlassen.«

www.fr-online.de, 25. 1. 2012: »›Kürschnergate‹. E-Mail ›an alle‹ legt Bundestag lahm.«

Links

Die Autorin: *www.etikette-und-mehr.de*

Internationale Etikette: *www.etiquettescholar.com*

Protokollarisches Handeln: Bundesministerium des Innern: *www.proto koll-inland.de*

Deutscher Hotel- und Gaststättenverband: *www.dehoga-bundesverband. de*

Für Gourmets: *www.port-culinaire.dez*

Zu Tanzveranstaltungen und Balletikette: www.*westerndancers.de*

Register

US379